한국역사
속의
기업가

KB074045

한국역사 속의 기업가

방기철 지음

앨피

머리말

역사가가 바라본 기업인

창업가·기업인·대기업 하면 정경유착, 세금 탈루, 독과점, 편법 상속, 분식회계, 비자금 조성, 해외 재산도피 등 부정적인 용어들이 우리 머릿속에 떠오른다. 그리고 문어발식 확장, 세습경영, 상호출자, 차입경영 등은 재벌과 동의어가 되어 버렸다. 최근에는 '갑질'이 재벌기업의 꼬리표처럼 따라다닌다. 그만큼 기업이나 재벌에 대한 우리의 인식은 부정적이다.

2004년 10월 인도 순방 중 고故 노무현 대통령은 "해외에 나가 보니 기업이 바로 나라다 하는 생각이 든다."고 말했다. 대기업보다는 노동자 편에 섰던 대통령이 이런 말을 했다는 것이 무척 인상적이다. 재벌을 부정적으로 인식하고 있는 이들도 외국에서 한국 기업의 활약상을 보면 자랑스러움을 느끼곤 한다. 재벌을 비판하면서도 동경하는 모습, 이것이 현재 우리가 재벌을 바라보는 시각이라고 할 수 있다. 어쩌면 수많은 비난을 감수하면서도 재벌이 반사회적인 모습을 보이는 것은 우리의 이런 이중적인 시각 때문인지도 모르겠다.

현재 우리 기업 대부분은 근대화에 기여했다는 긍정적 이미지와 함께 반사회적인 모습을 보였다는 부정적인 평가를 동시에 받고 있다. 이는 우리 기업 대부분이 일제강점기와 이승만에서 박정희 독재를 거치면서 성장했다는 점과 무관하지 않다. 즉, 우리 기업에 대한 이해는 한국 근현대사의 흐름속에서 이루어져야 하는 것이다. 이런 점에서 기업 형성 과정에 대한 역사적 고찰은 기업 뿐 아니라 현재 한국 사회를 이해하는 데 반드시 필요한 부분이라고 생각한다.

　1876년은 우리나라 기업사의 시작점이라고 할 수 있다. 일본과 강화도 조약을 체결한 후 부산이 개항되었다. 이어 1880년 원산, 1883년 제물포가 개항했고, 조선의 수도인 한성도 외국 상인에게 문을 열었다. 1888년 경흥, 1897년 진남포와 목포, 1899년 평양·군산·마산·성진, 1906년 용암포, 1908년 청진, 1910년 신의주 등 주요 항구가 모두 개방되었다.

　우리 땅에 근대적 기업이 등장한 것도 이 시기다. 그러나 초창기 기업들은 자본 규모 면에서 영세한 데다, 정부의 정책적 보호 같은 것은 꿈도 꾸지 못했다. 때문에 일제 기업과의 경쟁, 대외무역로 확보 등 자본 확대와 성장에 한계가 분명했다. 기술자뿐 아니라 근대적 경영을 주도할 인물도 절대적으로 부족했다.

　1894년 청일전쟁 이후 일제와 중국 등의 자본이 우리나라에 들어오면서 민관합동 또는 한일합자 형태의 기업들이 다수 등장했다. 특히 선전관을 지낸 민병식은 1897년 궁중 비방을 토대로 "목숨을 살리는 물" '활명수'를 개발하여 동화약방을 설립했다. 민병식은 아들 민강에게 동화약방 경영을 맡겼고, 동화약방은 1910년 국내 최초의 상표 '부채표'를 등록하였다. 하지만 민강 사후 동화약방은 윤창식에게 넘어갔다. 그 외 여러 기업들이 생겨났으나, 많은 기업들이 경영 미숙과 자본 부족 등으로 더 이상 성장하지 못했다.

　러일전쟁에서 승리를 거둔 일제는 이름하여 '화폐정리사업'으로 민족자

1897년 민병식이 궁중 비방으로 만든 동화약방의 '목숨을 살리는 물' 활명수.

본의 축적을 와해시켰다. 그러면서 일제의 자본이 국내로 들어왔다. 이 무렵에 지주나 상인 출신 기업인들이 나타나기 시작했다. 하지만 일제는 한국을 강제점령한 후 허가제를 골자로 하는 회사령을 공포하여 한국인의 회사 건립과 경영을 통제하였다. 그 결과 민족 자본의 성장은 억제되고, 일본인이 한국의 기업 활동을 주도하게 되었다. 1920년 일제가 조선회사령을 철폐하고, 토지조사사업이 끝나 지주들의 자본 조달이 가능해지면서 비로소 한국인 회사가 설립되기 시작했다.

 1945년 해방 당시 우리나라의 1인당 국민소득은 35달러에 불과했고, 문맹률은 80퍼센트에 달했다. 그러나 바로 이때 삼성, 현대, 럭키 등 우리나라의 내로라하는 기업들이 출현하고 성장했다. 한국전쟁 이후에는 재일교포 기업가들이 귀환했다. 서갑호의 태창방직, 신격호의 롯데, 이원만의 코오롱 등은 모두 일본에서 성공한 사업가들이 설립한 기업들이다. 경제 개발과 산업화가 본격화된 1960~70년대에는 신선호의 율산, 김우중의 대우, 김준기의 동부 등이 무서운 속도로 성장했다. 반면 1950년대 경제계를 주도했던 정재호의 삼호, 이정림의 개풍, 백낙승의 태창 등이 역사의 뒤안길로 사라졌다.

 이 책에서는 14명의 기업가를 다루었다. 일제강점기에 창업한 박승직의 두산과 김연수의 삼양사는 아직까지 현존하고 있다. 반면 화신의 박흥식은 일제강점기 주목받는 기업가였지만 해방 이후 쇠퇴하였다. 구인회·이병철·정주영·최종건이 창업한 럭키(현 LG)·삼성·현대·선경(현 SK) 등은 현재까지도 주목받는 기업들이다. 교보의 신용호는 보험, 한진 조중훈과 금호 박인천은 운송, 한화 김종희는 화약, 포항제철 박태준은 철강으로 사업을 일으켰다. 유한의 류일한과 효성의 조홍제는 지금도 존경 받는 기업가들이다. 이외에도 우리 역사 속에는 큰 발자취를 남긴 기업가들이 많지만, 이들 14명의 창업주는 그들이 역사에 남긴 족적만큼이나 타산지석으로 삼을 만한 점이 있어 책에 실었다.

필자는 특정 기업인이나 인물이 아닌 '우리 모두의 힘'으로 지금의 경제 발전을 이루었다는 사실을 확인하기 위해 우리나라 기업가들의 역사를 공부하기 시작했다. 그렇다면 그 사실을 정확히 확인했는가? 자신할 수 없다. 다만, 우리 기업사를 연구하고 이 책을 쓰면서 다음과 같은 사실은 확인할 수 있었다.

첫째, 이 책에서 다루는 기업가들 중 류일한을 제외한 인물들은 직·간접적으로 일본과 관계를 맺었다. 특히 일제강점기에 기업 활동을 시작한 김연수, 박흥식, 구인회, 이병철 등은 일제가 조선 내 착취를 강화하기 위해 설립한 신용기구인 조선식산은행의 지원을 받았다.

둘째가 정경유착이다. 해방 이후 미군정과 대한민국 정부는 기업 활동을 독려하고 자극한다는 취지로 일제가 우리 땅에 남기고 간 재산, 즉 적산의 민간 불하를 단행했다. 정주영, 김종희, 최종건 등은 적산불하敵産拂下를 통해 기업을 성장시켰다. 다른 대부분의 기업들도 해방 후 일본으로

부터 자본·기술·경영 등의 지원을 받았다. 유한양행을 제외한 거의 모든 기업이 정부 주도형 경제성장 과정에서 정경유착을 통해 특혜를 받았음을 알 수 있었다.

셋째, 기업가와 재벌의 관계이다. 우리나라에서 기업가는 곧 '재벌 총수'를 뜻하는 말이 되었다. 그들은 대규모 사업을 수주하기 위해 외형을 확장하고 새로운 사업에 진출했다. 그 결과, 여러 부문에서 독점적 지위를 차지하게 되었고, 이는 경제 활동상의 막대한 지배력을 낳아 창업의 성공이 곧 재벌의 형성으로 이어졌음을 확인할 수 있었다.

이 책은 '기업가'라는 주제로 한국의 근현대사를 조망하는 책으로, 일반 독자도 이해할 수 있도록 가급적 쉽게 쓰려고 노력했다. 책에 수록된 내용 대부분은 지금까지 축적되어 온 학문적 기반에 의거하되, 번잡함을 피하기 위해 일일이 출처를 밝히지는 않았다. 하지만 책의 맨 뒤 참고문헌에 도움 받은 글들을 빠짐없이 소개했다.

사람은 누구나 공功과 과過가 있기 마련이다. 그런데 창업주와 관련된 연구들은 대부분 그들의 허물은 언급하지 않고 공만 부각시킨다. 아마도 그들이 지금도 재벌의 지위를 누리고 있기 때문이리라. 반대로 창업주들의 어두운 면만을 파고든 연구들도 상당수 있다. 경제성장 과정에서 보인 재벌들의 부정적인 모습들 때문이겠지만, 더 냉정한 평가가 필요하다고 생각한다. 필자는 역사적 관점에서 이 작업을 하려 했다. 분명 한계가 있겠지만, 혹시라도 책의 내용에 오류가 있다면 앞으로 더 노력하여 보완하려 한다.

경영학 이론이나 실무에 문외한인 필자에게는 근대 기업에 대한 공부는 낯설고 어려운 작업이었다. 책과 논문에 등장하는 생소한 경제학 용어와 도표들 때문에 곤혹스럽기도 했지만, 모르는 부분을 확인하고 알아 가는 과정이 우리 근현대사를 다른 각도에서 이해하는 데 큰 도움이 되었다.

책을 쓰면서 많은 현장을 답사하고 필요한 사진을 촬영했다. 밀성박씨 설령파종회, 교보생명 계성원, 금호아시아나인재개발원 관계자 분들의 협조에 감사드린다. 《부천시사》 편찬 때 맺었던 인연을 잊지 않고 귀한 사진 자료를 제공해 주신 부천시청 홍보실의 박경필 팀장님께는 앞으로도 귀한 인연을 이어 가겠노라 약속 드린다.

이 책을 준비하는 동안 고민을 함께 나눠 준 친구 한상용이 큰 힘이 되어 주었다. 오랜 시간 함께해 준 처 김명지, 이제는 훌쩍 커 버린 딸 채현, 아직도 아빠를 최고로 생각하는 아들 승찬에게도 고마움을 전하고 싶다. 척박한 출판계의 현실 속에서도 책의 출간을 허락해 주신 앨피출판사에도 진심으로 감사 드린다.

이 책은 특정 주제로 한국사를 엮어 펴낸 두 번째 책이다. 우리나라 근대 기업에 대해 무지했던 것과 마찬가지로, 아직도 필자는 우리 역사의 상당 부분을 제대로 이해하지 못하고 있다. 이 책의 출간을 역사 공부의 또다른 계기로 삼고 싶다.

2018년 8월

방기철

차례

1
두산그룹 박승직

보부상에서 백년기업가로

1996년 한국기네스협회는 창업 1백 주년을 맞은 두산그룹을 국내 최고 最古 기업으로 인정했다. 오랜 역사 때문인지 몰라도 '두산斗山'이라는 이름은 우리나라 사람들 누구에게나 친근하다. 그러나 박승직朴承稷이라는 이름은 생소하게 느껴질 것이다. 지금의 두산그룹은 '박승직상점'을 모체로 하여 '두산상회'와 '동양맥주'를 거쳐 발전해 왔다. 이제부터 살펴볼 박승직이 바로 오늘의 두산을 있게 한 주인공이다.

몰락한 명망가의 넷째 아들

 박승직은 1864년 6월 22일 경기도 광주 숯가마골〔炭筏里〕에서 아버지 박문회朴文會와 어머니 허 씨許氏 사이에서 5남 3녀 중 넷째로 태어났다. 본관은 밀양密陽이고, 자는 사선士善, 호는 매헌梅軒이다.

 박승직 가문은 15대 선조인 박갱朴賡이 조선의 2대 국왕인 정종定宗과 숙의 지씨淑儀池氏 사이에서 태어난 딸 함양옹주咸陽翁主와 혼인하여 부마

도위駙馬都尉가 될 정도로 명망 있는 집안이었다. 하지만 박승직이 태어날 당시 그의 집은 몰락한 상태였다. 그가 살았던 숯가마골을 직접 가 보니, 현재도 그리 번화한 곳이 아니었다. 그런 만큼 박승직의 유년기도 무척 어려웠을 것으로 짐작된다. 게다가 어머니마저 일찍 세상을 떠나는 바람에 어린 승직은 할머니 밑에서 자랐다.

8세부터 아버지 박문회에게 한학을 배운 박승직은 15세에 혼인을 했다. 박문회는 여흥 민씨驪興閔氏 집안의 위토位土(제사 비용을 마련하기 위한 토지)를 경작하고 있었다. 1881년 박문회와 왕래가 있었던 민영완閔永完이 해남군수로 부임하면서 박승직을 개인 비서에 해당하는 책실冊室로 삼아 데려갔다. 이때 그의 나이 17세였다.

19세기 해남은 제주도와 육지 간 생산물의 중개지였다. 이곳에서 민영완의 비서 역할을 하던 박승직은 군청에서 업무를 보면서 상행위를 하던 여각旅閣 주인 및 객주들과 친분을 쌓아 갔다. 이곳에서 흥정을 붙이는 거간居間 노릇도 하고, 객주의 위탁판매업을 도우면서 행상에 종사했을 것으로 보인다.

박승직 묘소 앞에 세워진 두산그룹 창업 1백 주년 기념비.

박승직은 이렇게 해남에서 행상을 하며 모은 돈 3백 냥을 맏형 박승완朴承完에게 보냈다. 그리고 1883년 고향에 돌아와 그 돈을 밑천으로 장사를 시작하려 했다. 그러나 형 박승완이 그 돈으로 이미 포목장사를 하고 있어서 잠시 꿈을 미룰 수밖에 없었다. 2년 후 형 박승완이 1백 냥을 박승직에게 돌려주었다. 박승직은 그 돈을 밑천으로 광목과 옥양목 등을 말에 싣고 다니며 장사하는 마판상馬販商을 시작했다. 광목은 조선의 토포土布(국산 피륙)나 목면보다 폭이 넓은 면직물이고, 옥양목은 서양의 면직물이다. 이로 보아 박승직은 주로 면직물을 수입하여 판매했던 것 같다. 장사를 시작한 지 3년 후인 1888년 그는 그동안 모은 돈으로 대왕면大旺面 둔전리屯田里에 전답을 구매했고, 박문회 가족은 이곳으로 이주하였다.

서른셋, 배오개에 '박승직상점'을 열다

조선시대 도성에는 중국의 비단을 수입 판매하는 입전立廛 또는 선전縇廛, 중국의 은과 국내산 견직물을 판매하는 백목전白木廛, 중국의 면포를 수입 판매하는 청포전靑布廛, 종이류를 판매하는 지전紙廛, 삼베를 판매하는 포전布廛, 어물을 판매하는 어물전魚物廛 등의 여섯 시전, 즉 '육의전六矣廛'이 있었다. 조선시대 '시전市廛'은 민의 일상용품과 정부의 수요물품을 조달하며 지금의 전매특권과 같은 것을 가졌는데, 국역 부담의 의무가 없는 무푼각전〔無分閣廛〕과 국역부담을 지는 유푼각전〔有分閣廛〕이 있었다. 육부전六部廛·육분전六分廛·육장전六長廛·육조비전六調備廛·육주부전六主夫廛·육주비전六注比廛 등으로도 불린 육의전은 유푼각전으로서 일정한 국역을 부담했지만, 상행위자를 기록한 대장인 전안廛案에 등록되지 않은 난전亂廛(무허가 가게)을 금지할 수 있는 '금난전권禁難廛權'을 가지고 있었다.

그런데 1791년 정조 15년, 신해통공辛亥通共으로 시전 상인의 금난전권이 폐지되었다. 신해통공은 상업 자유화를 위한 획기적인 정책이었지만, 해당 상품에 대한 독점적 판매권은 여전히 육의전이 쥐고 있었다. 1894년 갑오개혁甲午改革이 있은 다음에야 육의전이 폐지되고 육의전에서 판매하던 상품들을 일반 상인들도 취급할 수 있게 되었다. 드디어 박승직에게 창업을 할 좋은 기회가 찾아온 것이다.

전국 각 지역의 토포를 한성의 중간 상인들에게 공급하던 박승직은, 1896년 8월 1일 배오개〔梨峴〕에 '박승직상점'을 열었다. 그의 나이 33세 때이다. 배오개는 조선시대에 종루鍾樓·칠패七牌 등과 함께 도성 3대 시장 중 하나로 성장했는데, 그 이유는 훈련도감과 관계가 있었다. 조일전쟁朝日戰爭(임진왜란) 중 조선 조정은 훈련도감을 설치하고 군사들에게 급료로 삼수미三手米를 지급하고, 군에 직접 복무하지 않는 병역 의무자인 보인保人들로부터 포목을 거둘 수 있게 하였다. 그러나 이것만으로 생계를 유지할 수 없는 군인들은 그들의 집단 거주지이던 배오개에서 상행위를 하였다. 군인들의 상행위는 난전에 해당했지만, 정부는 이를 묵인하거나 허용하였다.

박승직이 상점을 열던 당시 배오개는 송파·뚝섬〔纛島〕·두뭇개〔豆毛

1934년 박승직상점(서울역사박물관).

浦〕(지금의 옥수동 부근) 등 한강 동쪽에서 유입되는 화물과 청량리나 망우리 등 육로로 오는 화물의 통과 지점이었다. 박승직은 이 점에 주목하여 배오개에 상점을 열었던 것이다.

박승직상점은 일제의 대기업이던 이토추상사伊藤忠商社와 이토 히로부미伊藤博文의 지원을 받아 비약적으로 성장하였다. 히로부미가 박승직상점을 지원한 것은 뒤에서 살펴보겠지만 그의 친일행위와 일정한 상관이 있을 것이다. 주변 여건도 상점의 성장에 유리하게 조성되었다. 1899년 5월 17일 돈의문敦義門-청량리 간 전차 선로가 개통되었다. 이어 12월에는 종로-숭례문崇禮門, 숭례문-용산의 연장 선로가 완공되면서 배오개는 도성의 중심 상가로 부각되었다. 박승직은 이런 기회를 놓치지 않고 목면뿐 아니라 수입 면포를 도매하면서 전국으로 판매망을 넓혔다. 그러면서 소금·솥·미곡 등 취급 품목도 늘려 나갔다.

1900년 12월, 박승직은 함경북도의 항구인 성진의 감리서監理署 주사主事에 임명되었다. 감리서는 개항장開港場(외국과 무역을 하도록 개방한 항구)과 개시장開市場(다른 나라와의 통상을 허가한 시장)의 행정과 대외 관계 사무를 관장하는 관청으로 개항장의 모든 사무를 전담하였다. 그가 주사를 맡게 된 것은 상인으로서의 능력을 인정받았기 때문일 것이다. 주사를 맡으면서 박승직은 자연스럽게 개항장을 왕래하는 외국 상인들과 교류할 수 있게 되었다. 이런 경험이 이후 그가 외국과 교역을 하는 데 큰 도움을 주었을 것이라고 추측할 수 있다.

1906년 박승직은 중추원中樞院 의관議官에 선임되어 정3품직에 올랐다. 그의 관직 생활은 일제가 우리나라를 강제 점령할 때까지 이어졌다. 그가 대한제국 정부에서 관직을 지낸 것이 그의 애국관을 형성하는 데 영향을 미쳤다는 연구도 있다. 대한제국기 중추원은 국왕의 자문기관으로 설치되었지만, 그가 중추원 의관에 선임될 무렵에는 사실상 아무런 기능을 하지 못하는 형식적 기관에 불과했다. 또, 이 시기는 일제의 입김이 강할 때였다. 일제강점기 그의 행적으로 미루어 보면, 그는 사업을 하면서 형성된 일본인 인맥을 통해 관직을 유지하였을 가능성이 커 보인다.

거의 19개월간 3차에 걸쳐 추진된 갑오개혁이 마무리되고, '박승직상점'이 배오개에 문을 연 해인 1896년 독립협회獨立協會가 결성되었다. 1898년 3월 9일 독립협회는 만민공동회萬民共同會를 개최하고 6개조의 개혁안을 결의하였다. 뿐만 아니라 민권보장과 참정권운동을 본격적으로 펼쳐 나갔다. 그러자 황제권의 축소를 염려한 고종은 독립협회에 대응할 민간 단체를 결성케 했다. 개항 이전인 1866년 조선 정부는 '보부청褓負廳'을 설

1926년 5월 2일 순종 인산 시 조선상 인봉도단장으로 활약했던 박승직(한국 민족문화대백과사전).

치하여 전국의 보부상을 관리해 왔다. 따라서 고종은 보부상들로 하여금 '황국협회皇國協會'를 결성하게 하여 독립협회에 맞서게 했던 것이다.

박승직은 보부상 출신인 만큼 수구적 어용단체인 황국협회 일원이었다. 독립협회가 주최한 만민공동회를 황국협회가 공격할 때 그가 행동을 함께 했는지는 분명하지 않다. 하지만 그는 고종의 장례식을 위해 보부상을 중심으로 '조선

상민봉도단朝鮮常民奉悼團'을 결성하여 단장으로 활약했고, 순종純宗의 장례식 때도 마찬가지였다. 이런 정황을 볼 때 그가 황국협회에서도 일정한 역할을 하였을 것으로 추정된다.

광장시장 개설과 한성상업회의소

개항 이후 조선의 대외적 자주권 확립을 주장하는 목소리가 나오면서, 황제국을 지향하는 논의도 등장하기 시작했다. 하지만 일본이 이를 청으로부터 조선을 독립시켰다는 선전 구호로 활용하려 하여 쉽게 결정을 내리지 못하고 있었다. 명성왕후明成王后가 시해당한 뒤 1896년 2월 11일, 고종은 경복궁에서 러시아 공사관으로 피신하였다. 이 아관파천俄館播遷으로 고종의 위신이 낮아졌음은 분명한 사실이다. 그러나 고종은 러시아 공사관에서 서양의 여러 외교관들을 접했다. 그 과정에서 세계의 정세를 인지하게 되었을 것이며, 이는 대한제국 탄생에 일정한 영향을 미쳤을 것으로 보인다.

1897년 2월, 고종은 경운궁慶運宮으로 환궁하였다. 근왕 세력은 칭제건원稱帝建元(스스로 황제를 칭하고 연호를 정함)을 추진했고, 고종은 실추된 군주의 권위를 회복하고, 권력을 집중시키기 위해 은근히 이를 부추겼다. 1897년 8월 고종은 연호를 광무光武로 고치고, 10월 12일 환구제圜丘祭에서 황제 즉위식을 거행했고, 이튿날 국호를 '대한제국'으로 선포하였다. 대한제국은 1897년 서울을 황도皇都로 만들기 위한 도시개조 사업에 착수했다. 여기에다 일본인들이 서울로 이주하면서 조선인들의 상권이 점점 축소되고 있었다. 일제는 지금의 남대문시장인 선혜청宣惠廳 창내장倉內場을 없애려 하였다. 근대적 시장 개설이 필요하다는 명분이었지만, 실제로는 조선의 상권을 더욱 축소시키려는 조처였다. 이에 맞서 조선 상인들은 새로운 곳에 상설시장을 설립을 추진하기 시작했다.

김종한金宗漢·박기양朴箕陽·신태휴申泰休 등 대한제국의 관료들, 박승직과 김한규金漢奎·홍충현洪忠鉉·최인성崔仁成 등의 상인들은 재래시장을 근대적 상설시장으로 전환시키기로 뜻을 모았다. 새 시장 자리로 낙점된 곳이 청계천에 위치한 너른 다리〔廣橋 ; 廣通橋〕에서 긴 다리〔長橋 ; 長通橋 ; 長倉橋〕까지의 땅이다. 시장의 명칭은 광교의 '광'과 장교의 '장'을 따서 '광장시장'으로 정했다. 1905년 7월 광장주식회사가 설립되었고, 박승직은 주주로 참여하였다.

애초에 일제는 창내장을 없애려 했지만, 시장의 경영권이 송병준宋秉畯 등 친일 인물에게 넘어가자 창내장을 존속시키기로 결정했다. 조선시대 광통교는 청계천의 여섯 번째 다리어서 '육교六橋'로도 불렸다. 홍인문興仁門에서 종각鐘閣으로 이어지는 중심 통로이자, 도성에서 가장 큰 다리였다. 뿐만 아니라 통행량이 제일 많은 도성 최고의 번화가로, 상인과 역관들이 많이 살던 부촌이었다. 그러니 광장시장이 들어설 경우 도성의 상권이 교란될 것을 걱정했던 것이다.

처음에는 창내장을 옮겨 올 목적으로 광장시장 설립을 결정했지만, 창내장이 존속하면서 배오개에 새로운 시장을 만드는 것으로 계획이 변경되었다. 그런 가운데 광장주식회사 내에서 관료들과 상인들 간에 경영권 분쟁이 일어나, 사장 김종한과 총무장 신태휴 등이 회사를 떠났다.

박승직은 자신의 상점이 있는 배오개에 시장을 만들고, 한자 '長'만 '藏'으로 바꾸어 '광장주식회사廣藏株式會社'를 설립했다. 광장주식회사는 동대문시장 관리회사로 출범하면서 토지·건물임

동대문시장의 기원인 광장시장의 1920년대 모습.

대·창고업·금전 대부 등의 업무를 수행하였다. 이듬해인 1906년 1월, 박승직은 오늘날 대한상공회의소의 효시가 된 '한성상업회의소漢城商業會議所'를 발기하여 창립총회를 거쳐 상임위원이 되었다. 1907년에는 조선박람회 임원으로도 활약하였다.

화장품 히트상품 1호 '박가분'

시장 경영을 두고 분쟁이 일어나자, 박승직은 김태희金泰熙와 장두현張斗鉉 등 조선인 포목상들과 함께 1905년 일본의 방적회사들이 상에이山影조합을 결성하여 미쓰이三井에 위탁하여 한국에 대한 면포 수출을 독점하였다. 당시 조선에서 유통되는 면포 대부분은 일본에서 수입되었던 만큼 포목상들에게는 큰 타격이 될 수 있었다. 때문에 도성에서 활약하던 포목상들은 면제품을 직수입할 목적으로 '창신사彰信社'를 설립했고, 박승직도 여기에 참여하였다.

그러나 1906년 창신사와 후지와사방적회사富土瓦斯紡績會社의 특약을

주선했던 니시하라 가메조西原龜三가 창신사와 불화를 일으킨 후, 박승직 등 객주 출신 포목상들과 함께 국내 최초의 무역회사인 공익사共益社를 설립하기에 이르렀다. 이 회사의 사장을 박승직이 맡았다. 처음에는 면포와 면사를 산지에서 수입·공급하던 공익사는, 1910년 일본의 이토추상사와 손잡고 재출발하면서 면포·가죽·콩 등으로 무역품을 늘려 나갔다. 공익사는 인천·평양·중국의 펑톈奉天 등에 지점을 설치했고, 부산·원산元山·중국의 단둥丹东·창춘長春·하얼빈哈爾濱 등에 출장소를 두었다.

1909년 박승직은 자신의 상점에서 소가죽까지 판매하려는 계획을 세웠다. 그는 소 도살업에 종사하는 전국의 모든 백정白丁을 명월관明月館으로 불러들였다. 명월관은 궁내부宮內府 전선사典膳司 장선掌膳을 지낸 안순환安淳煥이 개점한 고급 요릿집이었다. 당시 조선의 고위층이나 일본인들이나 명월관에 드나들 수 있었다. 그런데 천대받는 백정들을 기녀가 있는 최고 요릿집에 모이게 했으니 이는 도성에서 큰 이야깃거리가 되었다. 명월관에서 박승직은 백정들에게 소가죽 다루는 법을 가르쳤고, 그 결과 더 싼값에 많은 가죽을 얻을 수 있었다. 이 밖에도 1916년에는 곡물류의 무역과 정미업을 하는 공신상회共信商會를 개설했다.

박승직은 두 번 혼인했지만 모두 사별했다. 1905년 41세의 나이로 19세의 정정숙鄭貞淑과 다시 혼인했다. 그런데 정정숙은 박승직 만큼 사업 수완이 뛰어난 여성이었다. 1915년 그녀는 조선 여성들에게 큰 인기를 끈 화장품을 만들었다. 정정숙이 만든 화장품은 서양의 분粉을 본떠 만든 가루분이었다. 정정숙이 만든 분은 기존에 여성들이 사용하던 흰 백분에 납가루를 첨가하여 착색을 개선한 것이 특징이었다. 박씨집에서 만들었다고 해서 '박가분朴家粉'이었다.

박가분은 원래 면포 상품 고객에게
주던 사은품이었다. 그런데 여성들의
반응이 좋자, 박승직은 상점에서 정식
으로 박가분을 판매하기 시작했다. 그
리하여 박가분은 1918년 8월 조선 관
허官許 1호 화장품이 되었다. 1920년

박가분갑(공공누리 제1유형 국립중앙박
물관 공공저작물).

대까지 박가분은 조선 여인들에게 선풍적인 인기를 끌었다. 그러나 점차
일본의 고급 화장품에 밀리기 시작했다. 박승직은 일본 화장품 제조업체
에 근무했던 기술자를 데려와 품질 개선을 꾀했다. 하지만 박가분의 원료
인 납 성분이 몸에 좋지 않다는 사실이 알려지면서 사람들이 더 이상 박가
분을 찾지 않게 되었다. 10여 년간의 박가분 전성기는 그렇게 끝났다. 그
러자 박승직은 포마드·크림·로션 등으로 생산 품목을 늘려 갔지만, 결국
1937년 박가분 제조를 중단하면서 화장품업에서 손을 뗐다.

OB 맥주의 탄생

박승직은 본인의 회사 외에도 다른 회사 경영에도 활발하게 참여하였
다. 1921년 동양염직 주주, 경성곡물신탁 감사 등을 맡고, 1932년에는 조
선직물 감사를 맡았고, 1933년에는 쇼와기린맥주昭和麒麟麥酒의 주주가
되었다. 자신의 사업과 관계를 맺고 있는 회사 경영에 참여함으로써 물품
확보와 경영 안정을 도모했던 것이다.

박승직상점은 1921년 개인 기업으로는 최고의 납세액을 기록했다. 1925년 2월 9일, 박승직은 박승직상점을 주식회사박승직상점으로 상호를 변경하고 주식회사로 전환하였다. 1930년에는 세계 경제 공황으로 최악의 적자를 기록했지만, 오히려 사업을 확장하는 공격적 경영을 펼쳤다. 그러면서 이듬해부터는 감가상각비의 계상과 대손 처리 실시 및 금전등록기 설치 등 회계 처리 방식의 근대화를 꾀하였다. 박승직은 수입 면직물뿐 아니라 지점과 분점을 설치하고 조선 면직물까지 판매하였다. 그의 이 같은 공격적 경영은 적자를 메우는 수준을 넘어 더 많은 이윤을 창출했다.

1941년 12월 8일, 일본이 진주만을 기습 공격하면서 태평양전쟁이 발발했다. 개전 초기 일본에 유리했던 전세는 1942년 6월 미드웨이해전을 계기로 역전되기 시작했고, 그 여파로 국내 경기가 악화되었다. 박승직은 채무와 재고를 정리하고, 예금과 유가증권을 확대하는 등 전쟁 후 뒤따를 불황에 대비하기 시작했다. 과연 전쟁으로 대일무역이 중단되었고, 1945년 8월 13일 박승직상점은 재고품을 정리하고 휴업에 들어갔다.

앞서 언급했듯이 박승직은 1933년 삼양사의 대표 김연수와 함께 쇼와기린맥주의 조선인 주주로 참여했다. 1941년부터는 박승직상점에 쇼와기린맥주 대리점을 개설하여 위탁판매업까지 하고 있었다. 그런데 1945년 8월 전쟁에서 패한 일제가 조선에서 물러나면서 영등포에 있던 쇼와기린맥주의 운명도 위태로워졌다. 쇼와기린맥주의 종업원들은 자치위원회를 조직한 후 박승직에게 지배인이 되어 달라고 요청했다. 하지만 박승직은 81세의 고령을 이유로 사양하고, 대신에 맏아들 박두병朴斗秉을 관리 지배인으로 밀어 올렸다.

박승직은 1936년 조선은
행에 근무 중이던 아들 박
두병을 박승직상점의 상무
로 취임시켜 자신의 뒤를
잇도록 했다. 때문에 박두
병이 아버지를 대신하여 맥
주 생산을 책임지게 되었

묘소 앞으로 이전한 일제강점기 박승직이 살았던 집

던 것이다. 1948년 2월, 박두병은 쇼와기린맥주의 상호를 '동양맥주Oriental
Brewery'로 바꾸고 영어 약자인 'OB'를 상표로 내세웠다. 박두병은 동양맥주
가 생산한 OB맥주를 박승직상점을 통해 판매했다.

　해방 이후 박승직상점은 면직물 시장이 포화 상태라는 판단을 하고 구
형 포드Ford 승용차 한 대와 트럭 한 대로 운수업에 뛰어들었다. 맥주회사
경영으로 바쁜 박두병 대신에 박승직의 처 정정숙과 며느리 명계춘明桂春
이 운수회사를 운영했다. 비록 박승직 사후의 일이지만, 한국전쟁으로 운
송 수단이 부족해지면서 운수업은 호황을 맞이하였다.

　1946년 박승직은 '박승직상점'이라는 이름을 버리고 상호를 '두산斗山'으
로 바꾸었다. '한 말 한 말 차근차근 쉬지 않고 쌓아 올려 태산같이 커지라'
는 뜻이었다. 해방 이후 경영 일선에서 물러나 있던 박승직은 한국전쟁 중
인 1950년 12월 20일 경기도 대왕면 둔전리에서 86세의 나이로 세상을 떠
났다.

조선인을 얕보지 못하게 하려고?

일제강점기에는 많은 기업인들이 활약했다. 일제는 한국을 강제점령한 후 회사령을 공포하여 한국인의 회사 설립을 통제하였다. 그러나 친일적인 인물들은 회사령과 관련없이 기업 활동을 펼쳤다. 문명기文明琦는 제지업과 금광개발, 김갑순金甲淳은 부동산업으로 막대한 부를 축적했다. 현준호玄俊鎬는 호남은행, 한상룡韓相龍은 한성은행, 민대식閔大植은 동일은행, 장직상張稷相은 경일은행을 경영했다. 하지만 그들의 기업 활동은 지금까지 이어지지 않고 있다. 반면 박승직은 보부상으로 시작해서 지금의 두산을 만들었다. 때문에 두산의 임직원들은 두산이 우리나라 최장수 기업이라는 자부심이 강하다.

박승직은 보부상 시절 감자로 끼니를 때웠으며, 죽을 때까지 잡곡밥만을 먹었다고 한다. 그의 근검절약 정신이 지금의 두산을 가능하게 만든 것인지도 모르겠다. 부지런한 자가 성공한다는 뜻의 '근자성공勤者成功'을 좌우명으로, '고객은 우리의 스승'이라는 고객제일주의를 경영 원칙으로 삼은 것 역시 오늘날의 두산을 만든 원동력이었을 것이다.

그러나 일제강점기에 자본을 축적한 대부분의 기업인들에겐 숙명 같은 꼬리표가 따라 다닌다. 바로 친일親日 문제이다. 박승직 역시 조선인 자본과 일본인 자본의 매개 역할을 수행한 '일조日朝 협력기업의 개척자'라는 평가를 받는다. 1906~1911년까지 한성상업회의소 상의원을 지냈고, 1918년 경성포목상조합의 조합장이 되었다. 1919년에는 직물상공제회, 1925년에는 중앙번영회 등을 설립하였다. 국권 회복을 위해 국채를 국민들의 모금으로 갚기 위해 1907년 전개된 국채보상운동에 참가하여 70원을 광문사光文社에 기부하기도 했다. 때문에 일제강점기 박승직의 활동을 미쓰이나 일본 상인의 횡포에 맞서 한인상계 권익 옹호에 앞장선 근대적 기업 행위로 평가하기도 한다. 그가 벌인 사업도 조선인을 위한 것이었다는 것이다.

박승직의 친일행위를 인정하면서 사업을 위해서는 어쩔 수 없는 것이었다는 평가도 있다. 박승직의 뒤를 이어 두산상회를 경영한 장남 박두병은 부친이 상업에 집착한 이유를 "부를 축적해서 일본인이 식민지 백성인 조선인을 얕보지 못하게 해야 한다는 집념 때문"이었다고 했다. 어쨌거나 일제강점기 활동한 대부분의 기업가들과 마찬가지로 박승직 역시 친일 행위에서 자유로울 수 없다.

1905년 11월 17일, 일제는 제2차한일협약(을사조약)을 강제로 체결하여 외교권을 강탈하였다. 그리고 대한제국 황실의 안녕과 평화를 위한다는 명분을 내세워 1906년 2월 일제의 침략을 지휘 감독한 관청인 통감부統監府를 설치하였다. 당시 초대 통감으로 부임한 이토 히로부미는 "포목상인 백윤수白潤洙와 박승직을 도와주라"는 명령을 내렸다. 종로 상인들의 저항을 해소하려는 조처였다는 견해도 있지만, 이후 박승직의 행적을 보면 단순히 그를 통해 조선의 상인들을 회유하기 위한 것만은 아니었던 것 같다.

1922년 박승직은 조선실업구락부朝鮮實業俱樂部의 발기인으로 참여한 이후 평의원 등의 임원을 지냈다. 조선실업구락부는 경제인들의 친목을 도모하고, 일본과 조선을 하나로 융합하자는 '일선융화日鮮融化'를 도모하기 위한 단체였다. 1924년에는 반일운동 배척을 표방하는 동민회同民會의 평의원에 선임되었다. 그 외에도 중앙번영회조합장과 경성상공연합부조합장 등을 역임했다. 이 같은 활동을 보면 조선총독부의 식민정책에 협조하면서 자신의 이익을 추구했다는 비판을 면하기 어렵다.

박승직은 1938년 2월 23일자《매일신보》에 "지원병제도 실시는 내선일체內鮮一體의 구현이며, 조선인도 제국 신민으로서 의무와 권리를 갖추게 되었다."는 담화를 발표하였다.《매일신보》는 일제강점기에 조선총독부의 기관지 역할을 한 신문이다. 1941년 12월에는 해군 국방 헌금으로 1만 원을 헌납했고, 1943년에도 방공防空감시대 위문금 1백 원, 육군에 국방 헌금 2백 원을 헌납하였다. 이러한 행위를 우리는 어떻게 평가해야 할까?

박승직은 아들 박두병을 줄곧 일본인들이 다니는 학교만 택하여 진학시켰다. 이를 일본인과 경쟁하기 위해서는 일본을 알아야 한다는 그의 교육관 때문이라는 견해도 있다. 그러나 기업 활동을 위해서는 일본인들과의 교유가 중요하다고 생각했을 가능성이 크다. 때문에 아들이 어렸을 때부터 일본인들과 함께 일본식 교육을 받게 했을 것이라고 생각한다.

실제로 1940년 박승직은 '국민조선총동원조선연맹'의 후신으로 조선총독부가 조선인을 통제하기 위해 조직한 친일단체인 국민총력조선연맹의 평의원이 되었다. 비슷한 시기에 일제가 실시한 창씨개명에 협조하여 박승직이라는 이름을 버리고 '미키 쇼우쇼크三木承稷'로 이름을 바꾸기도 했다. 본인의 이름뿐 아니라 1941년에는 박승직상점 도매부의 이름을 미키 상사로 바꾸었다. 무엇보다 1938년 이후 일제의 총력전 체제에 적극 협력했다는 점에서 일제의 식민정책 협조자라는 비판을 피하기 어렵다.

2

유한양행 류일한

장사치를 넘어 뜻 있는 상인으로

유한양행의 창업가 류일한柳—韓은 우리 역사에 등장하는 일반적인 기업인들과는 다른 삶을 살았던 인물이다. 일제강점기 독립운동에 투신했고, 세상을 떠날 때 자신의 전 재산을 사회에 환원했다. 누구보다 세금 납부에 충실했고, 기업인이 아닌 교육가로 평가받기를 원했다. 때문에 사람들은 그를 '단순한 장사치가 아닌 뜻 있는 상인〔紳士商人〕'이란 뜻의 '신상'이라고 불렀다.

아버지의 철저한 '조기 교육'

류일한은 1895년 1월 15일 평양에서 아버지 류기연柳基淵과 어머니 김학실金確實(후에 金基福으로 개명) 사이에서 9남매 중 맏아들로 태어났다. 본관은 진주晉州, 자는 천여天汝이다.

원래 류일한의 이름은 일형一馨이었다. 그런데 그가 미국 유학 중 신문 배달을 할 때 신문보급소에서 그의 이름을 잘못 알아듣고 'g'가 빠진 'il hang'으로 타자를 쳤다. 이 일을 계기로 그는 이름을 아예 일한으로 바꾸었다고 한다. 이에 대해서는 그가 미국에서 생활하면서 자신이 한국인임을 잊지 않기 위해 스스로 이름을 일한—韓으로 바꾸었고, 그러자 그의 아버지가 동생들의 이름까지 모두 '한'자 돌림으로 바꾸었다는 이야기도 전한다.

류일한의 아버지 류기연의 고향은 경상북도 예천군 지보면 대죽리로 알려져 있지만, 충청북도 단양이라는 이야기도 있다. 1950년대 류일한이 지보면에 있던 신풍국민학교의 전교생에게 매 학기 초 학용품을 전달했던 것으로 보아, 류기연의 고향은 예천이 확실한 것 같다.

류기연은 전국을 누비다가 김기복과 혼인하면서 평양에 정착하였다. 평양은 1899년 11월에 개방되어 외국인의 거주와 무역이 가능했다. 또, 만주로 연결되는 교통의 요충지였던 만큼 '조선의 오사카' 또는 '조선의 기타규슈'로 불릴 정도로 공업이 발달하였다. 류기연은 평양에서 생활하면서 이러한 분위기에 일정한 영향을 받았던 것 같다.

1895년 을미개혁 당시 단발령이 공포되자 류기연은 스스로 상투를 잘랐고, 숭실대학교 설립에 앞장선 미국의 장로교 선교사 사무엘 오스틴 마펫Samuel Austin Moffet에게 세례를 받았다. 이로 보아 류기연은 개화사상을 받아들였던 것으로 여겨진다. 류기연은 평양에서 잡화점과 비단 장사를 했고, 세계적인 재봉틀 상표인 싱거미싱의 평양대리점을 경영하기도 했다. 그렇다면 어린 시절 류일한은 비교적 부유한 환경에서 성장하였을 것이다.

류기연은 아들 류일한이 심부름을 잘못하면 벌금을 물렸는데, 벌금이 부족하면 세뱃돈에서 제하거나 1전에 물 한 동이씩을 뒤집어쓰게 하는 벌칙을 내리기도 했다. 류일한이 사업에 수완을 보인 것은 이 같은 아버지의 철저한 '조기 교육' 덕분이 아니었을까.

류일한은 서당을 다니며 《천자문》과 《동몽선습》 등을 익혔고, 교회를 다니며 주일학교 선생님의 가르침도 받았다. 일곱 살 되던 해, 그는 집에서 50리나 떨어진 양잠학교에서 기숙하였다. 류기연은 아들이 장남으로서 가계를 책임져야 한다는 생각으로 집에서 떨어진 곳에서 생활하게 한 것이다. 그리고 아들이 열 살이 된 1904년, 류기연은 류일한을 대한제국 순회공사 박장현의 멕시코 순방길에 함께 보내어 미국에서 유학하게 하였다. 지금도 해외 유학은 쉬운 일이 아닌데, 하물며 열 살에 불과한 어린아이의 조기 유학을 결정한 것이다. 어머니 김기복도 아들의 유학을 강하게 반대하여 아들을 데리고 친정으로 가 버리기까지 했다. 그런데도 류기연은 왜 어린 아들을 유학 보내려 했던 것일까?

류기연은 1894년 청일전쟁 당시 피난 생활을 하며 전쟁의 참상을 몸소 겪었다. 그런데 당시 러시아와 일본의 전쟁이 임박한 상황이었다. 그러니 집안을 책임질 장남을 더 안전한 곳에서 공부시키고 싶은 생각이 들지 않았을까. 게다가 앞서 살펴본 대로 그가 개화사상을 받아들였다면, 자식들에게 새로운 문물을 경험하게 하고 싶었을 것이다. 실제로 류기연은 류일한뿐 아니라 둘째 아들 류중한柳仲韓은 러시아, 막내 아들 류특한柳特韓은 일본에 유학을 보냈다. 교육열이 대단한 아버지였던 것이다.

1861년에 태어난 류기연은 아홉 살 때 부모를 잃고 친척 집을 전전하며 혼자 힘으로 인생을 개척한 인물이었다. 그랬기에 아들도 그러한 모습을 보여 주기를 기대했을 것이다.

스쿨보이, 신문 배달, 미시간대학교

1904년 열 살 소년 류일한은 화물선을 타고 제물포를 떠나, 일본의 후쿠오카와 고베, 하와이 등을 거쳐 미국 샌프란시스코에 도착하였다. 샌프란시스코에서 5년간 머물던 그는, 열다섯 살 나던 해인 1909년 네브라스카주의 커니Kenny라는 작은 농촌 도시로 옮겨 갔다. 아버지 류기연은 미국에서도 중앙 지역이 가장 발달한 곳일 것으로 여기고, 박장현에게 류일한을 미국의 중앙에 데려다 달라고 부탁했다. 그래서 아버지의 의도와 정반대로 류일한은 주로 농업과 목축업을 하는 낙후된 지역에 정착하게 되었다.

커니에서 류일한은 터프Tuftt 부인 집에 머물며 침례교 신자인 두 자매의 보살핌을 받았다. 그와 관련된 많은 연구들은 류일한이 두 자매의 양자 역할을 했다고 하지만, 사실 그는 스쿨보이School Boy로 본격적인 유학 생활을 시작했다. '스쿨보이'란 동양 학생이 미국인의 집에 살면서 여러 가지 일을 해 주고 잠자리와 식사를 제공받는 것을 일컫는다. 미국 도착 후 그가 커니에 정착할 때까지 3년간의 행적이 명확하지 않은데, 덴버에 있는 고아원에서 생활했을 것으로 추정된다.

초등학교 시절 류일한은 평범한 소년이었지만, 중학교에 진학한 후 모든 점에서 다른 학생들을 앞서기 시작했다. 중학교 졸업 후 헤스팅스Hsatings로 옮겨 고등학교에 진학했다. 고등학교를 다니면서 그는 구두닦이,

식당 종업원, 신문 배달 등을 하며 학비와 생활비를 마련했다. 그 와중에도 미식축구 선수로 이름을 날렸고, 장학금도 받았다.

고등학교 졸업 후 류일한은 아버지 류기연으로부터 귀국하여 가정을 도우라는 연락을 받았다. 그러나 여기서 학업을 그만둘 수 없다고 생각한 그는 상담 선생님의 보증을 받아 1백 달러를 송금했다. 아버지가 자신을

어린 시절의 류일한. 미국 유학 시절로 추정된다(한국학중앙연구원).

부르는 이유가 경제적으로 어려워져서라고 생각했기 때문이다. 그리고 자신은 디트로이트에 있는 에디슨변전소에 취직했다. 집에 송금하기 위해 빌린 돈을 갚고, 대학에 진학할 학비를 벌기 위해서였다.

1916년 류일한은 네브라스카주립대학교에 입학했다가, 미시간대학교로 옮겨 상과를 졸업했다. 대학을 다니면서도 학비와 생활비를 벌어야 했는데, 그것은 쉬운 일이 아니었다. 그는 미국에 이주해 온 중국인들의 향수鄕愁를 이용해 장사를 해 보기로 마음먹었다. 그래서 중국에서 수입되는 비단·손수건·카펫·장신구 등을 판매하여 큰 이익을 얻었다. 사업적 수완을 발휘해 학비와 생활비 문제를 해결한 것이다.

대학 졸업 후 류일한은 미시간 중앙철도회사의 회계사로 근무하다가, 제너럴 일렉트릭(GE)으로 회사를 옮겨 역시 회계 업무를 담당했다. 당시 제너럴 일렉트릭에 근무하는 동양인은 류일한이 유일했다. 회사에서는 류일한을 동양시장 개척을 위한 총지배인으로 임명하려 했다. 그런데 회사에서 중책을 맡게 된 이 중요한 순간, 류일한은 회사를 그만두고 숙주나물

장사에 나선다.

'라초이', 미국에서 숙주나물을 팔다

당시 미국에는 중국인들이 많았다. 19세기 미국 서부 개척시대에 철도 부설이 활발할 때 수많은 중국인들이 건설 노동자로 미국으로 건너갔기 때문이다. 류일한은 중국인들이 좋아하는 숙주나물로 돈을 벌 수 있겠다고 판단했다. 미국으로 이주해 오는 중국인의 수가 늘면서 숙주나물의 수요도 덩달아 증가했지만, 숙주의 원료인 녹두를 구하기가 어려운 상황이었다. 그는 이 점에 착안해 숙주나물을 사업 품목으로 선정했다.

처음에 류일한은 숙주나물을 유리병에 담아 판매했는데 장사가 신통치 않았다. 뿐만 아니라 숙주나물을 병에 담으려니 손이 많이 갔고, 신선도도 오래 유지되지 않았다. 병의 파손율도 높았다. 그러던 중 숙주나물 배달을 하다 교통사고가 났다. 이에 대해서는 졸음운전으로 사고가 난 것이라고도 하고, 류일한이 숙주나물 선전을 위해 의도적으로 사고를 냈다고도 한다. 어찌되었건 이 사고를 취재한 신문 기자가 다음 날 교통사고 소식과 함께 숙주나물에 대한 설명을 기사로 실었다. 이를 계기로 숙주나물 주문이 폭발적으로 늘어나기 시작했다. 그가 의도한 것이었는지는 알 수 없지만, 사고 기사가 숙주나물 사업의 광고가 되었던 것이다.

류일한은 숙주나물의 신선도를 유지할 방법을 찾는 데 박차를 가해, 마침내 숙주를 통조림에 담을 수 있는 열처리법을 개발하기에 이른다. 그런데 통조림으로 가공하려면 기계와 공장을 지을 자본이 필요했다. 그는 미시간대학교 동창인 월리 스미스Wally Smith에게 동업을 제안했고, 스미스가 이를 받아들여 1922년 라초이식품회사La Choy Food Product INC를 설립하였다. 자본금을 낸 스미스가 사장을 맡고 류일한은 부사장이 되었는데, 라초이식품회사는 4년 동안 50만 달러라는 경이로운 수입을 올렸다.

회사 이름을 '라초이'로 한 것에 대해서는 두 가지 이야기가 전해지고 있다. 하나는 라초이가 중국어로 숙주나물이기 때문이라는 이야기이고, 또 다른 하나는 프랑스어로 중국 음식 또는 고급 음식을 뜻하는 말이 라초이라는 것이다. 하지만 둘 다 사실과 다르다. 중국어로 숙주나물의 발음은 '또야'에 가깝고, 프랑스어로 중국 음식은 'La Nourriture Chinoise', 고급 음식은 'Alimentation avancée'이다. 그렇다면 라초이는 어떤 의미일까? 영어로 초이Choy는 중국 배추의 하나인 청경채를 뜻하고, 중국어로 채소는 차이Cài로 발음된다. 그렇다면 '라La'는 로스앤젤레스Los Angeles, 초이는 청경채 또는 채소를 나타내는 것은 아닐까? 즉, 중국인들이 많이 사는 LA 지역의 중국 이주민들을 대상으로 중국 채소를 판매한다는 직관적인 의미가 회사명에 담겼을 것이라고 추측해 본다.

이렇게 첫 번째 사업을 성공시킨 류일한은, 2년 후인 1924년 라초이와는 별도로 국제무역회사인 류일한주식회사NEW-ILHAN & COMPANY를 설립했다. 샌프란시스코 교민단체인 국민회國民會의 기관지《신한민보新韓民報》에 광고를 내어 재미 한인들로부터 자본을 모으고, 사장으로 서재필徐載弼을 모셨다. 직원들도 주로 한국인들로 구성했다. 그리고 이듬해인 1925년, 류일한은 호미리胡美利와 혼인했다. 호미리는 광둥성 출신의 중국 인으로, 동양 여성 최초로 미국에서 소아과 의사 면허증을 획득한 여성이었다. 류일한이 미시간대학교 재학 중에 키운 사랑이 드디어 결실은 맺은 것이다.

버드나무처럼 민족이 쉴 수 있는 큰 그늘

1925년 류일한은 숙주나물의 원료인 녹두를 구하기 위해 중국으로 향했다. 중국에서 일을 마친 후 그는 북간도로 가서 가족들을 만났다. 일제 강점 후 그의 가족들은 평양을 떠나 북간도로 이주한 상태였기 때문이다.

가족들을 만난 후 류일한은 고국을 방문했다. 20여 년 만에 마주한 고국의 모습은 그에게 충격으로 다가왔다. 특히 각종 전염병·기생충·결핵·학질 등에 시달리는 사람들이 마땅히 치료할 약이 없어 고통받는 의약계의 후진성을 목격하고 큰 충격에 사로잡혔다. 그런데 그때 세브란스병원의 올리버 에비슨Oliver. R. Avison(魚不信) 학장이 류일한에게 연희전문학교의 상과 강의를 맡아 달라고 청했다. 부인인 호미리에게는 세브란스병원의 소아과 과장 자리를 제안했다.

지금까지는 에비슨의 제안을 받아들여 미국 생활을 청산하고 고국으로 돌아온 것으로 알려졌다. 그런데 유한양행의 창업은 귀국 전 이미 이루어진 상태였다. 뿐만 아니라 귀국에 앞서 류일한은 상당한 양의 의약품을 구입했다. 부인 호미리 역시 세브란스 병원의 소아과 과장이 아닌, 유한양행이 있던 덕원빌딩 2층에 소아과를 열었다. 즉, 귀국 후 류일한과 호미리는 에비슨의 제안과는 전혀 관련 없는 일에 종사했던 것이다.

류일한은 제약업을 선택한 이유를 "건강한 국민이 장차 교육을 받을 수 있고 나라도 찾을 수 있다"고 생각했기 때문이라고 밝혔다. 그렇다면 그의 귀국은 에비슨의 제안 때문이 아닌 본인의 의지였다고 생각한다. 물론 그의 귀국 결정이 에비슨의 제안이 어느 정도 영향을 미쳤을 수는 있지만, 귀국 후 류일한이 보인 행보는 그의 뜻과 의지가 어디에 있었는지를 보여 준다.

류일한의 귀국 시점에 대해서는 두 가지 이야기가 전해진다. 유한양행 창업이 1926년 12월 10일인 만큼 그가 1926년 말 귀국했다는 이야기가 있다. 반면 1927년 3월 27일 《동아일보》에 류일한의 귀국 기사가 실린 점을 근거로 그가 1927년 3월 20일경 귀국했고, 유한양행은 이에 앞서 경성세관에 근무하던 예동식芮東植이 설립해 놓았다는 것이다. 앞에서 그가 1924년에 이미 미국에 류일한주식회사를 설립했음을 언급한 바 있다. 그렇다면 류일한은 국내에 잠시 머물 당시에 회사 설립을 결심하고 예동식에게 그 구체적인 과정을 지시했고, 그의 귀국은 유한양행 설립 이후인 1927년에 이루어졌다고 보는 편이 타당하다.

귀국 전 류일한은 미국에서 서재필을 만났다. 서재필은 그에게 "한국인임을 잊지 마시오."라는 말과 함께 버드나무 목각화 한 장을 기념으로 주었다. "버드나무처럼 민족이 편히 쉴 수 있는 큰 그늘이 돼라."는 의미였다. 이 버드나무 목각화는 지금까지도 유한양행의 상징으로 사용되고 있다.

일제는 1910년 12월 29일 허가제를 골자로 하는 '조선회사령朝鮮會社令'을 공포하여 한국인의 회사 설립과 경영을 조선총독부에서 통제하였다. 하지만 1920년 3월 일제는 조선회사령을 철폐하였다. 회사령 철폐는 조선을 위한 것이 아니었다. 일본의 자본을 조선으로 옮겨 오기 위한 방편으로, 제1차 세계대전 이후 경제 불황으로 어려움에 처한 일본 기업에 활로를 열어 주기 위한 것이었다. 어쨌거나 조선회사령이 폐지된 만큼 류일한이 회사를 설립하는 것은 법적으로 아무 문제가 없었다.

회사령이 철폐되었다고 해도 식민 치하에서 회사를 설립한다는 것은 결코 쉬운 일이 아니었다. 일제는 류일한의 호적이 한국에 없다는 점과 약품 취급 자격자가 없다는 이유로 미국에서 가져온 물건의 세관 통과를 막았다. 이에 류일한은 본인의 호적을 만들고, 호미리로 하여금 국내 면허를 얻게 하고, 약제사 나찬수羅贊洙를 채용하여 일제가 더 이상 방해할 수 없게 했다.

안티프라민, 그리고 종업원지주제

1926년 12월 10일 종로 2가에 있는 덕원빌딩에서 유한양행이 창립되었다. 유한양행의 창업에 대해서는 앞에서 언급한 바와 같이 류일한이 귀국후 직접 창업했다는 이야기와, 귀국에 앞서 다른 사람을 시켜 창업하게 한후 귀국하였다는 이야기가 함께 전해진다. 유한양행에서 '유한'은 류일한 본인의 이름에서 따온 것이다. 양행洋行은 당시 서양 수입품을 취급하는 신식 상점을 부르던 말로, 처음부터 제약업 외에 다른 업종까지 염두에 두었음을 알 수 있다.

창립 초기 유한양행은 호미리가 미국에서 가져온 약품을 소량 판매하는 것으로 사업을 시작했다. 의약품 외에 위생용품, 껌, 초콜릿, 아이스크림 등도 수입·판매하였다. 그러다가 농기구, 염료, 페인트 등으로 점차 취급

품목을 넓혀 나갔다. 류일한이 농기구 등에 관심을 갖게 된 것은 의약품 판매망 확충을 위해 전국을 돌아다니면서 느낀 점 때문이었다. 그때 그는 농기구 보급의 필요성을 절감하고, 조선 사람들이 즐겨 입는 흰옷을 관리하려면 염료도 필요하겠다고 생각했다. 그리고 그렇게 수입한 농기구와 염료를 이윤을 거의 붙이지 않은 염가로 판매했다.

"버드나무처럼 민족이 편히 쉴 수 있는 큰 그늘이 돼라." 서재필이 미국에서 건넨 버드나무 목각화는 유한양행의 상징이 되었다.

기업 활동의 목적이 이윤에만 있는 것은 아니었던 것이다.

유한양행은 선교사들이 건립하거나 활동한 병원을 거래선으로 개척했다. 사업이 확장되면서 1929년 YMCA 회관으로 회사를 이전하였다. 이 시기부터 유한양행은 의약품과 위생용품을 수입·판매하는 것 외에, 돗자리와 화문석·도자기 등 국내 특산품과 수산물을 수출하기 시작하였다. 또 일본의 도쿄해상화재보험주식회사東京海上保險株式會社와 미국의 생명보험회사인 홈 인슈어런스Home Insurance 등 외국 보험회사의 대리점을 개설하고, 미국의 선박회사 다다라인의 대리점을 운영하면서 사세를 더 넓혀 갔다.

1932년 유한양행은 신문로에 2층 양옥을 지어 회사를 옮겼다. 창립 6년 만이었다. 그리고 이듬해인 1933년, 자체 개발한 약품 '안티프라민'을 세상에 선보였다. 안티프라민 등의 선풍적인 인기 덕에 성장을 거듭한 유한양행은 1936년 6월 20일 제약업계 최초로 주식회사 체제로 확대 개편되었다. 주식회사로 개편하면서 류일한은 사원들에게 주식의 52퍼센트를

1933년 첫선을 보인 유한양행의
대표 상품 '안티프라민'.

'공로주'로 분배하였다. 우리나라 기업사상
최초로 종업원지주제를 도입한 것이다.

1934년 유한양행은 중국 다롄에 지점을
두었고, 이듬해에는 독일·프랑스 등과 거
래를 시작했다. 1938년 로스앤젤레스에 출
장소를 설치하였다. 1939년에는 부천 소사
에 약품 제조 시설을 갖춘 공장을 완공하였다. 의약품 수입에 만족하지 않
고 직접 의약품을 생산하기 위해서였다. 의약품만이 아니었다. 뒤이어 화
문석·슬리퍼·죽세품·나전칠기 등의 제조 공장을 건설하였다. 1940년에
는 만주유한공사를 거점으로 신징·안둥·잉커우·지린·하얼빈 등에 공사
와 지점, 사무소와 출장소, 주재소 등을 설치하는 등 급속한 확장을 이룩
했다.

1941년 12월, 일제가 하와이 진주만과 필리핀에 있는 미국의 군사시설
을 공격하면서 태평양전쟁이 발발했다. 전쟁 발발 후 일제는 경제 전반을
강력히 통제하기 시작했다. 특히 민족기업이라 할 수 있는 유한양행에 대
해서는 원료 공급 통제, 세금 압박, 임원들에 대한 압력 등의 탄압을 가하
였다. 뿐만 아니라 유한양행의 '양행'이 적성敵性적인 표현이라며 회사명도
'유한제약공업주식회사'로 바꾸도록 하였다.

1945년 마침내 일제가 패망하고 조선이 독립했다. 그러나 해방의 기쁨
도 잠시, 38선을 경계로 소련과 미국이 각각 주둔하면서 유한양행은 도산
직전의 시련을 맞았다. 남북이 분단되면서 북쪽에 있던 자산과 중국 등에
구축한 영업 기반까지 모두 잃게 된 것이다. 이때 유한양행 자산의 80퍼센

트가 사라졌다. 하지만 유한양행은 1945년 11월 일본인 소유였던 경성화학공업을 미군정으로부터 인수하면서 다시금 생산 태세를 정비하였다.

정제 비타민, 특약점, 크리넥스

1938년 4월 류일한은 고려인삼과 나전칠기 등의 수출시장 개척을 위해 미국으로 향했다가 1946년 7월에야 귀국했다. 그가 미국에서 돌아오지 못한 이유를 태평양전쟁 때문으로 설명하는 경우가 많은데, 태평양전쟁의 발발은 1941년 12월에 시작된 만큼 명확한 이유가 될 수 없다고 생각한다. 어쩌면 류일한은 사업이 어느 정도 궤도에 오르자, 못다 한 공부를 하기 위해 또는 조국을 되찾는 일에 힘을 보태기 위해 미국으로 향한 것이 아닌가 싶다. 뒤에서 살펴보겠지만, 실제로 그는 이 기간에 미국에서 학업에 힘쓰면서 조국의 독립을 위해 노력했다.

1946년 7월, 류일한은 8년 만에 다시 고국으로 돌아왔다. 귀국 후 그는 유한양행의 3대 사장에 취임하였다. 그러나 사장 취임 한 달여 후 류일한은 대한상공회의소 초대 회장에 취임하면서 사장직에서 물러났다. 그리고 12월 미국 제약회사와 제휴를 맺기 위해 미국으로 건너갔다가 한국전쟁이 발발하여 돌아오지 못하는 신세가 되었다. 그가 귀국하지 못한 이유에 대해서는, 이승만이 상공장관을 제안했는데 거절하자 정부에서 그에게 입국 허가를 내주지 않았기 때문이라는 견해도 있다.

한국전쟁기 유한양행은 피난지 부산에서 삼광제약의 공장을 빌리고, 범일동에 공장을 차려 포도당Glucose 주사액 등을 생산했다. 류일한은 일본으로 이동하여 유한양행의 상황을 파악하고 회장직을 맡았다. 한국전쟁기에는 외국에서 제조한 약품이 범람하여 시장 조건이 크게 악화되었다. 그러나 유한양행이 제조한 의약품들이 군납이 성사되면서 생산을 확대할 수 있었다. 뿐만 아니라 물고기의 간에서 얻은 기름인 간유肝油를 뽑아 비타민제를 개발하는 데 성공하여 한국 최초로 정제 비타민을 생산하였다.

1953년 귀국한 류일한은 본사와 공장을 서울로 옮기는 작업에 착수했다. 1957년 부천 소사공장의 신축 및 증축 공사가 완료되었고, 이듬해에는 초자硝子 제조공장이 건설되었다. 공장 복구와 함께 최신식 기자재를 도입하여 시설의 현대화를 추진하였다. 1960년에는 소사공장 부지 내에 한국 제약업계 최초로 연구실험실을 준공하였다.

류일한은 단순히 약품을 생산하고 판매하기만 한 것이 아니다. 당시 의약품 업계에서는 소매상에 대한 도매상들의 농간과 횡포가 매우 심했다. 이를 막기 위해 그는 1961년 소매상과 직접 거래하는 '특약점제도'를 도입하였다. 특약점제도는 반응이 좋아 수천 개의 약국이 유한양행 상표인 버들표를 내걸고 유한양행의 특약점이 되었다.

류일한이 모든 사업에 성공한 것은 아니었다. 한국전쟁 중이던 1951년 부산에 설립한 크라이슬러 한국 대리점인 코리언모터스는 1955년 정부의 자동차 수입 금지 및 부속품 수입 제한

1960년대 유한양행 소사공장(부천시청).

조치로 큰 타격을 입고 1960년 결국 청산하였다. 1967년 초자와 화장품업, 1968년에는 치약 제조와 수산업 등에도 진출했지만 실패했다.

그러나 류일한은 쉽게 낙담하는 인물이 아니었다. 1970년 미국의 제지회사 킴벌리클라크사와 합작회사를 설립하여 국내 최초의 위생용품 '코텍스', 국내 최초의 미용티슈 '크리넥스', 국내 최초의 화장지 '뽀삐' 등을 제조하여 이들 상품은 지금까지도 시장에서 판매되고 있다.

사업 확장기에 미국에 머문 까닭

1910년 일제가 대한제국을 강점하자, 류일한의 아버지 류기연은 평양을 떠나 북간도로 이주하였다. 정신여고를 다니던 큰딸이 독립운동가들의 비밀 연락 임무를 수행했다는 이유로 경찰의 감시를 받았기 때문이다.

북간도에서 류기연은 이상설과 이동녕 등 독립운동가들이 세운 명동서숙明東書塾의 재무를 맡아 보았다. 또, 냉면집을 운영하는 한편으로 류일한이 미국에서 보내 준 돈으로 땅을 사서 농장을 경영하면서 독립운동 자금을 댔다. 1919년 3월에는 항일 투쟁의 결과 대한민국 임시정부가 탄생하자 거금을 내놓기도 했다. 류기연은 아침에 일어나면 애국가를 부르는 것으로 하루를 시작할 정도로 애국자였다. 류일한이 독립운동에 헌신한 데에는 아버지의 영향을 무시할 수 없다.

1909년 박용만朴容萬은 네브라스카 중앙정부를 찾아가 군사학교 설립 허가를 얻었다. 그리하여 6월 커니의 한 농장에 한인소년병학교韓人少年兵學校(Military School for Korean Youth)가 설립되었다. 한인소년병학교는 일제강점기에 독립을 위해 최초로 세워진 무관학교이다.

한인소년병학교는 독립군 양성을 위한 일종의 사관학교와 같은 곳으로, 여름 방학을 이용하여 세 번의 군사훈련을 이수해야 했다. 한인소년병학교는 얼마 후 링컨시로 옮겼다가, 1910년 다시 헤스팅스시로 옮겨 갔다. 1914년까지 6년 동안 한인소년병학교에는 167명이 등록하여 40여 명이 졸업했는데, 류일한이 1기 입학생이었다. 류일한은 1909년 입학하여 1912년 졸업하였다.

한인소년병학교를 설립한 박용만은 류일한을 미국으로 데려간 박장현의 조카였다. 뿐만 아니라 류일한은 박용만과 함께 미국으로 향했다. 때문에 그는 박용만을 형처럼 따르고 스승처럼 존경했다고 한다. 그래서 학교가 이사할 때마다 박용만과 함께하면서 여름 방학이 되면 군사훈련을 받았다. 아마도 이때 그는 독립전쟁의 지휘관을 꿈꾸었는지도 모른다. 군사훈련을 받을 당시 그의 나이 15세였다.

1919년 3월 1일 탑골공원에서 학생들에 의해 시작된 독립운동은 전국으로 전파되어 4월까지 지속되었다. 3월 항일 투쟁의 소식은 미국에도 전해졌다. 미국에 거주 중인 한국인들은 이 소식을 듣고 하나로 집결하였다. 4월 14일부터 3일간 미국에 있는 한인 단체들이 연대하여 필라델피아에서 한인자유대회The Korean Liberry Conference를 열었다. 당시 미시간대학교에 재학 중이던 류일한은 서재필·이승만·임병직·조병옥 등과 함께 중요 인사로 참여하였다. 류일한은 임병직·조병옥 등과 함께 '한국민의 목적과 열망을 석명釋名하는 결의문'을 작성하고, 이 결의문을 직접 낭독했다. 결의문 내용은 인민의 교육과 보건을 우선적 정책 과제로 삼는다는 것이었는데, 이후 그의 행적은 이 결의문 내용을 그대로 실천한 것이었다고 할 수 있다.

앞에서 유한양행을 창립하여 사세를 넓혀 가던 중이던 1938년 4월 류일한이 미국으로 향했음을 언급한 바 있다. 이때 그는 서던캘리포니아대학교 대학원에서 공부하여 경영학 석사 학위를 받았다. 하지만 류일한은 미국에서 단순히 공부만 한 것은 아니었다. 그는 세계 정세의 흐름상 일본의 패망이 얼마 남지 않았음을 알고 독립운동을 위해 미국으로 향했을 가능성이 크다고 생각한다.

실제로 1941년 4월 20일 하와이에서 해외한족대회가 열렸을 때, 류일한은 독립운동 자금을 모으기 위해 적극 활약하였다. 이 대회에서 결성된 단체가 재미 한인사회 최대의 독립운동 연합단체인 '재미한족연합위원회'이다. 재미한족연합위원회의 목표는 재미 한인사회의 안녕과 복지를 도모하면서 독립 전선의 통일 군사 및 외교 활동 전개, 미국의 국방 공작 후원 등 조국 독립을 실행하는 것이었다. 여기서 류일한은 집행위원을 맡았다.

재미한족연합위원회는 국방군 편성 계획을 미국 육군 사령부에 제출하여 허가를 획득하였다. 그 결과, 로스앤젤레스에 한인국방경위대韓人國防警備隊가 편성되었다. 그러나 미군에 속할 수는 없어 자주민병한인부대 자격을 받아들이고 캘리포니아 민병대에 소속되었다. 그 후 한인국방경위대는 명칭을 '맹호군猛虎軍'으로 정하고, 1942년 2월 29일 대한민국임시정부 군사위원회의 인준을 얻었다. 류일한은 맹호군 창설 당시 조직 및 재정을 담당하였다.

'냅코 작전'과 애국기 헌납 사건

1942년 8월 29일 로스앤젤레스 시청에서 '태극기 현기식懸旗式'(Tal-Geuk Hoisted At L.A City Hall)이 거행되었다. 국치일인 8월 29일을 현기식 날짜로 정한 것은 32년 만에 국가가 소생한다는 의미였다. 현기식을 로스앤젤레스 시청에서 거행한 것도 로스앤젤레스시가 한국의 독립을 승인한다는 의미를 담고 있었다. 이때 류일한은 캘리포니아 주지사의 축사를 대신 읽었다.

1943년 11월 류일한은 재미한족연합위원회 기획연구부 위원장을 맡아 김용성·김성학·송헌주·김병연 등과《한국과 태평양전쟁Korea and the Pacific War》이라는 책을 발간하였다. 이 책은 한국인이 일본과의 전쟁에 유효하게 참가할 방안, 한국의 현상과 전후 문제, 한국의 경제 실정, 한국민의 독립 수행과 자치 능력 등을 기술하여 미국은 물론이고 전 세계의 관심을 불러일으켰다.

1944년 6월 8일, 류일한은 미 국무부 극동분과의 다이코버Dichover에게 카이로 회담에서 한국의 독립을 약속한 만큼 경제 문제 등에도 관심을 가져 달라는 편지를 보냈다. 이틀 후 다이코버는 한국의 경제 문제에 협의할 뜻이 있다는 답장을 보내 왔다. 11월에는《아시아와 아메리카Asia and the Americs》라는 잡지에 '한국과의 교역을 권한다Do Business with Korea'는 기고문을 게재하여, 미국이 한국에 대해 정당한 판단을 내리지 못하고 있음을 지적하고 한국의 실상을 알렸다. 이어 1945년 1월에는 전후 일본 처리 문제를 논의를 위해 개최된 태평양문제조사회Institute of Paccific Relations(IPR)에 정한경鄭翰景·전경무田耕武 등과 함께 한국 대표로 참석하기도 했다.

미국에 머물면서도 류일한은 한국의 경제 문제에 많은 관심을 기울였다. 이러한 사실은 그가 일제강점기에 유한양행을 설립하여 기업 활동을 한 이유의 일단을 보여 준다. 한국의 경제 문제뿐만 아니라, 직접 군사 활동에 참여하며 조국의 독립을 앞당기려 했다. 아마도 어린 시절 한인소년병학교에서 군사훈련을 받은 경험이 일정하게 작용했을 것이다.

1941년 7월 미국의 대통령 프랭클린 루스벨트는 정보조정처(COI)를 창설하였다. 1943년 6월 정보조정처가 전략정보국(OSS)으로 개편되면서 미군의 정보 업무를 총괄하게 되었다. 이때 미국의 전략정보국이 세운 작전이 중국에서 광복군을 낙하산으로 국내에 침투시키는 '독수리 작전Eagle Project'이다. 전략정보국은 이와 함께 재미 한인을 잠수정을 통해 국내에 침투시키는 '냅코 작전Napko Project'도 수립했다. 1945년 1월 6일, 류일한은 50세의 나이로 냅코 작전 참가를 위해 입대하였다.

냅코 작전에 참여한 한국인은 모두 19명이었다. 류일한은 이초, 변일서, 차진주·이종홍 등과 함께 아이넥조Einec Mission에 소속되었다. 아이넥조의 임무는 서울로 침투하여 일본군 부대의 주둔 위치를 파악하는 것이었다. 아이넥조 조장이던 류일한은 샌타캐틀리나 섬의 훈련소에서 무기 사용법과 비무장 전투법, 지도 읽기, 파괴, 무전, 촬영, 낙하산 침투, 선전술, 일본인 특성 등을 교육 받았다. 그렇게 만반의 준비를 마치고 대기하던 중 일제가 패망하면서 침투 작전은 좌절되었다.

한편, 이렇듯 일제강점기 일본에 맞섰던 류일한이 이끈 유한양행이 친일 행위에 가담했다는 믿기 힘든 일이 벌어지기도 했다. 일제의 전쟁 수행을 돕기 위해 전투기를 헌납하는 애국기헌납운동이 친일파를 중심으로 이루어졌다. 유한양행은 애국기헌납운동에 동참하여 1941년 '유한애국기有韓愛國機' 제작을 위해 5만 3천 원을 일본 육군에 헌납하였다. 1943년 1월 1일에는 《매일신보》에 "축 전승신춘祝戰勝新春", "축 황군무운장구祝皇軍武運長久"라는 문구를 실은 친일광고를 게재하기도 했다. 하지만 이때 유한양행의 사장은 류일한이 아니었다. 그는 미국에 출장을 갔다가 일제의 입국 불허로 미국에 머무르고 있었다. 때문에 동생인 류명한柳明韓이 유한양행을 맡고 있었다.

류명한은 1936년 유한양행의 대주주로 참여했고, 1941년 12월 유한양행의 사장에 취임했다. 류명한은 태평양전쟁이 일어나자 본인의 이름으로 1만 원, 유한양행 명의로 2만 7천 원, 만주유한공사 명의로 1만 원, 유한무역 명의로 5천 원, 유한양행 직원 이름으로 1천 원 등 5만 3천 원을 종로경찰서를 통해 일본 육군에 헌납했다.

태평양전쟁 이후 일제는 미국에 배경을 둔 유한양행을 노골적으로 탄압하였다. 1942년 2월에는 유한양행에 대한 세무 사찰을 벌이기도 했다. 류명한으로서는 유한양행을 살리기 위해 친일 행위를 할 수 밖에 없었을 것이다. 그러나 형은 미국에서 나라를 되찾기 위해 노력하고 있는데, 동생이 일본을 도운 사실은 어떤 사정이 있었다고 해도 납득하기 어렵다.

유한양행의 애국기헌납이 류일한과 상관없다는 것은 분명한 사실이다. 실제로 류일한은 류명한의 친일 행위에 분노하여 평생 절연했다고 한다. 그러나 일제에 항거하여 조국 독립을 위해 노력했던 류일한이 설립한 유한양행마저도 친일 행위에 가담했다는 사실은 이유야 어찌되었건 간에 씁쓸한 일이 아닐 수 없다.

"나는 회장이 아니라 교육가이다"

류일한은 우리가 일제에게 나라를 빼앗긴 이유가 국민들이 교육받지 못했기 때문이며, 미국이 번영을 누리는 것은 국민 교육의 결과라고 생각했다. 때문에 국민 교육이 무엇보다 우선되어야 한다고 믿었다.

1952년 류일한은 청소년 교육을 위해 소사공장 내에 교실을 마련하고 학생을 모집하여 기술 교육을 실시하였다. 학비뿐 아니라 숙식비까지 모두 무료였다. 고려공과기술학교의 시초이다. 비록 고려공과기술학교는 1957년 3월 2회 졸업생을 배출하고 폐교되었으나, 그 정신은 그해 4월 1일 서울에 문을 연 고려공과학원으로 이어졌다. 목공과 하나로 출발한 고려공과학원은 철공과와 전기과를 연이어 신설하고, 1963년에는 한국직업학원으로 이름을 바꾸었다. 여전히 학비와 숙식비는 무료였을 뿐 아니라, 학생들에게 약간의 용돈도 지급했다.

1962년 10월 류일한은 재단법인 유한학원을 설립하고, 이듬해 한국고등기술학교를 개교했다. 한국고등기술학교는 고등학교 과정으로 기계·전기·목공·건축 등의 4개 과로 꾸려졌다. 56명의 학생을 선발하는 데 225명이 지원할 정도로 인기가 있었다. 입학생 전원에게 장학금을 지급했기 때문이다. 이로써 학업 성적이 우수하지만 가정 형편이 어려운 학생들을 돕겠다는 류일한의 뜻이 실현되었다.

1964년 9월 재단법인 유한학원은 학교법인 유한재단으로 바뀌었고, 12월에는 한국고등기술학교가 유한공업고등학교로 개편되었다. 한국고등기술학교는 정규 교육기관이 아니어서 졸업 후 대학교에 진학할 수 없었기 때문이다. 유한공업고등학교 역시 입학생 전원에게 전액 장학금을 지원했다. 그러자 학업 성적이 우수하지만 학비가 없어 고등학교 입학이 좌절된 학생들이 모여들었다. 유한공업고등학교의 설립 취지는 기술 교육을 위한 것이었지만, 우수한 학생들이 모인 만큼 대학에 진학하는 경우도 많았다. 그러자 재단에서는 대학에 진학한 학생들 중에서도 일정 이상의 학점을 받으면 장학금을 주어 학업에 전념할 수 있도록 배려했다.

1966년에는 주변에 중학교가 있었으면 좋겠다는 지역 주민들의 요구를 받아들여 유한중학교를 병설하였다. 유한중학교는 1967년부터 신입생을 모집하여, 1978년까지 9회 졸업생을 배출했다. 그러나 인근 지역에 중학교가 잇따라 설립되면서 지역사회 기여라는 의미가 사라지자 1978년 폐교했다. 그리고 유한중학교 폐교 다음 해인 1978년 유한공업전문학교를 개교했다. 유한공업전문학교는 이듬해 유한공업전문대학으로 개편되었다. 전문 기술인 양성이라는 교육 목표가 쉼 없이 이어진 것이다.

류일한은 학교만 설립한 것이 아니었다. 1963년에는 연세대학교에 유한양행 주식 1만 2천 주를 기증하여 의료 사업 및 연구비에 쓰도록 했고, 주식 5천 주는 의학 발전과 보건계 인재 양성을 목적으로 하는 보건장학회에 기증했다. 1964년에는 유한재단을 설립하여 전국의 수많은 학생들에게 장학금을 제공하였다. 1968년부터는 서울대학교와 고려대학교에 장학금을 지원했다. 1965년에는 '유한사회복지 및 교육신탁금'을 발족시켰다. 이는 한국의 사회복지와 교육 기회 증진을 위한 기금 마련과 기금 운영 및 관리를 위한 것이었다. 1970년 9월 17일에는 '한국사회 및 교육원조 신탁기금'이란 이름으로 법인을 설립하였다. 유한사회복지 및 교육신탁금

이 진행해 온 교육사업·
장학사업·사회사업 등을
더 체계적이고 효율적으
로 운영하기 위해서였다.

류일한은 아버지가 자
신을 미국에 유학 보낸 것
은 학자로 만들기 위해서

유한공업고등학교 내 류일한 박사상.

였다고 말했다. 그는 비록 학자의 길 대신 기업 활동에 전념했으나, 교육
사업을 통해 부친의 바람을 어느 정도 만족시킬 수 있었다. 류일한은 기업
가보다는 교육사업가로 더 큰 자부심을 가졌다. 외국에 출장을 갈 때에도
유한양행 회장 명함이 아니라 'Educator'라고 씌어 있는 명함을 사용했다.
외국에서 손님이 와도 꼭 유한공업고등학교를 둘러보게 했다. 자신이 학
교를 운영한다는 사실을 자랑스럽게 여겼던 것이다.

기업의 이익은 그 기업을 키운 사회로

류일한은 기독교인이었다. 그는 신앙보다 교회를 우선시하는 우리나라
의 풍조를 부정적으로 인식하였다. 때문에 교회에 다니지는 않았지만, 방
송을 통해 목사님들의 설교를 자주 들었다고 한다. 그는 유한양행을 하나
님의 재산이며, 자신은 그것을 관리할 임무만 지고 있다고 믿었다. 그는
철저하게 《성경》의 진리를 자신의 가치관으로 삼은 사람이었던 것이다.
누구나 생각하기는 쉬워도 그것을 행동으로 옮기기는 힘든 것인데, 자신

의 신념을 기업 활동으로 실천했다는 점에 류일한의 차별성이 있다.

1936년 류일한은 유한양행을 주식회사로 전환하면서 주식의 52퍼센트 이상을 직원들에게 액면가의 10퍼센트 정도로 분배하였다. "기업의 소유주는 사회이다. 단지 그 관리를 개인이 할 뿐이다."라는 신념을 행동에 옮긴 것이다. 이는 우리나라 최초의 종업원지주제로 연결되었다. 유한양행은 1962년 경성방직京城紡織에 이어 우리나라에서 두 번째, 제약회사로는 최초로 주식을 상장시켜 기업을 공개하였다. 주식 공개를 통해 자본과 경영을 분리시킨 류일한은, 1969년 10월에는 부사장인 조권순趙權順에게 사장직을 물려주었다. 자식이 아닌 전문 경영인에게 경영권을 이양한 것이다.

류일한은 평소 "국가는 세수입 없이는 운영이 불가능하고, 기업은 세금으로 유지되는 국가의 법적 보호 없이 존립될 수 없다. 따라서 기업은 납세에 충실하지 않으면 안 된다."고 말했다. 이 말은 그의 국가관과 기업 활동이 어떤 관련이 있는지는 잘 보여 준다. 실제로 그는 납세에 충실한 경영인이었다.

1968년 박정희 정권은 유한양행에 정치자금을 요구했지만, 유한양행은 이를 거절하였다. 그러자 국세청에서 세무 조사를 실시했다. 국세청은 탈세 사실을 밝혀내지 못하자, 유한양행 약품의 함량 분석을 과학기술처에 의뢰했다. 정확하게 세금을 냈다면 이익을 낼 수 없었을 것으로 여기고 약품 함량 문제를 걸고 넘어지려 한 것이다. 하지만 유한양행의 약품 성분 역시 아무런 문제가 없었다. 결국 세무 사찰을 받은 유한양행이 오히려 모범 납세업체로 선정되어 동탑산업훈장을 받는 일이 벌어졌다. 이후 유한양행은 '한국 제일의 자진 납세업체', '한국 제일의 장부 공개업체'로 불리게 되었다.

류일한(부천시청).

류일한은 성실하게 세금을 내면 정치권에 불법 정치자금을 제공할 필요가 없다고 생각했다. 그래서 과거 이승만 정권이 유한양행에 3억 환圜의 정치자금을 요구했을 때에도 부당한 요구라며 거절한 바 있다. 이때에도 자유당은 유한양행에 대해 6천만 환의 탈세 의혹을 제기하고, 이건웅李建雄과 조권순 등 임원들을 소환하여 구속영장을 신청했다. 조사 결과 사실무근임이 밝혀졌지만, 자유당 정권에 5천만 환의 정치자금을 제공할 수밖에 없었다. 박정희 정권 시절 유한양행은 화장품 사업에 진출하려 했다. 그런데 당시 중앙정보부가 신규 사업 진출의 대가로 정치자금을 요구하자, 화장품 사업을 아예 포기해 버렸다. 기업은 절대 정치와 관련되어서는 안 된다는 류일한 신념 때문이었다.

류일한에게는 개인의 이익보다는 공공의 이익이 항상 우선이었다. 만주 출장을 다녀 온 직원이 마약을 제조·판매하면 큰 이익을 얻을 것이라고 건의하자, 류일한은 "나는 불쌍한 동포들에게 도움이 되는 일, 사회에 유익한 일을 하고자 약업을 하는 것"이라며 격노했다. 약업자협회에서 약값을 싸게 하자고 제안했을 때에도, 약값을 무리하게 낮춰 약을 함량대로 만들지 못하면 품질이 떨어진다며 한마디로 거절했다. 1960년대 드링크류가 인기를 끌어 회사 내에서 드링크 음료 사업에 진출하자는 건의가 있었을 때 류일한이 했다는 말은 유명하다. "한강 물에 설탕을 넣어서 팔자는 것이오? 국민의 건강을 지키겠다는 제약업자들이 국민의 건강을 좀먹어 가면서 돈이나 뜯어 내자는 것은 강도보다도 더 나쁜 짓이오."

1962년 제2한강교 건설을 위해 정부가 예정지 주변 땅을 매입할 때의 일이다. 매입 예정지에 유한양행 소유의 땅도 포함되어 있었다. 토지 소유주들은 투쟁위원회를 구성했고, 유한양행에서도 담당 직원이 투쟁위원회에 가입했다. 이때 류일한은 이 직원을 불러다 시민을 위해 다리를 건설한다는데 왜 투쟁위원회에 가입했는지를 물었다. 담당 직원은 유한양행이 소유한 땅의 은행 감정가가 1만 4천 원인데 정부가 4천 5백 원에 수용하겠다고 해서 투쟁위원회에 가입했다고 대답했다. 류일한은 다시 그 땅을 얼마에 샀는지를 물었다. 직원은 30원에 샀다고 대답했다. 그러자 류일한은 30원에 사서 4천 5백 원에 팔면 됐지 뭘 더 바라느냐며 정부 매입가로 토지 수용에 응하게 했다. 사익보다는 공익이 우선이라는 일관된 태도이다.

"기업에서 얻은 이익은 그 기업을 키워 준 사회에 환원하여야 한다." 류일한은 입버릇처럼 말했다. 그가 세상을 떠난 지 28일 후인 1971년 4월 8일 유언장이 공개되었다. 유언장의 내용은 다음과 같았다.

첫째, 아들 류일선의 딸, 즉 손녀인 류일링에게는 대학 졸업 시까지 학자금 1만 달러를 준다.

둘째, 딸 류재라에게는 유한공고 안에 있는 묘소와 주변 땅 5천 평을 물려준다. 그 땅을 유한동산으로 꾸미고 결코 울타리를 치지 말고 유한중·공업고교 학생들이 마음대로 드나들게 하며 그 학생들의 티 없이 맑은 정신에 깃든 젊은 의지를 지하에서나마 더불어 느끼게 해 달라.

셋째, 류일한 자신의 소유 주식 14만 941주는 전부 '한국사회 및 교육원조 신탁기금'에 기증한다.

넷째, 아내 호미리는 딸 재라가 그 노후를 잘 돌보아 주기 바란다.

다섯째, 아들 류일선에게는 대학까지 졸업시켰으니 앞으로는 자립해서 살아 가거라.

진정한 상속, 진정한 환원

류일한은 아들 류일선柳逸善에게 재산을 전혀 남기지 않았다. 맏딸 류재라柳載羅에게 5천 평의 땅을 상속했지만, 그것도 학생들을 위한 '유한동산'을 만들기 위함이었다. 당시 일곱 살 된 손녀 류일링에게 학자금으로 당시 환율로 320만 원에 해당하는 1만 달러를 남긴 것 외에 그는 자신의 모든 재산을 사회에 환원했다.

이 대목에서 이런 의심이 들 수 있다. 요즘 재벌들이 하듯이 상속세나 증여세를 줄이려고 사회에 편법 환원한 것은 아닐까? 공익 재단을 만들어 재단을 통해 기업을 좌지우지하는 경우도 빈번하지 않은가? 아니면 가족 간의 불화로 재산 상속을 거부한 것은 아닐까?

사실 이 무렵 류일한은 중국인 부인 호미리와 이혼하지는 않았지만 별거 상태였다. 맏아들 류일선 역시 중국 여성 설경평薛敬平과 혼인했다. 류일한은 아들 류일선에게 유한양행을 맡긴 적이 있지만, 사업상 견해 차이로 남남처럼 지냈다. 딸 류재라는 미국인과 결혼했지만 일찍 사별했다. 사

유한공업고등학교 내에 위치한 류일한 묘.

실상 함께할 가족이 없는 상태였다고 할 수 있다. 한국전쟁 당시 유한양행의 사장을 맡았던 막내 동생 류특한이 유한산업으로 분가할 때에는 '유한' 상표권을 놓고 소송을 벌이기도 했다.

유일하게 재산의 일부를 상속 받은 류일한의 딸 류재라 역시 1992년 세상을 떠나면서 자신의 재산 2백억 원을 아버지가 세운 유한재단에 모두 기부하였다. 1995년에는 류일한의 여동생인 류순한柳順韓이 10억 원 상당의 유한양행 주식을 유한재단에 기증했다. 이는 류일한의 신념이 딸과 여동생에게로 이어진 것이리라.

기업인들 중에는 유독 검소한 사람들이 많은데, 류일한 역시 마찬가지였다. 불필요한 낭비라며 더운 여름에도 에어컨 없는 승용차를 타고 다녔다. 반찬도 다섯 가지 이상 올리지 못하게 하였다. 물건을 한 번 사면 특별한 이유 없이 다시 새것을 사는 일이 없었다. 미국의 만년필 브랜드인 쉐퍼 만년필을 19년 동안 쓰다가 고장이 나자 국제 우송으로 쉐퍼 본사에 수리를 맡길 정도였다. 쉐퍼 본사는 자사 만년필을 19년간이나 사용해 준 데대한 보답으로 그에게 새 만년필을 보내 주었다.

류일한은 평소 천식을 앓고 있었다. 그런데도 거의 매일 밤 혼자 술을 마셨다고 한다. 1970년 2월 23일 국립중앙의료원에 입원한 그는, 6월 26일 세브란스병원으로 옮겨졌다. 이듬해인 1971년 1월 23일, 류일한은 유한공업고등학교 제4회 졸업식에 모습을 나타냈다. 이것이 공식 석상에서 목격된 그의 마지막 모습이었다. 그로부터 한 달여 후인 3월 11일, 류일한은 77세의 나이로 세상을 떠났다.

류일한에 대한 평가는 그의 생전이나 사후나 한결같은 편이다. 그가 사망하자 대한민국 정부는 국민훈장 무궁화장을 추서했다. 생전에는 1965년 2월 연세대학교에서 명예 법학박사 학위를 받았고, 1970년 8월 15일에는 광복 25주년을 맞아 국민훈장 모란장을 받고, 이어 11월에는 보건사회부와 대한결핵협회로부터 항결핵제 개발에 대한 공적을 인정받아 감사장을 받았다. 사후 20년이 지난 1991년 10월에는 중앙대학교가 선정한 참경영인상 1회 수상자로 뽑히기도 했다. 경영자로서뿐만이 아니다. 1995년 대한민국 정부는 나라를 되찾기 위해 독립운동을 펼친 공로로 건국훈장 독립장을 추서했고, 이듬해 6월에는 문화관광부가 '이달의 문화인물'로, 국가보훈처는 '이달의 독립운동가'로 류일한을 선정했다. 이 밖에도 유수의 신문사들이 '한국을 빛낸 역대 인물'로 류일한을 선정하였다. 평생 가정보다 기업, 기업보다 교육, 교육보다 국가를 우선순위에 두었던 기업인에게 보내는 후대인들의 변함없는 지지의 표현이 아닐까.

3
삼양사 김연수

입고 먹는 일로 장수하다

삼양은 창사 100주년이 얼마 남지 않은 한국의 대표적인 장수기업이지만, 오늘날의 일반인들에게는 생소할 수 있다. 삼양그룹의 뿌리는 1924년 10월 일제강점기에 설립된 삼수사三水社로 거슬러 올라간다. 1950년대에는 재계 1위를 차지할 정도로 큰 기업이었으나, 현재는 설탕·밀가루·식용유 등의 식품과 엔지니어링플라스틱·폴리에틸렌 테레프탈레이트(PET) 등 화학사업에 주력하고 있다.

열여섯에 일본 유학 떠난 대지주의 아들

삼양그룹을 창업한 김연수金秊洙는 1896년 8월 25일 전라북도 고창군 부안면富安面 봉암리鳳岩里 인촌仁村 부락에서 아버지 김경중金暻中과 어머니 장흥長興 고씨高氏 사이의 둘째 아들로 태어났다. 본은 울산蔚山, 호는 수당秀堂이다.

김연수는 위로 형과 누나가 각각 세 명 더 있었지만 모두 어려서 세상을 떠났고, 그가 태어났을 때에는 누나와 형만 한 명씩 있었다. 그런데 형 김성수金性洙가 큰아버지 김기중金祺中의 양자로 들어갔기 때문에 그는 장남이나 마찬가지였다. 이처럼 귀한 아들이었지만 어린 시절 그는 몸이 약했다. 때문에 무병장수하라는 의미에서 아명을 판흥判興으로 지었다.

김연수의 아버지 김경중은 고부古阜 지역의 대지주였다. 김경중이 물려받은 재산은 2백 섬〔石〕이었다. 1섬은 성인 1인의 1년간 소비량 또는 장정 한 사람이 짊어질 수 있는 양으로, 지금의 쌀 두 가마니 정도에 해당한다. 따라서 김경중은 1년에 쌀 4백가마니가 생산되는 정도의 토지를 물려받은 것이다. 김경중은 일제강점기에도 많은 토지를 사들여 1만 5천 섬의 초대형 지주로 성장했고, 덕분에 김연수는 어려서부터 여유로운 생활을 할 수 있었다.

1902년, 일곱 살이 된 김연수는 본격적으로 글공부를 시작했다. 그의 아버지는 아들을 공부시키기 위해 한학자 남경삼南京三을 초빙했다. 1907년에는 화적火賊을 피해 일본 순사 주재소와 헌병대 분견소 등이 있는 줄포茁浦로 이사했다. 현재 줄포는 면 단위의 조그만 포구에 불과하지만, 당시 줄포는 제물포·목포·군산 등과 함께 서해의 4대항으로 연안 지역과 내륙 지역을 연결해 주는 교통의 중심지이자 물자의 집산지였다. 1907년부터는 큰아버지가 세운 영신학교永信學校에서 신학문을 배웠다.

1910년 일본에서 공부하고 있던 형 김성수가 여름방학을 맞아 귀국하였다. 김성수는 열다섯 살이 된 동생 김연수를 일본으로 데려가려고 했다. 김성수도 몰래 유학을 갔던 만큼 부모님이 허락하지 않을 것이 분명했다. 그래서 김연수도 몰래 군산항으로 가서 일본으로 향하려 했다. 하지만 아버지가 군산으로 찾아오는 바람에 이 계획은 수포로 돌아갔다. 그리고 그해 12월 8일, 그보다 두 살 위인 박하진朴夏珎과 혼례를 올렸다. 혼인 후에야 그의 아버지는 그에게 일본 유학을 허락했다.

1900년대 초 전라북도 고창군 부안면 김연수(김성수) 생가 전경.

1911년 1월 5일, 열여섯의 김연수는 부산과 시모노세키를 왕래하던 부관연락선釜關連絡線을 타고 일본으로 건너갔다. 도쿄에 있는 세이소쿠正則학교에서 석 달간 일본어를 공부하고, 4월 아자부麻布중학교에 입학했다. 그는 중학교 2학년 때 실업가가 되겠다는 결심을 했다. 아마도 조선보다 발전된 일본의 모습에 자극받았기 때문일 것이다.

1916년 김연수는 아자부중학교를 졸업하고 교토京都3고에 입학했다. 고교 2학년 때 신경쇠약으로 고생하던 그는 낙제를 받았다. 공부에 흥미를 잃고 고등학교를 자퇴했으나, 곧 학업을 중단한 것을 후회하고 교토제국대학 경제학부 선과選科에 입학했다. 선과는 지금의 청강생과 같은 것으로, 강의를 듣다 보니 정식으로 공부하고 싶은 열망이 생겼다. 그는 고등학교 검정시험을 거쳐 1920년 3월 교토제국대학 경제학부 본과에 편입했고, 1921년 교토제국대학을 졸업한 후 귀국하였다.

물산장려운동을 타고 경성방직을 일으키다

일제 강점 후 조선회사령이 실시되면서 한국인의 기업 활동은 전반적으로 침체된 상황이었다. 그런 가운데 1911년 이정규李正珪와 박윤근朴潤根 등 광희문光熙門 부근 면포업자들이 합자하여 '경성직뉴京城織紐'를 설립하였다. 당시 국내 최대의 면포회사였던 경성직뉴는 댕기·분합·주머니끈과 염낭끈·대님 등을 생산하였다. 우리 역사상 최초로 주식회사 형태로 설립된 경성직뉴는 제2공화국의 윤보선 대통령의 아버지 윤치소尹致昭가 사장을 맡아 경영을 주도하였다. 그런데 1917년 김연수의 형 김성수가 국산 복지로 학생들의 교복을 만들겠다는 생각으로 경성직뉴를 인수하였다.

1919년 10월, 김성수는 21명의 발기인과 함께 경성방직을 설립했다. 경성방직이 하필 1919년에 설립된 배경을 두고는 3·1운동 이후 국내에서 제기된 실력양성주의가 계기가 되어 경제적 독립을 위한 민족운동의 일환으로 설립되었다는 견해와 함께, 제1차 세계대전 이후 전시 특수로 인한 면사포 가격 급등이 직접적 배경이 되었다는 주장도 있다.

경성방직은 면화·면사·면포 등을 실물 없이 날짜를 예정해 놓고 미리 매매하는 삼품거래三品去來를 했다가, 납입금의 절반이 넘는 막대한 손실을 입었다. 김성수는 토지를 담보로 조선식산은행으로부터 8만 2천 원의 융자를 받고, 조선총독부로부터 보조금 교부를 받아 경영 위기를 극복하였다. 그리고 경성방직 경영과는 별도로 1920년 4월《동아일보》를 창간하였다. 1921년 김성수는《동아일보》운영에 전념하기 위해 일본에서 돌아

온 동생 김연수에게 경성직뉴와 경성방직의 경영
을 부탁했다. 형의 제안을 받고 고민하던 김연수
는 9월 평양부가 주관하는 만주시찰단의 일원으
로 만주로 향했다. 한 달 정도 만주를 둘러본 그
는 형의 제안을 받아들이기로 결심하고, 경성방
직의 전체 주식 2만 주 중 9,274주를 인수하였다.

1922년 4월, 27세의 나이로 김연수는 경성직
뉴 전무와 경성방직 상무 겸 지배인으로 취임했
다. 젊은 경영인 김연수가 맨 처음 착수한 일은
방직공장 설립이었다. 그렇게 해서 만들어진 것

1910년대 초 일본 유학 시
절의 김연수(오른쪽)와 형
김성수.

이 1923년 1월 준공된 경성방직 영등포공장이다. 이 공장은 4월부터 면포
를 생산하기 시작했지만 제품의 질이 낮아 상품가치가 떨어졌다. 제대로
된 광목을 생산하기 시작한 것은 10월부터였다. 하지만 여전히 품질 면에
서 일본 상품과 경쟁 상대가 되지 못했다.

3월 항일투쟁 후 경제자립을 위한 민족적 자각이 싹트기 시작했다.
1920년 봄 평양에서 조만식 등 기독교계의 민족지도자들이 민족기업의
건설과 육성을 촉구하는 조직체 결성을 논의했다. 그 결과, 8월에 평양야
소교서원平壤耶蘇敎書院에서 조선물산장려회를 발족시켰다. 조선물산장
려회는 경제계 진흥, 사회 발전, 실업자 구제책, 국산품 애용, 근검 풍토,
실천성의 양성 등을 목표로 내세웠다. 평양에서 조선물산장려회가 결성되
자, 지금의 서울인 경성부京城府의 조선청년회연합회도 이에 호응해 1922
년 말부터 적극적인 활동을 전개하여 전국으로 물산장려운동이 퍼져 나갔

다. 물산장려회는 민족자본 육성을 위해 근검저축, 생활 개선, 금주단연斷
煙운동 등을 전개하면서 국산품 애용을 장려하였다.

김연수의 경성방직은 물산장려운동을 적극 활용하면서 활로를 개척했
다. 《동아일보》에 "조선인은 조선인의 광목으로"라는 표어를 게재하고,
"조선을 사랑하시는 동포는 옷감부터 조선산을 씁니다."라며 국산품 애용
을 호소했다. 다른 한편으로는 포목상들을 초대하여 연회를 베풀면서 유
대 관계를 강화했다. 이와 함께 일본 제품이 깊이 침투하지 못하고 민족주
의적 정서가 강한 평안도와 함경북도 등에서 시장 개척에 주력했다.

물산장려운동의 흐름을 타고 사업을 안정화시켜 나가던 1925년 7월,
'을축년 대홍수'로 영등포제방이 무너졌다. 경성방직 영등포공장 역시 홍
수 피해를 크게 입었다. 직기는 흙탕물 속에 잠겼고, 1만 4천 필의 광목이
물에 젖어 쓸 수 없게 되었다. 하지만 김연수는 좌절하지 않고 젖은 광목
을 한강변에 말리고 기계를 수리하면서 공장 정상화에 혼신의 힘을 기울
였다. 마침 가을이 되면서 광목 가격이 폭등하여 극적으로 손해를 만회할
수 있었다.

이듬해인 1926년 2월, 경성방직은 '태극성太極星'이라는 이름의 광목을
생산했다. '태극성' 광목은 이전 경성방직에서 생산했던 '삼성'이나 '삼각산'
등의 광목보다 품질이 우수하여 큰 인기를 끌었다. 태극성 외에 올이 굵고
값싼 '불로초' 광목 역시 만주인들의 전통 옷감과 유사하여 만주 지역에서
큰 인기를 얻었다.

1935년 3월, 75세의 고령인 데다 건강이 악화된 박영효朴泳孝가 경성방
직 사장직에서 물러나면서 고문으로 추대되고, 김연수가 2대 사장에 취임

'우리가 만든 것 우리가 쓰자.' 1920년대 초 '태극성' 광목 광고.

했다. 김연수는 경성방직 사장에 취임하면서 기존 이사진 외에 박홍식(화신) · 현준호(해동물산주식회사) · 최창학崔昌學(삼성광산) · 민병수閔丙壽(북선제지) 등 당시 대표적인 기업인들을 이사에 선임하였다. 이후 김연수는 이들이 경영하는 회사들과 서로 이사직을 교환하면서 사업을 확장시켜 갔다. 1940년에는 화신의 이사를 맡았고, 박홍식과 함께 직물류 도매업체인 대동직물을 설립하기도 했다.

경성방직 사장에 취임한 후 김연수는 면사를 수입해서 면포를 생산하던 체제를 면사에서 면포까지 생산하는 일관 생산체제로 바꾸는 작업에 착수했다. 시흥에 부지를 갖추고 방적공장 건설 설립허가원을 제출했다. 그러나 조선총독부는 공장 설립을 허가하지 않았다. 당시 세계대공황의 여파로 불황을 겪고 있던 일본은 자국 경제에 도움이 되지 않을 조선의 국내 생산을 제한하고 있었기 때문에 조선에 새로운 공장 설립을 불허했던 것이다. 그러자 김연수는 방적 기술자 김규선金奎善을 초빙하고, 1936년 2월 영등포공장에서 방적공장 기공식을 거행했다. 5월에 방적공장이 일부 준공되어 비로소 실을 생산하기 시작했다.

1937년 7월 7일 중일전쟁이 발발했다. 그런데 전쟁이 오히려 경성방직의 성장을 돕는 결과를 가져왔다. 일본과 전쟁을 치르면서 중국인들이 일본 제품을 기피하게 되었고, 그 결과 경성방직에서 생산한 '불로초'가 만주뿐 아니라 화베이 지역으로까지 판로가 확산되었기 때문이다.

전시체제 하에서 경성방직은 군수품 생산에도 참여하는 한편으로, 만주 진출을 계획했다. 전쟁으로 만주 지역 생산 시설들이 파괴되어 옷감 생산이 중단되다시피 했기 때문이다. 전시 상황이었던 만큼 방적공장 건설은 여러 차례 차질을 빚기도 했지만, 결국 1939년 펑톈 근처 소가툰蘇家屯에 한국 기업 최초의 해외 생산법인인 남만방적南滿紡績을 설립했다. 경성방직의 자본금이 3백만 원이었던 데 반해 남만방적은 자본금 1천만 원에, 공장 규모 역시 경성방직 영등포공장의 6배에 달하는 17만 평에 달했다. 그러나 남만방적은 전시 통제 때문에 독자적 상품은 개발하지 못한 채 배급받은 원면으로 만주섬유공사가 지정하는 제품만을 만들어야 했다. 그러다가 제2차 세계대전이 끝나면서 만주 지역이 중국 영토에 편입됨에 따라 문을 닫게 되었다.

'별표고무신'과 농장 사업

김연수가 맡았던 또 하나의 회사인 경성직뉴는 경영 실적이 저조했다. 그는 활로 개척을 위해 고민하던 중 고무신 생산을 시작했다. 처음 일본에서 수입된 고무신은 바닥만 고무이고 나머지는 가죽이나 천으로 만든 구두 모양의 호모화護謨靴였다. 그런데 평양에서 일본인 잡화상인 내덕상점

內德商店에서 일하던 이병두李丙斗가 호모화를 고무신으로 개량하면서 큰 성공을 거두었다. 고무신은 질기고 방수가 잘 되어 큰 인기를 끌었고, 점차 조선 내 소규모 공장을 중심으로 생산이 증가하고 있었다.

"6개월 안에 고무신이 해지면 새 신으로 교환해 준다." 1923년 경성직뉴의 '별표고무신' 광고.

1923년 8월 경성직뉴는 '별표고무신'을 생산했다. 하지만 이미 시장을 점유하고 있던 대륙고무에서 생산하는 고무신과 '만월표고무신'의 벽을 넘기란 어려웠다. 그러자 김연수는 6개월 안에 고무신이 해어지면 새 신으로 교환해 준다는 반개년 보증을 알리는 광고를 시작했다. 이 품질 보증 전략은 효과를 발휘해 '별표고무신'의 판매가 급격히 늘어나 '만월표고무신'을 뛰어넘기에 이른다.

1926년 김연수는 경성직뉴를 '중앙상공주식회사'로 이름을 바꾸었다. 고무신뿐 아니라 무역업·창고업·광산업 등으로 사업을 확대하기 위해서였다. 1939년에는 공장 현대화를 위해 노력하면서 고무신뿐 아니라 고무 호스도 생산하기 시작했다. 하지만 태평양전쟁 발발로 전시체제 하에서 자유로운 생산과 영업이 불가능해지자, 1944년 7월 중앙상공을 경성방직에 합병시켰다.

한편, 김연수는 경성방직과 경성직뉴 경영 외에 선대부터 내려오는 농토를 체계화시키는 작업을 벌였다. 1923년 10월 전라남도 장성군 남면 일대 농토를 농장화하는 일에 착수했다. 이와 함께 '모범농촌 만들기 운동'을 펼쳤다. 술 안 마시기, 노름 안 하기, 가마니 5백 장 치기, 집 주위 청소하기, 퇴비 많이 만들기, 농사일 서로 돕기, 남성은 20세 이전 장가가지 않기 등을 실천 항목으로 정하고 각 마을에 총대總代를 두어 운동을 주도하도록 하였다.

1924년 10월에는 집안 소유의 전답들을 농장형 경영으로 변화시키기 위해 '삼수사三水社'를 설립했다. 그리하여 1924년 장성농장, 1925년 줄포농장, 1926년 고창농장·명고농장·신태인농장, 1927년 법성농장, 1931년 영광농장 등을 연이어 개설했다. 삼수사라는 이름은 형과 자신 그리고 사촌동생 김재수金在洙의 3형제를 '三'으로, 항렬자인 '洙'를 '水'로 대치하여 만든 이름이었다. 그런데 1931년 4월 작명가 문관산文冠山이 삼수사라는 이름이 좋지 않다고 하여 '삼양사三養社'로 회사명을 개칭했다. 삼양사는 1934년 11월 농장 경영, 토지 개량, 정미 창고업 등을 전문으로 하는 합자회사로 법인화되었다.

일제는 1920년부터 15년간 42만 7천여 정보의 토지를 개량하고 영농 방법을 개선하여 9백만 섬의 쌀을 증산시켜 그중 460만 섬을 일본으로 가져간다는 산미증식계획을 수립했다. 그러나 단위 면적당 생산량을 높이는 계획이 제대로 진행되지 않자, 1926년부터는 가능한 땅을 모두 논으로 만드는 농지 확장과 토지 개량에 중점을 두고 간척 사업을 장려했다. 이때 조선총독부는 김연수에게 전라남도 함평군의 간척 사업을 맡아 달라고 부탁하였다. 그는 이 제안을 받아들여 간척 사업에 착수하여 전라남도 함평에 손불농장, 1936년에는 일본인의 간척 사업을 인수하여 전라북도 고창에 해리농장을 조성하였다.

김연수는 만주에서 쌀농사가 타당하다는 결론을 내린 후 만주 지역으로 진출, 해외에도 농장을 건설하였다. 1932년 3월 1일 일제가 괴뢰정권인 만주국을 수립한 상태였기 때문에, 그가 만주로 진

1936년 3월 만주 펑톈에 문을 연 삼양사 사무소.

출하는 데는 아무 문제가 없었다. 1936년 3월 만주에 삼양사 펑톈사무소를 열고 농장 개설에 참여할 이주자들을 모았다. 그리하여 1937년 2월 잉커우에 천일농장, 9월 지린吉林에 반석농장을 개설했다. 1938년 후이난輝南 지역에 교하농장, 1939년 마이허커우梅河口에 매하농장, 1940년 구대농장, 1942년 다붕농장 등을 계속해서 만들어 나갔다.

1942년에는 북간도 지역 원시림 개간 사업에 착수했다. 원래 이 지역을 불하받은 사람은 김여백金汝伯이었다. 김여백은 개간을 위해 삼척기업三拓企業을 설립했지만 9천만 평이나 되는 땅을 개간하는 데 한계를 느끼고 사업을 김연수에게 넘긴 것이다.

김연수는 은행 경영에도 관여했다. 1920년 6월 조남준趙南駿과 윤덕영尹德榮 등이 중심이 되어 해동은행海東銀行을 설립했는데, 김연수는 1927년 8월부터 해동은행 경영에 참여하였다. 11월에는 대표이사가 되어 직접 은행을 운영했다. 그러다 1928년 조선총독부가 민족계은행통합정책을 발표하자, 해동은행을 한성은행에 인계하였다. 이후에는 은행 경영에 직접 관여하지 않았지만, 조선저축은행의 중역을 역임하는 등 금융계와 일정한

관계를 유지하였다.

이 밖에도 1934년에는 옥계금산玉溪金山과 계룡금산鷄龍金山을 인수하여 광산업에도 진출했으나, 본격적으로 운영에 참여하지는 않았다. 1940년 3월에는 하얼빈에 있는 오리엔탈비어회사를 인수하여 맥주를 생산하기도 했다.

1941년 일제가 태평양전쟁을 일으키면서 한국산 면직물은 군수용으로 지정되었다. 급변하는 정세에 대응하기 위해 김연수는 기업체를 통합하여 단일화시켰다. 경성직뉴에서 시작된 중앙상공과 동광제사를 경성방직에 통합시켰다. 그러면서도 농장 운영과 토지를 맡은 삼양사는 독립적으로 유지했다. 경성방직은 사세가 늘어나 1944년 시흥에 염색공장을 완공하여 조면繰綿, 제사製絲, 직포織布, 염색 가공에 이르는 공정을 일괄 처리할 수 있는 종합 면방직공장의 체계를 갖추었다.

해방이 안겨 준 시련들

일제강점기 김연수는 국내 사업뿐 아니라 만주 진출에 무척 적극적이었다. 그 결과 만주에 남만방적, 삼양사농장, 삼척기업 등을 설립했고, 맥주회사인 오리엔탈비어를 운영하였다. 앞서 언급했듯, 그는 경성방직과 경성직뉴의 경영을 맡기 전 만주시찰단의 일원으로 만주를 둘러본 바 있다. 어쩌면 그때 만주 진출을 계획했는지도 모른다.

1945년 8월 15일 해방은 우리 민족에게는 큰 기쁨이었지만, 김연수에게는 고난의 시작이었다. 해방이 되면서 김연수는 만주에 있던 사업체들을 모두 잃었다. 38선 이북에 있던 은율과 평양에 있던 경성방직의 조면공장도 위태로웠다. 양평동공장, 의정부공장, 쌍림동공장, 시흥의 염색공장도 원료난과 화재 등으로 문을 닫거나 규모가 줄어들었다. 일본 오사카에 있던 출장소도 폐쇄해야만 했다. 해방이라는 민족의 기쁨이 그에게는 재산의 절반 이상을 잃는 손실로 이어졌던 것이다.

해방공간기의 혼란 속에서 활발해진 노조 활동도 김연수를 괴롭혔다. 1945년 8월 30일, 경성방직 노동자들이 종업원대회를 열었다. 노동자들의 요구 사항은 야근 철폐와 8시간 노동제 실시, 직원과 공원 간의 물자 차별배급 철폐, 식사 개선, 오락시설 완비, 면회 자유 및 기숙사 개선, 1년분의 임금 및 상여금 지불과 장차의 생활 보장, 교육시설 완비 등이었다.

경성방직은 야근 철폐와 8시간 노동제를 수락하는 등 노동자의 요구를 받아들였다. 그러면서도 미군을 개입시키고 쟁의 지도자 5명을 해고하는 등 노동자들을 압박하는 이중적인 모습을 보였다. 쟁의가 일단락되자, 공장 노동자들은 공장운영위원회 지도 하에 조업을 계속하면서 오히려 생산액을 증가시켰다. 하지만 김연수는 그 직후인 1945년 12월 29일, 경성방직 사장직에서 물러나고 삼양사를 제외한 모든 사업을 정리했다. 경성방직과 경성직뉴는 형 김성수의 뜻에 따라 경영을 떠맡은 것이지만, 삼양사는 본인이 창업한 회사였기에 애정이 더 컸을 것이다. 때문에 김연수는 삼양사만은 자신이 계속 경영한 것이라고 생각한다.

23년간 회사를 이끌던 김연수가 물러난 후 경성방직은 최두선崔斗善이 사장을 맡아 운영했고, 1946년 6월에는 김용완金容完이 사장을 맡았다. 1958년 김연수는 자기 소유의 주식을 모두 매각하면서 경성방직에서 완전히 손을 뗐다. 1970년 7월 경성방직은 상호를 주식회사 경방으로 바꾸어 오늘날에 이르고 있다.

해방은 김연수 개인에게도 큰 시련을 안겨 주었다. 1948년 8월 15일 대한민국 정부 수립 후 9월 7일에 과거 식민지 시기의 친일 행위를 처벌하는 '반민족행위자특별처벌법'이 제정되고, 10월에는 반민족행위특별조사위원회(반민특위)가 구성되었다. 반민특위에서는 3개월간의 조사를 통해 7천 여 명의 친일파 명단을 작성했는데, 여기에 김연수의 이름도 포함되었다. 1949년 1월 21일, 김연수는 반민특위의 조사를 받고 서대문형무소에 수감되었다가 마포형무소로 이감되었다. 그러나 3월 30일 서울지방법원에서 열린 공판에서 특별재판부는 "개전改悛의 정情이 현저함이 명백히 된 것을 참작"하여 그의 구속을 취소했다. 그리고 8월 6일 열린 언도공판에서 김연수는 무죄를 선고받았다.

농지개혁에서 해리농장만 제외된 이유

해방 이후 국내에서는 일제와 반민족적 지주들이 소유했던 토지의 분배와 고율 소작료 제한 등이 중요 과제로 대두되었다. 농업 생산의 급격한 정체, 급격한 인구 증가로 인한 식량난 해결을 위해서도 농지개혁이 필요한 상황이었다. 당시 국민의 다수를 차지하던 농민들 사이에서도 토지개혁을 요구하는 목소리가 높았다. 농민들은 내 땅에서 내 손으로 농사를 짓고 싶어 했다.

실제로 1946년 3월 5일, 북한은 '북조선토지개혁법'을 제정·공포하여

'무상몰수 무상분배'의 토지개혁을 전격적으로 실시하였다. 대한민국 정부 수립 전까지 남한을 통치한 미군정 역시 토지개혁을 주요 경제정책 중 하나로 취급하여, 1947년 12월 '남조선토지개혁법안'을 남조선

1949년 1월 반민특위로 압송되는 김연수(앞). 뒤쪽은 천도교 지도자인 최린이다.

과도입법의원에 상정했다. 그러나 이 법안이 지주 계층 의원들의 반대로 입법화되지 못하면서, 북한에서 이를 공산주의 체제의 우월성을 선전하는 수단으로 활용하기 시작했다. 그러자 미군정은 1948년 3월 20일 법령 제173호를 발표하여 해방 전 일본 사람이나 기관이 가졌던 귀속농지의 분배에 착수했다.

이승만 정부는 1948년 7월 17일 공포된 대한민국의 제헌 헌법 제86조 "농토는 농민에게 분배하며 그 분배의 방법, 소유의 한도, 소유권의 내용과 한계는 법률로써 정한다"는 규정에 따라 농지개혁을 위한 법안 작성에 착수했다. 11월 22일 농림부가 '농지개혁법 시안'을 발표하고, 이듬해인 1949년 3월 10일 농지개혁법시안이 국회 본회의에 상정되어, 4월 27일 농지개혁법이 국회 본회의를 통과하였다. 그러나 이승만 정부는 이 법이 현재의 재정 형편상 감당할 수 없다면서 거부권을 행사했다. 그렇게 시간이 지나면서 국회에서 지주의 이익을 대변하는 보상률 논의가 진행되었다.

1950년 3월 10일 이승만 정부는 '농지개혁법'의 개정안을 공포하고, 5월부터 농지개혁법이 실시되었다. 당시 국민의 70퍼센트 이상이 농민이었

고, 그중 대다수는 내 땅이 없는 소작인이었다. 그들은 무상몰수 무상분배를 원했으나, 농지개혁은 3천 평 이상의 농지에 대해 정부가 지주로부터 땅을 사들여 소작농에게 되파는 '유상몰수 유상분배'의 형식으로 이루어졌다. 지주는 땅값으로 지가증권을 받고, 소작농은 5년에 나눠 그 땅값을 현물로 상환하는 방식이었다.

이처럼 이승만 정부의 농지개혁은 농지에 해당하는 토지만을 대상으로 한, 게다가 농민들의 요구를 반영하지 않은 것이었으나, 김연수에게는 큰 타격을 주었다. 해리농장을 제외한 농장 전부를 정부에 넘기게 되었던 것이다. 그나마 해리농장을 보전할 수 있었던 것은 해방공간기 정치 상황과 관련이 있다. 1948년 농림부장관 조봉암曹奉岩이 토지개혁안을 만들었는데, 국무회의와 국회를 거치면서 개혁 대상에서 과수원과 염전이 제외되었다. 즉, 토지개혁안이 농지개혁안으로 바뀐 것이다. 그런데 김연수의 해리농장은 왜 농지에 포함되지 않았을까?

일제강점기 일제는 무기와 군수산업용 화학 연료에 쓰일 염화나트륨 성분이 높은 천일염을 필요로 했다. 그러나 일본에는 천일염을 생산할 수 있는 지리적 조건을 갖춘 곳이 없었다. 일제는 조선을 안정적인 천일염 공급지로 결정하고, 주로 북한 지역에 염전을 조성했다. 1930년 일본인 소유의 해원농사를 인수한 김연수는 1936년 간척 사업으로 해리농장을 조성하였다. 그런데 남북이 분단되면서 남한에 소금 품귀 현상이 일어나자, 미군정이 민간에도 염전 운영을 허용하였다. 김연수는 이때를 놓치지 않고 1947년 6월 해리농장의 논을 염전으로 지목地目을 변경하여 염전사업을 시작한 덕에 농지개혁 이후에도 해리농장만은 계속 소유할 수 있었던 것이다.

삼양설탕, 삼양수산, 트리론 섬유

1950년 6월 한국전쟁이 발발하자 김연수는 삼양사 부산출장소로 피난을 갔다. 그는 제조업에서 새로운 활로를 찾기로 했다. 그는 일본을 통해 설탕과 한천寒天 사업에 대한 정보를 수집했다.

김연수가 먼저 주목한 것은 한천이었다. 한천은 우뭇가사리[牛毛]를 끓여 나오는 물을 건조시켜 만든 우무를 작은 조각이나 가루 형태로 만든 것으로, 당시 국내의 식량 사정이 열악했던 만큼 한천을 식량 대체제로 여겼던 것 같다. 그리고 설탕에도 관심을 가졌다. 당시 설탕은 대부분 수입에 의존하고 있어 이를 제조하여 판매하면 승산이 있다고 생각했던 것 같다.

1951년 12월 김연수는 울산에 제당공장과 한천공장이 들어설 터를 정하고, 공유수면 7만 5천 평을 매립하여 바다 위에 공장을 짓는 공사에 착수했다. 당시 울산은 교통도 불편했고 산업시설도 거의 없는 황량한 곳이었다. 하지만 그는 울산이 선박의 정박이 자유로울 정도로 수심이 깊고 넓은 평야가 있다는 점에 주목했다. 1960년대 울산에 공업단지가 조성된 것을 보면 그의 안목이 정확했음을 알 수 있다.

제당공장과 한천공장 건설은 1954년에야 시작되었다. 정치 문제 때문이었다. 1952년 부산에 피난 중이던 이승만은 대통령 직선제 개헌안을 발의했지만 부결되었다. 이어서 123명의 국회의원이 내각제 개헌안을 상정했다. 그러자 이승만은 부결된 개헌안을 다시 국회에 제출하면서 계엄령을 선포했다. 계엄령 발포와 함께 이승만은 내각책임제 개헌을 추진하던 반대파 국회의원 47명을 국제공산당이라며 검거하였다. 이승만의 헌정 유린에 항의하여 5월 26일 김연수의 형 김성수는 부통령직을 사임했다(5·26부산정치파동). 이때 이승만 정부는 삼양사를 야당 계열 기업체로 낙인찍었다. 삼양사에는 외화 사용 허가를 내주지 않고 이런저런 이유로 기업 활동에 제동을 걸었다. 그래서 공장 건설이 3년이나 늦어진 것이다.

1956년 1월 3일, 드디어 제당공장이 가동되어 첫 '삼양설탕'이 생산되었다. 물론 그전에 1953년 제일제당, 1954년 8월 동양제당, 12월 한국정당 등이 이미 설탕을 생산하고 있었기 때문에 초기에는 고전을 면치 못했지만, 삼양설탕은 점차 품질을 개선하면서 시장을 확보해 나갔다. 그래서 1962년에는 국내 기업으로는 처음으로 설탕을 오키나와에 수출했고, 1967년에는 미8군에 군납하는 성과를 거두었다.

그런데 그해 설탕공장을 가동시키고 얼마 지나지 않아, 준공을 앞둔 한천공장이 화재로 소실되는 사고가 일어났다. 하지만 김연수는 실망하지 않고 공장 재건에 나서 5월 23일부터 다시 조업에 들어갈 수 있었다. 울산에 이어 이듬해인 1957년에는 목포에도 한천공장을 세우고 '서남수산西南水産'이라는 이름으로 운영하고, 제빙공장도 준공하여 얼음을 생산하기 시작했다. 그러나 한천 생산은 1962년 목포공장, 1969년 울산공장이 문을 닫으면서 중단되었다. 1963년부터 한천의 국제 시세가 하락하자, 새로 폴리에스테르 공장 건설에 전력을 기울이기 위해 한천 생산을 그만두었던 것이다.

1953년 김연수가 삼양사를 삼양통상으로 법인 전환하고, 1956년 6월 23일 삼양통상이 합자회사 삼양사를 흡수 통합하여 주식회사 삼양사로 출범하였다. 김연수는 삼양사 회장에 취임하면서 셋째 아들 김상홍金相鴻

을 사장, 넷째 아들 김상돈金
相敦과 다섯째 아들 김상하金
相廈를 상무에 임명했다. 해리
염전은 삼양염업사三養鹽業社
로 독립시키고 맏아들 김상준
金相駿에게 맡겼다. 후계 구도
를 준비한 것이다.

1969년 12월 전주 화섬공장 준공식. 가운데가 김연수
이다.

　1962년 김연수는 스위스의 에서비스Escher Wyss사로부터 28만 달러의 차
관을 도입하여 삼양수산을 설립했다. 삼양수산은 갑오징어 가공법 개발
에 성공하여 1970년 3월 갑오징어 50톤을 일본에 수출하였다. 1974년부
터는 쥐치를 조미 가공한 쥐치포를 일본에 수출하였다.

　삼양수산 설립 후 김연수는 한천을 생산하던 목포공장을 냉장 전문 공
장으로 전환하고, 1964년 4월에는 삼양사 여수공장을 준공했다. 처음에
는 배를 빌려 냉동 가공용 생선을 수송하다가 1962년 국내 운반선 삼양
51호와 욕지호, 일본 선어鮮魚 수출선 삼양52호를 구입했다. 1965년 12
월부터는 삼양1·2·3·5·6호 등 다섯 척의 저인망어선을 도입하여 원근
해 어로를 겸하고, 1967년에는 대일 선어 운반선인 삼양59호를 자체 건
조하였다.

　김연수는 한천공장을 닫고 수산업에 본격적으로 뛰어드는 와중에 섬유
업 복귀도 준비했다. 그는 1963년 2월 전주방직을 인수하여 '삼양모방三養
毛紡'으로 회사명을 바꾸었다. 해방 직후 경성방직 사장직에서 물러난 지
18년 만이었다. 섬유업에 그가 다시 관심을 갖게 된 것은 폴리에스테르 때

문이다. 1941년 영국에서 발명된 폴리에스테르는 미국의 듀퐁사를 통해 전세계로 퍼져, 당시 한국 기업들도 관심을 갖기 시작한 상태였다. 삼양모방은 1966년 10월 일본의 레이온주식회사와 기술 제휴 등에 관한 계약을 체결했다. 그로부터 3년 후인 1969년 12월 전주에 폴리에스테르공장이 완공되었고, 여기서 '트리론Triron'이라는 상표로 폴리에스테르를 생산하기 시작했다. 삼양의 삼三에서 가져온 '트리Tri'는, 고강인성高強靭性, 뛰어난 탄력성, 다림질 불필요라는 폴리에스테르의 3대 특징을 나타내는 것이기도 했다.

이렇듯 사업 범위를 넓히고 다지던 와중인 1972년에는 제일제당 및 대한제당과 함께 선일포도당의 공동 경영에도 참여했다. 서귀포에서 포도당과 물엿을 생산하던 선일포도당은 당시 경영난에 시달리고 있었다. 선일포도당 인수 후 그는 본사 사무실을 이전하고 조직 기구도 개편했다. 1976년에 인천공장을 새로 건설하고 기술 개발과 경영 개선에 힘쓴 결과, 드디어 선일포도당은 흑자로 돌아섰다. 김연수 사후인 1984년, 삼양사는 선일포도당의 주식 100퍼센트를 소유하여 삼양그룹 계열사로 편입시켰다.

제당업, 섬유업, 수산업을 주력 사업으로 삼양의 기반을 다진 김연수는 1975년 2월 21일 은퇴를 발표하고 명예회장에 추대되었다. 그는 은퇴 후에도 일주일에 두 차례씩 회사에 출근해 경영 전반을 자문했고, 1977년에는 목축업을 새로 시작했다. 하지만 1978년 4월 위출혈로 입원한 후 입원과 퇴원을 반복하다, 1979년 12월 4일 새벽 3시 83세의 나이로 세상을 떠났다.

친일과 민족자본, 친기업과 반정부 사이에서

김연수에 대한 역사적 평가는 다양하다. 민족자본기업인 경성방직을 경영한 산업 근대화의 선봉이자, 일본계 토지 침략회사에 맞서 근대적 농장 제도로 조선의 농토를 방어하고 파탄에 이른 농민들에게 자립의 길을 열어 준 근대 농업의 선구자라는 평가는 그의 긍정적인 영향만을 부각시킨 것이다. 반면에 일제강점기의 대표적인 친일 기업인으로 그를 비판하는 시각도 존재한다. 실제로 그는 조선식산은행에서 차입금과 출자금을 제공받고, 일본 무역상에게 면사를 공급받고, 일본 방직회사에서 설비를 도입하고 기술을 제공받았으며, 일본인 면사포상을 통해 제품을 판매했고, 노동쟁의가 일어나면 조선총독부의 보호를 받았고, 만주로 진출한 일본과 긴밀히 교류·협력했다. 이에 대해서 김연수와 일본의 관계를 일반적 거래 관계로 파악하는 견해도 있다.

김연수가 경성직뉴와 경성방직의 경영을 주도하기 시작한 1925년만 해도 경성방직이 생산한 광목의 품질은 일제의 상품과 경쟁이 되지 않았다. 김연수는 경영난을 타개하기 위해 조선총독부에 보조금 지급을 요청했다. 조선총독부는 1923년부터 1934년까지 11년간 경성방직에 보조금을 지급했는데, 그 금액이 불입자본의 4분의 1에 육박했다. 조선식산은행과도 밀접한 관계를 맺어 많은 대출을 받았다. 1930년대에는 조선공업협회 부회장, 조선직물협회 부회장, 조선방적동업연합회 회장 등 일본인 중심 단체에 가입하여 주요 직책을 맡기도 했다.

고창에 해리농장을 조성할 때에도 일제의 도움을 받았다. 농장이 자리한 지역은 1920년과 1926년 일본인이 간척 공사를 시도했던 곳으로, 1930년에는 일본인 회사인 해원공사가 다시 간척에 나섰지만 결국 준공하지 못했다. 김연수는 1936년 조선총독부 농림국장 야지마 신조矢島杉條를 움직여 공사권을 인수받았다.

경성방직의 만주 진출을 두고 한국 기업 최초의 해외 진출로 평가하기도 하지만, 경성방직의 만주 진출은 중일전쟁의 부산물이라는 평가가 더 객관적이다. 일제의 중국 점령지가 확대되면서 경성방직의 판매 시장도 덩달아 확대됐기 때문이다. 삼양사의 만주 지역 농장 개설 역시 마찬가지로 '전쟁 특수'였다고 할 수 있다.

김연수가 만주에 방적공장을 건설할 때는 전쟁 중이어서 건설 자재 공급이 원활하지 않았다. 그럼에도 불구하고 조선총독부는 김연수에게 시멘트 5천 톤을 확보해 주었다. 일본의 진주만 공습이 있던 1941년에는 나중에 친일파로 지목되어 반민특위에 1호로 구속되는 박흥식 등과 함께 일제를 위해 무엇을 할 것인지를 협의하고, 일본의 장군과 총독·정무총감 등을 방문해 자문을 구하기도 했다. 이 밖에 학병學兵 권유 연설회에 연사로 참가했고, 한국인의 전쟁 협력을 촉구하는 신문 기고문을 쓰거나 라디오 강연도 했다.

이미 만주에 거액을 투자한 김연수로서는 어쩔 수 없는 선택이었을 수 있다. 남만

생가에 세워져 있는 김연수 동상.

방적은 경성방직보다 설비 규모가 더 컸고, 만주에 건설한 농장 역시 조선의 농장보다 면적이 더 넓었다. 그로서는 일제가 패망한다면 많은 것을 잃을 수밖에 없었다. 물론 그의 친일 행적은 전쟁 이전으로 거슬러 올라간다. 1933년에는 경기도 관선 도의회 의원이 되었고, 1936년에는 군수용 석유의 안정적 확보를 위해 설립된 조선석유주식회사 이사에 취임했다. 1937년 7월에는 국방헌금 1만 5천 원, 황군 위문금 5천 원을 헌금했으며, 9월에는 '경기도 애국기헌납기성회'를 발기하여 문명기文明琦가 앞장섰던 애국기헌납운동에 적극적으로 호응했다. 그 외에도 매년 본인이나 경성방직의 이름으로 일제에 납부한 금액이 80만 원이 넘는다. 80만 원은 당시 경성방직 한 해 순이익에 해당하는 거액이었다.

중일전쟁이 발발한 이듬해인 1938년 김연수는 시국대책조사회 위원이 되었고, 일본 해군에 1만 원을 기부했다. 1939년 국민정신총동원조선연맹 이사, 조선총독부 조선중앙방공위원회 임시위원, 조선총독부 조선중앙임금위원회 위원, 만주국 경성주재 명예총영사 등에 위촉되었다. 국민정신총동원조선연맹 사업자금으로 3만 원을 헌납하기도 했다. 1940년에는 총독의 자문기관인 중추원의 칙임참의勅任參議·국민총력조선연맹 이사 등을, 1941년에는 조선임전보국단 상무위원을 지냈다.

나중에 김연수는 본인의 일대기에서 친일 단체에 이름을 올린 것은 자신의 의지와 상관없이 일제가 일방적으로 임명한 것이라고 밝혔다. 또, 우울한 심정을 달래려고 연일 홧술을 먹어 병원에 입원하기도 했다고 기록했다. 그렇다면 1941년 1월 일본 덴노天皇로부터 견수포장絹綬褒章을 수여받고, 이듬해 경성에서 열린 '만주국 수립 10주년 기념식'에서 덴노에 대한

경배를 주도한 일은 어떻게 설명할 것인가. 국민정신총동원조선연맹의 후신인 국민총력조선연맹 창립부터 이사로 참여했던 그는, 1942년 국민총력조선연맹 총무부의 기획위원과 후생부장으로도 활동했다. 1942년 1월 14일에는《매일신보》에 "일억 일심一億一心"이라는 글을 기고하여 전시체제에 협력하라고 강권했다.

해방 이후 반민특위에 체포된 김연수는 1949년 8월 무죄를 선고받았다. 그의 무죄 선고 전인 1949년 5월 20일, 이승만 정부는 친일파 처단 문제에 앞장섰던 국회의원들을 빨갱이로 몰아 구속시켰다(국회프락치사건). 6월 6일에는 친일 경찰들이 반민특위를 급습하여 관계자들을 체포하였다. 6월 26일 민족주의 세력의 정신적 지주였던 김구金九가 암살되면서 반민특위는 사실상 힘을 다하였다. 따라서 법정에서 무죄 선고를 받은 것이 그가 일제에 협력하지 않았음을 증명하는 것이라고 보기는 어렵다.

김연수는 부유한 집안에서 성장했던 만큼 남을 돕는 데에는 인색하지 않았다. 일본 유학 시절에는 자신의 학비를 나누어 한국에서 온 가난한 유학생들을 도왔다. 2·8독립운동의 실행위원 중 한 사람인 서춘徐椿, 대한민국 정부 수립 후 초대 기획처장으로 농지개혁법기초위원회 부위원장에 임명된 이순탁李順鐸 등이 그의 도움으로 일본에서 공부를 할 수 있었다.

김연수는 기업 경영뿐 아니라 교육 활동에도 열심이었다. 1929년 형 김성수가 중앙학원을 설립하자, 그는 명고농장을 중앙학원에 기부하여 농장 수익금으로 학교를 운영할 수 있도록 하였다. 1932년 김성수가 다시 보성전문학교를 인수하자, 이때도 신태인농장을 기부했다. 1946년 보성전문학교가 중앙학원에 흡수되고 고려대학교가 설립 인가를 받자, 이번에는 고려대학교 농과대학 설치를 위해 농지를 기부하였다.

형을 돕는 일 외에 독자적으로 교육사업을 펼치기도 했다. 1940년 평톈에 있는 교포들이 설립한 동광학교가 경영난으로 문을 닫을 위기에 처해 김연수에게 도움을 요청했을 때, 그는 구대농장을 기부하여 재단법인을 만들고 정식 중학교 인가를 받아 냈다.

독자적으로 장학기구를 설립하기도 했다. 1939년 6월 경제적으로 곤란한 학생과 자금이 부족한 연구단체를 지원하기 위해 설립한 '양영회養英會'가 그것이다. 그가 설립한 양영회는 자연과학의 연구 장려, 공업기술 양성, 육영사업 등을 목적으로 한 우리나라 최초의 민간 육영育英재단이었다. 김연수는 1948년까지 활발한 사업을 펼치다가 이후 재원이 없어져 사업을 중단했던 양영회를 1962년에 부활시켰다. 그리고 1968년 10월 10일에는 삼양사 사원들의 자녀 학업 지원 목적으로 수당장학회를 설립하였다. 1969년 삼양사 자녀 137명에게 장학금을 지원한 것을 시작으로, 이듬해부터는 고향의 중고등학생들에게도 장학금을 지급했다.

삼양사는 일제강점기와 1960년대에 우리나라를 대표하는 기업이었다. 김연수는 제2공화국 때인 1961년 1월 10일 창립된 한국경제협의회의 초대 회장으로 추대되었다. 4·19혁명 이후인 1960년 8월 31일 민주당 정부가 기업 탈세액 및 공고금을 공고하자, 납부액을 통고받은 기업들이 강하게 반발했다. 민주당 정부는 벌과금을 백지화하기는커녕 '부정축재자 처벌 특별법' 제정을 준비했다. 이에 대응하기 위해 만들어진 것이 한국경제협의회로, 당시 우리나라 재계를 대표하는 이 단체의 초대 회장이 김연수였던 것이다.

그러나 이후 다른 기업들의 약진과 달리 삼양사의 발전은 상대적으로 더뎠다고 할 수 있다. 앞서 언급했듯이 김연수의 형 김성수는 이승만과 사이가 원만하지 않았다. 박정희 정권기에는 김성수가 창간한 《동아일보》는 야당 성향이 강했고, 삼양사는 그런 《동아일보》를 일정하게 지원하고 있었다. 이 시기에 급성장한 기업들 대부분이 정치권과 밀착했던 것을 감안하면, 삼양사가 정치권과 일정한 거리를 둔 것이 급성장을 하지 못한 이유 중 하나일 것이라고 짐작할 수 있다.

김연수는 토지자본으로 출발하여 산업자본으로 이행한 기업가라는 평가가 있다. 하지만 그의 사업 대상은 철저하게 먹는 것과 입는 것으로 국한되었다. 먹는 것은 농장 경영·간척 사업·염전·제당·수산 등이고, 입는 것은 경성방직·남만방직·삼양모방·화학섬유 등으로 이어졌다. 그는 경제 개발이 한창이던 1975년 사업 일선에서 물러났고, 산업화에 걸맞는 사업 진출을 도모하지 못했다. 일제강점기—해방공간기—한국전쟁—전후복구기로 이어지는 헐벗고 굶주린 시대에 맞는 사업 전략을 고수했기 때문일까. 산업화 시기였다면 그의 기업 경영은 어떠했을까?

4
금호그룹 박인천

'먼지부자', 지역 대표기업으로

오늘날 전 세계 하늘을 날고 있는 아시아나 비행기의 시작은 택시 두 대였다. 그 택시 두 대가 금호고속 버스가 되고, 금호타이어가 되고, 비행기가 되었다. 택시 두 대로 금호아시아나그룹을 일군 인물. 그가 바로 금호錦湖 박인천朴仁天이다.

복직이 받아들여지지 않은 일제강점기 경찰

박인천은 1901년 7월 5일 전라남도 나주군羅州郡 다시면多侍面 신석리新石里에서 아버지 박옥용朴玉容과 어머니 김영엽金永葉 사이의 4남 2녀 중 3남으로 태어났다. 어렸을 때 이름은 재곤在坤이었다. 그런데 박인천이 일곱 살 때 아버지가 급성전염병인 장티푸스로 세상을 떠나는 바람에 그는 큰아버지의 양자로 들어갔다.

1910년 열 살이 된 박인천은 안곡서당安谷書堂에 입학했고, 1915년에는 죽지서당으로 옮겨 공부를 계속했다. 그는 팔현강당八賢講堂에서 개최된 강경講經(유교 경전 외우기) 시합에 출전하여 장원을 차지할 정도로 공부를 잘했다.

1917년 박인천은 17세라는 늦은 나이로 나주공립보통학교에 입학했다. 하지만 그는 조선인을 무시하는 교장을 몰아내자는 연판장을 돌리다가 퇴학당했다. 1918년 그는 큰형의 심부름으로 소를 팔러 갔다가 소를 판 돈 40원을 들고 가족들 몰래 경성으로 올라갔다. 이듬해 중동학교 초등과에 입학한 것으로 보아, 그는 학업을 계속하고 싶어 가출을 했던 것 같다. 그러나 학비가 떨어져 고향으로 돌아올 수밖에 없었다.

1919년 열아홉 살이 된 박인천은 나주 일대 면화 공판소에서 목화실을 사서 광주光州와 경상도 지역에 파는 장사를 시작했다. 하지만 큰 이익을 얻지 못해 얼마 지나지 않아 장사를 그만두었다. 이어 일본에서 들어오는 일용 잡화를 파는 잡화상과 함께 대금업을 시작했다. 잡화상으로 이익을 보고 있었지만, 빌려준 돈을 강제로 받아 내지 못해 대금업에 실패하는 바람에 잡화상마저 그만두어야 했다. 이후 쌀장사, 가마니와 무명장사 등도 했지만 줄줄이 실패했다.

1922년 스물두 살 박인천은 다시 경성으로 올라왔다. 이듬해 5월에는 돈을 벌기 위해 일본으로 건너가 막노동자로 일했다. 일본에서의 그의 행적에 대해서는 자세하게 알려진 것이 없다. 다만 이듬해 귀국한 것으로 보아 별다른 성과를 거두지는 못한 것 같다.

귀국 후 박인천은 다시 공부에 매진해 1924년 11월 순사巡査시험에 합격했다. 그러나 일제강점기 최하위직 경찰관인 순사로는 만족할 수 없었던지 공부를 계속하여, 1929년 8월 오늘날의 고시에 해당하는 보통문관시

험에 합격했다. 보통문관시험 합격 후 이순정李順
貞과 혼인했고, 1930년에는 순사부장으로 승진하
였다.

금호 박인천

　순사 시절 박인천의 행적에 대해서도 자세히 알
려진 바가 없다. 다만, 1945년 장흥경찰서 근무 중
일본인과 조선인의 조상이 같다는 일제의 '동조동
근同祖同根' 주장을 공개적으로 비판했다는 일화가
있다. 경찰서장은 박인천의 사상에 문제가 있다는 보고를 올렸고, 결국 그
는 경찰직에서 축출되어 7월 나주군청 행정직으로 자리를 옮겼다.

　나주군청으로 옮긴 박인천은 노무계장에 임명되었다. 그에게 내려진 업
무 중 하나는 80여 명의 청년들을 징발하는 것이었다. 그는 나주군청마저
그만두었다. 해방 후 박인천은 경찰에 복직하려 했지만 그의 복직은 받아
들여지지 않았다.

　미군정기(1945년 9월~1948년 8월) 남한의 경찰 간부 중 82퍼센트가 전직
일본 경찰 출신이었다. 미군정은 당시 남한의 혁명적 조류와 좌익 세력을
통제하기 위해 친일 경찰을 그대로 기용했다. 박인천의 경찰 복직이 받아
들여지지 않은 것은, 그가 일제강점기 경찰직에 복무했지만 거꾸로 민족
감정에 반하는 행동은 하지 않았기 때문이 아닐까 추측해 본다.

광주택시에서 광주여객, 광주고속으로

1945년 10월경 박인천은 서울에 있는 전라남도 지역에 배정된 약품을

공급하는 일을 맡았다. 자본은 광주에서 유명한 부자였던 최선진崔善鎭을 통해 마련했다. 박인천은 약품을 판매하여 6만 원이라는 큰 이익을 거두었다. 하지만 최선진이 그에게 건넨 사례금은 5천 원에 불과했다. 그러면서 택시업과 극장사업을 같이 해 보자고 제안했다. 박인천의 사업 수완을 인정했기 때문일 것이다. 그러나 이미 자기 사업을 하기로 결심한 박인천은 그 제안을 거절했다.

1946년 46세라는 늦은 나이에 박인천은 큰 결심을 하였다. 그는 가산을 정리하여 마련한 7만 원에 강진의 부자로 유명했던 유재의劉載義에게 10만 원을 빌려 1935년형 포드 5인승 중고 택시 두 대를 구입했다. 그리고 그해 4월 7일 광주시 황금동黃金洞에 '광주택시'를 설립했다. 그런데 미군정이 택시는 대중교통이 아니라는 이유로 휘발유 공급을 거절하는 바람에 사업을 해 보지도 못하고 접을 위기에 처했다. 그는 석 달 동안 관계자를 찾아다니며 설득하여 마침내 휘발유를 공급받을 수 있었다.

영업용 자동차가 경성 시내에 등장한 것은 1912년이다. 그해 6월 일본인 곤도 미치미近藤三千三와 오리이 기이치織居嘉一가 협업하여 경성에서 처음으로 자동차 영업을 시작했다. 이듬해 두 사람은 조선인 이봉래와 동업하여 포드T형 승용차 두 대를 도입해 경성에서 시간제로 임대영업을 시작했다. 이들의 자동차업은 택시업이라기보다는 '가시까리かしかり', 즉 전세택시 내지는 대절자동차업이었다.

우리 역사상 최초의 택시회사는 1919년 12월 일본인 노무라 겐조野村賢三가 설립한 경성택시였다. 겐조는 미국의 닷지Dodge 승용차 두 대로 택시업을 시작했다. 이 무렵 '조선 제일 부자' 친일파 민영휘閔泳徽의 아들 민규식閔奎植과 이용문李容紋이 한성택시를 설립하였다. 1920년 6월 28일 《조선일보》에 의하면 1920년 5월 말 현재 경성 시내에는 57대의 자동차와 자전거 3,455대, 자가용 인력거 205대, 영업용 인력거

1946년 박인천이 구입한 포드 5인승 자동차. 이 자동차 두 대로 광주시 황금동에 설립한 '광주택시'가 금호의 모태이다. 금호아시아나인재개발원 안에 전시되어 있다.

1,298대, 여객 마차 5대가 돌아다녔다고 한다. 1921년 9월에는 조봉승이 종로택시회사를 설립하였다.

해방 이후 전국적으로 1,500여 대의 택시가 영업을 하고 있었지만, 광주에는 변변한 교통수단이 없었다. 따라서 박인천의 택시회사 설립은 광주에서 큰 주목을 끌었다. 혼례를 치르면 신랑 신부를 택시에 태워 시내를 한 바퀴 도는 것이 풍속이 되었고, "돈 모아서 택시 한 번 타보세"라는 말이 유행할 정도였다. 사업이 순조롭게 진행되자 그는 유재의에게 40만 원을 더 빌려 일곱 대의 택시를 더 구입했다. 광주택시는 1년이 되지 않아 보유 택시 수가 아홉 대로 늘어났던 것이다.

그렇게 3년간 택시업으로 번창하던 박인천이 버스업까지 하게 된 것은 1949년이다. 광주택시 경영 중 박인천은 상주 지역 사람들에게 버스 운수업도 해 달라는 요청을 받았다. 그는 이를 받아들여 1949년 9월 '광주여객자동차주식회사'를 설립하였다.

우리나라에 영업 버스를 처음 도입한 사람도 1912년 9월 일본인 에가와

요네지로江川繪次郎였다. 요네지로는 8인승 승합차로 마산—삼천포 간을 왕복 운행하였다. 1913년에는 민영휘의 아들 민대식閔大植이 한양자동부漢陽自動部를 설립하여 경성—충주 간을 왕복하는 승합차 영업을 시작했다. 박인천은 일제 도요타 트럭 네 대를 구입하여 버스로 개조하였다. 그리고 광주—곡성, 광주—담양, 광주—장성 등 3개 노선의 운행 허가를 받아, 1949년 11월 5일부터 운행을 시작했다. 당시 광주에서는 그를 '먼지부자'라고 불렀다. 먼지를 일으키며 광주 일대의 비포장도로를 달리는 그의 차들이 엄청난 돈을 벌어들였기 때문이다.

그러나 호시절은 몇 달 가지 않았다. 1950년 6월 한국전쟁이 발발하면서 광주여객의 버스는 군에 징발되거나 포탄에 맞아 박살이 났다. 뿐만 아니라 박인천은 광주에서 북한군에 사로잡혀 총살형을 선고받는 일생 일대의 위기를 맞았다. 일제강점기에 경찰 간부로 일제에 부역했다는 이유였다. 간신히 탈옥에 성공한 그는, 그해 10월 3일 광주가 수복되자 버스 잔해를 주워 모으며 재기를 준비했다. 그리고 10월 말, 마침내 버스 두 대를 조립하여 장성—담양 간 운행을 개시했다.

박인천의 기업가적 판단력이 빛을 발한 것이 이때이다. 한국전쟁 발발전 전국의 여객업체가 공동으로 주문·수입한 엔진블록 80대가 부산 세관 창고에 보관되어 있었다. 그런데 가격이 비싸서 아무도 사려 하지 않았다. 광주여객은 여덟 대의 엔진블록을 주문한 상태였다. 이때 박인천은 "이왕 돈을 들이려면 제대로 투자해야 한다."며 나머지 72대의 엔진블록까지 모두 구입했다. 그는 수입 엔진은 고가이지만 신제품이어서 고장이 나지 않을 테니 정비나 수리비가 들지 않을 것이며, 승차감도 좋을 것이라고 판단했다. 당시 전쟁 중 버려진 차의 엔진을 달고 돌아다니는 유기 차량이 많아 육군이 이를 단속하고 있었다. 그런데 창고에 보관된 엔진은 정식 수입된 것이니 단속을 받아 영업이 중단될 일도 없을 터였다.

1949년 택시에 이어 버스 운수업에 뛰어들며 설립한 '광주여객 자동차 주식회사'.

이 판단은 적중하여 새로운 엔진으로 교체한 광주여객의 버스들은 점차 전국으로 노선을 넓혀 나갔다. 1952년 7월 광주－대전, 1953년 광주－전주, 1955년에는 광주－부산 노선이 개통되었다. 그렇게 전쟁도 끝나고 광주여객의 전성기가 열리는 듯 싶었다. 그런데 1957년 5월 8일, 이승만 정부가 휘발유 소비 억제와 교통량 완화를 위해 자동차의 추가 등록을 금지하는 소위 '5·8라인'을 발표했다. 이와 함께 유류 가격과 차량 부품 가격을 인상하고 교통 요금까지 동결시켰다. 광주여객도 이로 인한 타격을 피해 가기 어려웠다. 이때 박인천은 재빨리 디젤 엔진을 도입하여 원가를 절감하면서 경영 정상화를 이루어 냈다.

1961년 광주여객은 전남여객을 인수하여 지방 버스회사로는 전국 최대 규모로 성장하였다. 1963년 4월에는 광주관광합자회사를 설립하여 관광 사업에도 진출했고, 1967년에는 광주－서울 노선을 개통하여 전국을 하나의 네트워크로 묶었다.

1970년 7월, 드디어 경부고속도로가 개통되어 광주여객은 고속버스 운행을 시작했다. 전남여객과 금성여객을 합병하여 1972년 12월에는 '광주고속'으로 이름을 바꾸었다. 이 과정에서 대규모 자본을 끌어 쓴 탓에 재무구조가 취약해져 부도 직전까지 가기도 했다. 다행히 1973년 전주—순천간 호남고속도로가 개통되어 광주고속이 호남 지역 승객들을 독차지하면서 경영이 점차 호전되었다. 광주고속은 이 여세를 몰아 1973년 삼진고속, 8월 경일여객, 1974년 한남고속 등을 인수하여 한국을 대표하는 운수업체로 성장하였다.

금호그룹의 성립과 분열 위기

버스 사업이 순항하던 때 박인천은 사업 확장을 꾀하였다. 과거 나주정미소와 고려도자기를 인수했으나 모두 실패하고, 1954년 5월 파산 위기에 있던 방직업체 전남제사全南製絲를 인수했다. 전남제사는 국가 귀속 재산이었다가 전남대학교 설립후원재단으로 불하된 공장이었다. 이어 광주종방光州鍾紡과 양림제사를 합병하여 전라남도의 모든 방적 사업을 독점했다.

박인천이 타이어에 관심을 갖게 된 것은, 장거리 노선을 운행하는 자동차에는 워낙 타이어가 중요한 부품이기 때문이다. 당시 국내 타이어 제조사로는 홍아타이어와 동신타이어가 있었는데, 생산량이 수요의 30퍼센트에도 미치지 못할 정도로 타이어 수급이 딸렸다. 그래서 운송업체들은 불법으로 유통되는 군용 타이어에 의존하고 있었다. 120대가 넘는 버스를 운행 중이던 광주고속 역시 타이어 수급에 애로를 겪고 있었다.

1960년 박인천은 타이어공장 건설에 착수하여 삼양타이어를 설립했다. '삼三'은 박인천과 기업 활동을 함께한 동생 박동복朴東福, 조카 박상구朴相求의 세 사람을 가리키는 것이고, '양洋'은 오대양 육대주로 번창해 가자는 뜻을 담은 것이었다. 그러나 기술과 경험 모든 면에서 부족한 상황에서 생산한 타이어의 질이 좋을 리 없었다. 초기에 삼양타이어는 시장에서 '호박 타이어'란 오명까지 얻었다. 그저 광주여객 버스들이나 사용하는 타이어 업체였다. 10년 동안 적자가 누적되자 주위에서는 모두 폐업을 권했다. 하지만 박인천은 외국의 선진 기술을 도입하며 오히려 타이어 사업을 확장했다.

이러한 집념과 노력 끝에 삼양타이어의 품질은 점차 향상되었다. 그 결과, 설립 5년 만인 1965년 1월 군납업체로 지정되고, 3월에는 KS마크를 획득할 정도로 품질을 인정받게 되었다. 이듬해에는 태국에 타이어를 수출하면서 해외시장에도 진출했다. 이후 자동차 시장이 확대되면서 타이어 소비가 늘어나 삼양타이어는 호황을 맞이했다.

그러나 삼양타이어의 성장이 순조롭기만 했던 것은 아니다. 타이어 생산에 필요한 원료가 제때 공급되지 않는 일이 잦았고, 타이어 업체끼리 덤핑 경쟁을 벌여 경영난을 겪기도 했다. 박인천은 다시금 공격적인 경영으로 위기

1961년 '삼양타이어' 신문 광고. 초기에 삼양타이어는 '호박 타이어'라는 오명까지 얻었다.

를 넘기로 했다. 그는 우선 삼양타이어재건위원회를 구성하고, 1971년 모호크사The Mohwak International, 1973년 유니로얄Uniroyal사와 기술제휴를 맺어 튜브레스Tubeless 타이어와 래디알Radial 타이어를 개발하였다. 이런 노력으로 1972년 삼양타이어는 국내 판매 실적 1위를 기록했다. 뿐만 아니라 미국 교통부의 타이어 안전 기준인 DOT 마크를 획득하여 미국 시장에도 진출했다. 세계 10대 타이어회사로 꼽히는 지금의 금호타이어는 이런 노력의 결과물이다.

타이어 생산하는 데에는 원료가 되는 고무의 수급이 필수적이다. 그런데 우리나라에서는 천연고무가 생산되지 않아 원자재 구입에 어려움을 겪을 수밖에 없었다. 박인천은 3남 박삼구朴三求의 건의를 받아들여 1968년 한국합성고무를 설립하였다. 한국합성고무는 1970년 일본의 미쓰이물산과 합작하여 설립한 한국합성고무공업에 흡수되었다.

점차 회사의 규모가 커지자, 박인천의 장남 박성용朴晟容은 경영 성과를 높이고 효율적 운영을 위해서는 지주회사 설립이 필요하다고 제안했다. 그는 아들의 의견을 받아들여 1972년 10월 금호실업을 설립하고, 1973년 1월 1일 금호그룹 회장에 취임하였다. 운수업을 시작한지 27년 만에 금호실업, 광주고속, 삼양타이어, 전남제사, 한국합성고무, 삼화교통 등 6개 계열사를 거느린 그룹의 총수가 된 것이다. 그룹 출범과 함께 경영관리 체제를 정비하여 장남 박성용은 금호실업, 2남 박정구朴定求는 광주고속, 3남 박삼구는 삼양타이어, 사위 배영환裵永煥은 삼화교통의 경영을 책임지도록 하였다.

금호그룹은 1973년 4월 한국윤활유공업을 설립하여 석유화학 분야에

도 진출했다. 같은 해 6월에는 미국의 모빌석유회사Mobil Petroleum Company
와 합작투자회사로 재출범하여 이름을 '모빌코리아윤활유공업'으로 변경
하였다. 12월에는 미국의 SCM사와 제휴하여 금호전자, 이듬해에는 전남
지역에서의 원활한 자금 공급을 위해 광주투자금융을 설립했다. 1976년 3
월에는 극동철강을 인수하여 '금호산업'으로 상호를 변경하고 철강업으로
사업 영역을 확대하였다. 9월에는 전기제품 생산업체 마포산업을 인수하
여 '금호전기'로 이름을 바꾸고, 12월에는 금호화학을 설립하여 화약약품
사업에도 진출했다. 1977년 8월에는 제일토건을 인수하여 금호건설로 개
편하여 중동 건설에 참여했다. 이에 앞선 1977년 6월에는 와이셔츠와 블
라우스를 수출하는 명천기업을 인수하여, 이듬해 회사명을 '금호섬유'로
바꾸었다.

확장일로를 걷던 금호그룹이 내홍으로 위기를 맞은 것은 1980년이다.
이해 1월, 평생 박인천과 함께 기업 활동을 해 온 조카 박삼구가 시무식에
서 삼양타이어를 금호그룹에서 분리시켜 독립하겠다고 선언했다. 박삼구
가 금호그룹을 떠나 독자적인 경영을 꾀했던 것이다. 이후 장남이 운영하
는 금호실업과 삼양타이어 사이에 한동안 갈등이 지속되었다. 1981년 8
월 박삼구가 정부의 중재를 받아들여 삼양타이어 주식을 금호실업에 양도
함으로써 갈등은 봉합되었지만, 삼양타이어는 엄청난 적자를 보았고 금호
그룹 역시 큰 타격을 받았다. 이후 금호그룹은 경영 합리화를 위해 금호실
업과 삼양타이어, 광주고속과 금호건설, 금호화학과 한국합성고무를 합병
하였다.

금호그룹의 경영합리화 조처는 큰 효과를 거두어, 1984년에는 우리나

라 재계 서열 16위에 오르기도 했다. 자신이 평생 일군 기업들이 정상을 되찾는 것을 지켜본 박인천은, 그해 6월 16일 84세의 나이로 서울 용산동 자택에서 세상을 떠났다.

호남을 대표하는 기업답게

1952년 10월 박인천은 광주상공회의소 회장으로 피선된 후 1976년까지 25년 동안 회장직을 맡았다. 지금의 광주는 광역시로 성장했지만, 박인천이 활동하던 시기만 해도 광주와 전남 지역은 상대적으로 낙후된 지역이었다. 광주상공회의소 회장으로 그는 지역사회 발전을 위해 상당한 노력을 기울였다. 박인천은 1957년 전라남도 물산공진회, 1959년 광주학생운동30주년기념 전남특산품선전직매회, 1965년 전라남도산업전람회, 1967년 전라남도공예전람회 등을 개최하였다.

1914년 개통된 호남선 철도는 경성에서 출발하여 광주가 아닌 송정리를 거쳐 목포로 향했다. 박인천은 호남선이 광주를 지나도록 만드는 한편으로, 급행열차의 운행과 객차 증설, 화물차 신설, 철도 복선화 등 호남지역 사람들의 오랜 숙원을 이루어 냈다. 1969년 호남고속도로를 건설할 당시에도 정부가 당초 계획한 노선은 대전−전주−남원−여수였다. 그는 여기에 광주를 포함시키는 운동을 대대적으로 전개하여, 결국 호남고속도로 구간에 광주를 포함시켰다. 그 외에도 호남비료공장 건설을 추진하고, 아시아자동차 공장(현 기아 광주공장)과 광주공업단지 건설 등을 주도하는 지역경제 발전에 힘썼다.

박인천이 지역경제 발전을 위해 꼭 설립하려 한 것이 은행이다. 지역자금의 유출을 막고 지역경제의 균형 있는 발전을 이루려면 지방 은행이 반드시 필요했다. 박인천은 전남 지역의 은행 설립을 위해 노력했고, 결국 1968년 11월 20일 지방 은행으로는 네 번째로 광주은행이 설립되었다. 1979년 7월에는 광주 외에 목포·여수·순천상공회의소와 함께 전남근대화촉진위원회를 구성하기도 했다.

1968년 설립 당시의 광주은행.

박인천의 지역사랑은 기업 활동에서도 다르지 않았다. 광주여객은 전국을 누비는 운송사가 되었지만, '광주'라는 이름 때문에 호남 이외의 지역에서는 광주여객을 꺼리는 경향이 있었다. 때문에 '광주'라는 상호를 바꾸어 전국적인 업체로 이미지를 바꾸자는 의견이 많았다. 하지만 그는 회사의 뿌리가 광주라며 회사명을 바꾸지 못하게 했다. 그러면서 승객이 많은 경부선보다 호남선에 우선적으로 좋은 차를 많이 배차시켰다. 그리고 서울─광주 간의 호남선을 확보하기 위해 서울─포항을 잇는 황금노선을 한진에 넘겨주기도 했다. 회사의 이익보다는 고향 사람들의 편의가 우선이었던 것이다.

비단 경제 부분만이 아니었다. 1959년 5월 무등산 개발추진위원회를 구성하여 무등산을 관광지로 지정받도록 했고, 사재를 털어 광주국악원 재건에 나서 1974년 6월 광주시립국악원을 발족시켰다. 1978년에는 전라남도 승주군 송광면 우산리에 의료법인 송광의원松光議院을 설립하여 농어촌 주민들에게 의료 서비스를 제공하였다.

광주와 전남 지역이 문화적인 우수성에도 불구하고 재정적 지원이 빈약하다는 점을 안타깝게 여기던 박인천은 1977년 11월 금호문화재단을 설립하여 장학사업, 학술·문화·예술 활동 지원사업 등을 전개하였다. "기업은 그 기업의 오늘을 있게 한 지역과 지역민들에게 그 이윤의 일부를 돌려주어야 한다." 그는 자신이 말한 바를 실천에 옮겼던 것이다.

그러다 보니 지역 내 교육사업에도 관심을 가질 수밖에 없었다. 1955년 1월 전남대학교에 도서관을 기증하는 것을 시작으로, 1959년 12월에는 본격적인 육영사업을 위해 학교법인 설립 인가를 받았다. 법인 이름은 아버지 박용옥의 아호를 따서 '죽호학원竹湖學院'으로 정하였다.

박인천은 남성에 비해 여성의 교육 여건이 열악한 데다, 광주 지역에 여학교가 절대적으로 부족한 현실을 안타깝게 생각하고 여학교 설립을 추진하였다. 1959년 광주중앙여자중고등학교 신축 교사를 설립할 때의 일이다. 당시 광주여객은 정부가 발표한 '5·8라인'의 후유증으로 자금이 충분한 상황이 아니었다. 하지만 그는 "기업을 하다 보면 돈은 항상 모자라는 법이다. 돈 벌어서 좋은 일 하자는 말만큼 어리석은 말은 없다. 좋은 일은 돈으로 하는 것이 아니라 뜻으로 하는 거다."라고 교사 신축을 밀어부쳤고, 그 결과 1960년 광주중앙여자중고등학교가 설립될 수 있었다. 광주중앙여자고등학교 설립에 이어 박인천은 여자대학교 설립에 나섰다. 1966년 2월부터 교사 신축을 진행하고, 1967년부터 1970년까지 네 차례나 설립 인가를 신청하였다. 그리하여 1971년 5월, 마침내 문교부로부터

여자대학교 설립 인가를 받아 11월 교사를 준공하고 개교를 준비하던 중 12월에 갑자기 설립 인가 신청이 반려되었다. 이에 대해서는 이해 4월에 있었던 7대 대통령선거에서 박인천이 김대중金大中에게 정치자금을

1979년 3월 금파화학공업고등학교 개교식 및 입학식. 현재는 금파공업고등학교로 이름이 바뀌었다.

제공했다는 이야기를 들은 대통령 박정희가 직접 인가 취소를 지시했다는 이야기가 전해진다.

비록 광주에 여자대학교를 설립하려던 꿈은 무산되었지만, 박인천은 굴하지 않고 1973년 금호고등학교를 설립하였다. 당시 광주 지역에 인문계 고등학교가 몇 개 안 되었기 때문이다. 1977년 11월부터는 문화재단을 통해 중·고등학교 및 대학생을 대상으로 장학사업을 시작하고, 이듬해부터는 화학공업고등학교 설립을 추진하였다. 앞으로 화공 분야의 인력 수요가 늘 것이라고 생각했기 때문이다. 이 학교의 이름은 동생 박동복의 아호 금파錦坡를 따서 '금파화학고등학교'로 정하였다.

전라남도 나주에서 태어나 광주에서 사업을 일군 그는 광주상공회의소 회장으로, 기업인으로, 육영사업가로서 열과 성을 다해 지역 발전에 힘썼다. 광주와 호남의 현재 모습 뒤에는 한 기업인의 지극한 지역 사랑이 있었던 것이다.

"저 공장에 매달린 입이 얼만디"

박인천이 기업인으로 성공할 수 있었던 가장 큰 원동력은 기술 혁신에 대한 열의였다. 침략전쟁에 몰두하던 일제는 1938년 휘발유 배급제를 실시했고, 1939년 7월부터는 군용과 비상용을 제외한 휘발유 배급을 줄였다. 그 영향으로 차 뒷부분에 난로 모양의 연소통을 매달아 목탄을 태워 불완전연소 가스로 엔진을 회전시키는 목탄자동차가 등장했는데, 박인천 역시 낡은 트럭을 목탄버스로 개조했다.

한국전쟁 직후에는 목탄차를 휘발유차로 개조했다. 1926년 경성−온양온천 구간에 디젤 엔진 기동차(내연기관 열차)가 등장하면서 운송 기관에 경유가 사용되기 시작했다. 그러나 자동차에 경유를 사용하는 경우는 많지 않았다. 박인천은 일본에서 경유를 사용하는 디젤 자동차에 대한 정보를 입수한 후 자동차에 디젤 엔진을 부착했다. 그 결과, 자동차의 수명을 늘리는 것은 물론이고 연료비도 3분의 1로 절감시켰다. 전남제사 인수 후에는 누에고치 확보에 어려움을 겪자, 일본에서 새 품종을 들여와 양잠 농가에 보급하여 생산량과 소득을 함께 증가시켰다.

박정희 정권은 경제성장을 추진하면서 정부의 지불 보증을 통한 기업의 외환 도입을 적극 추진했다. 그런데 외채가 급증하면 기업이 부실해지고, 해당 기업의 금융을 담당하는 은행까지 부실해질 수밖에 없다. 1970년 국제통화기금(IMF)이 인플레이션 억제를 위해 은행 대출을 제한한 것은 이 때문이다. 수출로 기업을 유지하던 한국 기업들에게 IMF의 조처는 큰 타격일 수밖에 없었다. 그런 가운데 박정희는 1967년 대선과 총선, 1969

년 삼선개헌을 위한 국민투표,
1971년 대선을 치르면서 대량
의 자금을 방출했고, 이는 인플
레이션으로 이어졌다. 인플레
이션 상황에서 돈은 은행이 아
닌 부동산과 사채시장에 몰릴
수밖에 없었다.

금호아시아나인재개발원 내 금호 박인천 선생상.

　1972년 박정희는 국제적인 불황으로 자금난에 겪고 있던 기업들을 구
제하기 위해 '경제안정과 성장에 관한 긴급명령'을 발표했다. 이것이 사채
동결긴급재정명령 즉, '8·3사채동결조치'다. 이 조치의 주요 내용은 기업
들이 사채를 신고하면 월 4~5퍼센트인 사채 금리를 1.35퍼센트로 내려 주
고, 원금도 만기에 상관없이 3년간 묶어 두었다가 그 후 5년 동안 나누어
갚도록 한다는 것이었다. 이 조치 발표 후 4만 6,77건, 금액으로는 3,456
억 원에 달하는 사채가 신고되었다. 당시 예금 은행 총대출 잔액의 3분의
1이 넘는 규모였다. 대부분의 기업들이 사채를 신고했던 것이다.

　'8·3사채동결조치'는 사적 소유권의 기본 권리와 시장 원리를 무시한
것이었지만, 사채를 쓴 기업으로서는 엄청난 특혜였다. 때문에 세금을 감
면받고자 기업의 내부 자금을 사채로 조달한 것으로 위장하는 일도 있었
다. 반대로 사채를 빌려 준 쪽에서는 엄청난 손해를 볼 수밖에 없었다. 박
인천 역시 회사를 경영하면서 사채를 이용하고 있었다. 주위 사람들은 그
에게 이때 사채를 신고하라고 권했다. 하지만 그는 그렇게 하지 않았다.
자신을 믿고 돈을 빌려 준 사람들에게 손해를 입힐 수 없다는 것이었다.

그는 돈을 빌려 준 사람들을 찾아다니며 갚아 주겠노라 안심시켰고, 실제로 빌린 돈을 모두 갚아 주었다. 그가 신용을 얼마나 중시했는지를 알 수 있는 대목이다.

세금 문제도 그랬다. 대부분의 기업인들은 세금이 과하다고 여기고, 쓸데 없는 지출로 여겨 줄이려고 했지만 박인천은 달랐다. 그는 "세금 깎으면 도둑놈"이라고 했다. "세금을 내야 그것으로 국가가 운영되고 길도 만들어서 버스가 다닐 것 아닌가." 그는 기업은 그 존립 기반인 국가 경제에 공헌할 때 비로소 그 책임을 다한다고 생각했던 것이다.

기업의 근본 목적은 이윤 창출에 있고 박인천 역시 경제적 이득을 얻기 위해 노력했지만, 그에게는 이익보다 더 중요한 것이 있었다. 1952년 7월 고려도자기공업을 인수할 때 많은 사람들이 반대하자, "한 식구라도 더 밥을 먹어야 한다"며 인수를 강행했다. 1954년 전남제사 인수 때도 마찬가지였다. 당시 전남제사는 경영이 어려워 적자가 누적된 상태로, 주위에서 모두 전남제사 인수를 반대했다. 박인천은 인수를 결정하며 이렇게 말했다. "저 공장에 매달린 입이 얼만디. 공장 직공들 있제, 누에고치 기르는 수많은 농가가 있제." 한 사람의 일자리가 한 가정, 더 나아가 지역사회와 국가를 지탱하는 근간임을 잊지 않았던 것이다.

5
화신 박흥식

반민특위 1호 구속 기업인

우리 역사에서 최초로 유통전문 기업을 일군 기업가로 평가되는 친일반민족행위자. 박흥식朴興植에 대한 역사적 평가는 양극단으로 갈린다. 그는 '백화점왕' '조선 제1의 땅부자'로 불릴 정도로 일제강점기와 해방 직후 우리나라를 대표하는 기업가이자, 반민특위 1호 구속자이기도 하다.

친일 아버지가 남긴 유산

박흥식은 1903년 8월 6일 평안남도 용강군龍岡郡 용강면 옥도리玉桃里에서 아버지 박제현朴濟賢과 어머니 김선金善의 둘째 아들로 태어났다. 박제현은 상당한 부를 축적하였으며, 의금부도사義禁府都事·충청북도 관찰사주부忠淸北道觀察府主事·중추원의관中樞院議官 등을 역임하는 등 지역의 유지였다. 일제가 우리나라를 강제 점령한 후에는 용강군 군참사郡參事, 평안남도 도참사都參事로 활약하는 등 일제의 지배에 적극 협력했다.

이와 달리 박흥식의 형 박창식朴昌植은 안창호가 설립한 대성학교 재학 중 일제에 저항하다 일본 경찰의 고문으로 목숨을 잃었다. 이후 아버지 박제현은 술로 세월을 보내다가, 1916년 39세의 나이로 세상을 떠났다. 용강공립보통학교를 거쳐 진남포상공학교鎭南浦商工學校에 재학 중이던 박흥식은 아버지가 세상을 떠나면서 14세의 나이로 가장이 되었다.

일제는 1910년부터 1918년까지 조선의 경제를 식민지 체제로 재편하고 수탈 기반을 마련하기 위해 토지조사사업을 실시했다. 토지조사사업을 통해 일제는 조선인 지주를 자신들의 지지 세력으로 만들고, 조선인의 토지를 빼앗아 자본 축적의 계기로 삼았다. 토지조사사업 후에는 조선에서 식량 수탈을 강화하였다. 돌아가신 아버지에게 상당한 유산을 상속받은 박흥식은 불과 10대의 어린 나이에 이러한 변화를 간파하고 진남포의 객주와 연결하여 미곡상 사업을 시작했다. 과연 1918년 쌀값이 폭등하여 많은 이윤을 축적했다. 1920년에는 땅값이 폭락하자 농지를 사들여 그 지역 최대의 지주로 부상하였다. 그의 나이 열여덟이었다.

1919년 3월 1일, 우리나라 전역에서 한민족의 독립 의지를 강력하게 표명하며 "대한독립만세"를 외친 3월 항일투쟁이 일어났다. 조선의 전 국민적인 저항에 부딪친 일제는 강압적인 무단통치정책에서 문화통치로 전환할 수밖에 없었다. 문화통치의 주요 내용은 현역 군인을 조선총독으로 임명하던 것을 고쳐 문관도 조선총독에 임명할 수 있도록 하고, 헌병경찰제를 보통경찰제로 바꾸는 것이었다. 또 언론·출판·집회·결사에 대한 최소한의 자유를 부여하고,《조선일보》와《동아일보》등의 신문 발행도 허가했다.

물론 일제는 문화통치를 표방했지만 단 한 명의 문관 총독도 임명하지 않았고, 경찰의 수와 장비 등은 오히려 늘렸다. 뿐만 아니라 1925년 '치안유지법'을 공포한 후에는 고등경찰제도를 실시하여 우리 민족에 대한 감시와 탄압을 더욱 강화하였다. 언론에 대한 검열을 강화하여 기사를 마음대로 삭제하고 정간과 폐간도 서슴치 않았다. 교육 역시 초급 학문과 기술 교육만을 허

용하여 식민지 지배에 도움이 될 인간만 양성하려 했다. 일제의 문화통치는 고도화된 민족분열 정책이었다.

박흥식에게는 이것이 오히려 기회였다. 언론 및 출판에 대한 규제가 표면적으로나마 완화되었기 때문이다. 박흥식은 선광인쇄소鮮光印刷所를 창립하여 인쇄업에 진출하였다. 선광인쇄소는 1920년에 창업했다는 이야기와 함께, 1920년 박흥식이 소규모 인쇄소를 운영하다가 1923년 선광인쇄소를 창업했다는 이야기도 전한다. 그는 선광인쇄소 창업 후 전국을 연결하는 통신판매제도를 채택하여 사세를 크게 확장시켰다.

1920년 6월 한규설韓圭卨과 이상재李商在 등은 조선교육회설립발기회를 개최하였다. 이 모임에서 우리나라에 대학이 없음을 개탄하고 민립 대학 설립을 결의하였다. 1922년 1월에는 이상재·김성수·이승훈李昇薰·윤치호尹致昊·송진우宋鎭禹 등이 조선민립대학기성준비회를 정식으로 결성하였다. 1923년에는 민립대학기성준비회가 출범했다. 민립대학기성회는 대학 설립이 한국인의 재력과 노력으로 이루어져야 한다는 원칙을 세

웠다. 대학 설립을 위해 1백여 개소에 지방부를 조직하고, 만주·간도·펑톈·하와이 등지에도 지방부를 확산시켰다. 그리고 "한민족 1천만이 한 사람 1원씩"이라는 구호를 내걸고 기금 모금에 나섰다. 박흥식은 민립대학설립운동에 적극 협조하여 민립대학기성회 용강군 지방부 설치에 필요한비용을 기부하였다. 그리고 1924년 용강유치원, 이듬해에는 용강농업학교를 설립하였다. 이제 갓 스물 안팎의 청년이 독지가이자 육영사업가로서 본격적으로 활동하기 시작한 것이다.

1923년 박흥식은 물류·운송·금융·창고업을 겸하는 서선흥산西鮮興産을 설립하여 감사가 되었다. 1925년에는 서선흥선의 이사에 취임하였다. 1926년 그는 사업 확대를 위해 경성에서 선일지물鮮一紙物을 창업하였다. '선일'은 "조선에서 제일"이란 본인의 포부를 담고 있었다.

선일지물은 처음에 자금 확보와 일본인 지물상과의 경쟁 때문에 어려움을 겪기도 했다. 하지만 박흥식은 '신용제일주의'를 내세워 계약한 후 가격이 상승해도 웃돈을 요구하지 않았고, 신문용지 수입처를 일본이 아닌 스웨덴과 캐나다 등으로 바꾸어 구입 단가를 낮추었다. 또, 일정 금액 이상구입 고객에게 금강산이나 일본 관광을 시켜 주는 등 판매 촉진책도 폈다. 그 결과, 1928년 당시 3대 조선어 일간지 중 하나였던《시대일보時代日報》의 신문용지를 독점 공급하게 되었다. 이어서《조선일보》·《동아일보》·《매일신보》 등에도 신문용지를 공급하게 되면서 상당한 부를 축적할 수있었다.

대출과 대부, 인수와 합병으로 탄생한 화신백화점

1852년 부시코Aristide Bourcicaur가 프랑스 파리에 세계 최초의 백화점 봉 마르셰Au Bon Marche의 문을 연 지 약 반세기 만인 20세기 초, 우리 땅에도 백화점이란 것이 첫선을 보였다. 1906년 일본의 미쓰코시三越백화점이 경성출장대기소인 미쓰코시고후쿠텐三越吳服店을 설치한 것이다. 애초에 '고후쿠텐'은 일본의 전통복인 와후쿠和服를 판매하는 상인이나 사업자를 가리키는 말로, 메이지明治시대 이후 근대적인 백화점 발달의 기초를 이루었다.

미쓰코시가 우리나라에 고후쿠텐을 설치한 것은 조선통감부의 초대 통감인 이토오 히로부미의 강력한 권유 때문이었다. 히로부미는 식민지 조선에 일본 문화와 상품을 소개할 필요가 있다고 생각했다. 그도 그럴 것이, 히로부미는 일본인 2백만 명의 조선 이민을 계획하여 조선인 6.5명당 1명의 일본인이 거주하는 식민사회를 만들려 했다. 이를 위해서는 조선에 거주하는 일본인들이 생활에 불편함을 느끼지 않게 해야 한다고 생각했다. 때문에 통감부에서 사용하는 물자의 조달을 미쓰코시에 일임하고, 조선으로 향하는 물품의 통판을 미쓰코시에 전담하게 했다. 그러면서 금융 등 미쓰코시가 우리나라에 진출하는 데 필요한 편의를 제공했다. 1916년 미쓰코시고후쿠텐은 경성출장소로 승격되었고, 1929년 현재 신세계백화점 본점 자리에서 정식 백화점 지점으로 승격되었다.

1904년 지금의 서울 충무로인 혼마치本町에서 양복점을 경영하던 고바야시 몬추小林門中는 1921년 양복점을 주식회사 체제의 조지야丁子屋

로 조직을 개편하고, 1929년 남대문에 백화점을 개업하였다. 조지야백화점은 해방 후 미도파백화점으로 모습을 바꾸었다. 1905년 나카에 카츠지로中江勝治郎는 대구에서 미나카이三中井상점을 열었다. 미나카이상점은 19011년 경성으로 옮겨 왔고, 1922년 미나카이고후쿠덴, 1933년에는 미나카이백화점을 열었다. 1904년 경성에 진출했던 히라다平田상점은 1926년 주식회사로 변경하면서 히라다백화점을 설립하였다. 이 무렵의 백화점은 모두 일제에 의해 세워진 것이었다.

1916년 김윤배金潤培가 종로에 김윤백화점을 설립했지만, 사실 김윤백화점은 도자기와 철물 등을 판매하는 잡화점 수준에 불과했다. 선일지물의 성공으로 자신감을 가지게 된 박흥식은 백화점에 관심을 나타내기 시작했다. 그는 백화점을 새로 창업하는 것보다는 기존의 백화점을 인수하는 것이 시간과 비용을 절약하는 것이라고 생각한 것 같다.

은방銀房 직공이었던 신태화申泰和는 금은 세공업과 함께 전당포업을 하면서 자본을 축적했고, 김연학金然鶴의 투자를 받아 1908년 11월 금은세공업체인 신행상회信行商會를 설립하였다. 신행상회의 경영은 신태화가 주도하였는데, 1915년부터 김연학의 아들 김석규金奭圭가 경영에 개입하기 시작했다. 그러자 신태화는 1918년 3월 신행상회 본점을 김석규에게 넘기고 자신은 종로지점으로 분립한 후 상호를 광신상회廣信商會로 고쳤다. 그리고 며칠 후 다시 '화신상회和信商會'로 이름을 바꾸었다.

신태화는 화신상회에서 금은세공 뿐 아니라 대중적 수요가 있는 포목부를 설치하고 잡화도 취급하는 등 백화점과 비슷한 성격으로 상회를 운영하였다. 그러나 1929년 세계 대공황의 여파로 불황이 깊어지고, 1930년 자금을 지원하던 한규설이 사망하면서 화신상회는 경영이 어려워졌다. 신태화는 자금 압박에서 벗어나기 위해 박흥식에게 돈을 빌렸다. 이때 박흥식이 신태화에게 빌려준 돈은 한성·식산·조선은행 등에서 어음 할인으로 대출 받은 것이었다.

채권자가 된 박흥식은 선일지물의 이사 이기연李基衍을 회계감독으로 파견하여 화신상회의 경영에 간섭하였다. 또, 화신상회를 주식회사로 개편하고 신태화에게 자신의 채권을 주식으로 변경해 달라고 요구하였다. 이렇게 주식회사로 개편한 후 박흥식은 신태화를 회장으로 추대하면서 자신은 사장에 취임하였다. 경영권을 장악한 그는 화신을 대대적으로 개편하여, 1932년 5월 근대적 백화점의 모습으로 개장하였다.

물론 당시 경성에는 다른 백화점도 있었다. 1916년 덕원상점德元商店을 설립한 최남崔楠은 경영난에 빠진 동아부인상회東亞婦人商會를 인수하여 1931년 동아백화점을 설립하였다. 종로구 공평동, 현재 종로타워 자리에 있던 화신과 그 바로 옆에 위치한 동아백화점은 치열한 경쟁을 펼쳤다.

동아백화점은 '데파트 걸' 또는 '숍걸'로 불리는 아가씨를 매장에 배치하는 일종의 미인계로 판촉 활동을 벌였다. 이에 맞서 박흥식은 1932년 1월 일본 오사카에 사업부를 설치하여 일본에서 생산되는 상품을 공장도 가격으로 직수입하였다. 화신백화점 내에 상품경리부를 신설하고 레지스터

1932년 5월 박흥식이 신태화의 화신상회 경영권을 장악하고 상점을 증축, 재개장한다는 소식을 전하는 신문기사.

Register 계산기를 비치하여 당일 매장고를 신속하고 정확하게 파악하였다. 그리고 경성에서는 처음으로 현금 교환이 가능한 상품권을 판매했는데, 이것이 엄청난 인기를 끌었다. 결국 화신은 동아백화점과의 경쟁에서 승리하여, 1932년 7월 동아백화점을 인수·합병하였다. 박흥식은 동아백화점과 화신백화점 두 건물 사이에 육교를 가설하여 양쪽을 오가면서 쇼핑을 할 수 있도록 하였다.

1934년 2월 박흥식은 화신상회의 상호를 '화신'으로 바꾸고, 회장 신태화를 퇴진시켰다. 이로써 화신백화점은 온전히 박흥식의 것이 되었다. 화신은 1935년 평양, 1938년에는 진남포에 지점을 개설하는 등 사세를 점차 확대시켜 나갔다.

1934년 6월, 박흥식은 화신연쇄점을 설립하여 국내 최초로 연쇄점 사업을 개시했다. 그는 전국에 350여 개의 연쇄점을 지정하고, 부동산을 담보로 상품을 공급하였다. 그러면서 신청자들로부터 거두어들인 부동산 문서를 담보로 조선식산은행에서 3천만 원의 거액을 융통하였다. 이 돈으로 일본 기업들과 접촉하여 상품을 안정적으로 공급받을 수 있게 되었다.

1935년 1월 화신백화점에 큰 화재가 발생하여 박흥식은 45만 3천 원의 손해를 입었으나, 다행히 44만 원의 보험에 가입되어 있어 다시 백화점을 열 수 있었다. 1935년 9월 15일, 불에 탄 건물의 증·개축이 마무리되고, 1936년 12월에는 동관 일부도 문을 열었다. 1937년 10월에는 지하 1층 지상 6층의 서관 건설도 마무리되었다.

새롭게 탄생한 화신백화점은 미스코시백화점의 1천 8백 평보다도 규모가 큰 2천 5백여 평으로 우리나라에서 가장 큰 백화점이었다. 규모뿐 아니라 시설 면에서도 지금의 백화점과 견주어도 손색이 없을 정도였다. 지하 1층을 식료품 매장, 5층을 식당으로 꾸몄고, 우리나라 최초로 전광뉴스판을 달았다. 옥상정원에는 온실·식물관·분수대·수족

화재를 복구하고 새롭게 문을 연 1937년 무렵의 화신백화점(공공누리 제유형 국립중앙박물관 공공저작물).

관 등을 갖추어 화신백화점은 단순한 백화점을 넘어 관광 명소가 되었다.

화재로 전소된 화신백화점의 증개축 공사가 마무리되어 가던 1935년 9월, 박흥식은 일본과 합자하여 '대동흥업大同興業'을 설립하여 부동산업에 진출하였다. 1937년 6월에는 조준호趙俊鎬·하준석河駿錫 등과 공동출자하여 제주도 한라산 일대 농장 부지를 구입하여 '제주도흥산'을 설립했다. 1941년 박흥식은 제주도흥산의 주식 100퍼센트를 인수하였다.

1937년 중일전쟁 이후 일제는 우리나라와 대만·만주 등에서 통화를 엔円으로 묶어 폐쇄적 자급자족 경제권인 '엔 블록'을 형성하였다. 박흥식은 이 기회를 놓치지 않고 1939년 일본의 조선공작과 합작하여 '화신무역'을 설립하였다. 화신무역은 중국 톈진에 출장소를 개설하여 중일전쟁 중 만주 등지에 생활필수품과 잡화류 등을 대량으로 수출하면서 크게 번성했다. 그러던 중 1941년 태평양전쟁이 발발하면서 무역업계에 불황이 닥쳤다. 그러나 우리나라 전체의 수출입 수와 양을 제한하는 쿼터제로 전환한 조선총독부가 동화산업東華産業과 함께 화신을 무역 창구로 지정해 준 덕

에 화신무역은 불황 중에도 호황을 구가할 수 있었다.

이 기세를 타고 박흥식은 화신백화점 외에 화신연쇄점, 선일지물, 대동흥업, 화신무역 등 다섯 개의 계열사를 거느리는 재벌로 성장하였다. 그는 화신뿐 아니라 1935년 경성방직·복선제지화학·조선평안철도·제주도흥업, 1938년 조선생명보험, 1939년 조선공작·남만방적, 1942년 조선권농·동광생사·조선해수흥업·대흥무역·조선공영·경민기업 등의 이사를 맡는 등 왕성한 활동을 펼쳤다.

전도 유망한 청년 실업가의 뒷모습

박흥식이 기업가로서 성공하는 데에 밑바탕이 된 것은 역시 화신백화점이었다. 그가 백화점으로 성공한 이유는 여러 가지에서 찾을 수 있다. 가장 먼저 꼽을 수 있는 것은 선진 경영기법을 도입하였다는 점이다. 판매 촉진을 위해 광고에 열중했고, 단골 고객에게 신상품 출하를 알리는 엽서와 상품목록(Catalogue)을 보냈다. 할인과 재고 행사도 실시했다. 일정액 이상 구매 고객에게는 사은품을 주고 경품권을 나눠 주어 선물을 증정하였고, 현금 교환이 가능한 상품권까지 발매하였다. 이뿐만이 아니었다. 정찰제, 자유로운 반품, 무료 배달, 방문판매, 출장판매, 통신판매 등 요즘 백화점들이 펼치는 고객 서비스를 80여 년 전에 이미 제공하였다. 대학 졸업자를 직원으로 채용한 것도 백화점을 드나드는 고객들이 주로 상류층임을 염두에 둔 고도의 판매 전략이었다. 지금의 백화점과 비교해도 큰 차이가 없는 선진적인 경영 기법을 구사한 것이다.

이 '선진성'은 당시 박흥식이 구사한 '이중적인' 대외 이미지 전략과 결합하여 화신의 발전을 이끌었다. 화신백화점은 민족의 이름을 업고 성장했다. 하지만 박흥식은 사업 자금의 상당 부분을 조선은행과 조선식산은행 등에서 지원받았다. 조선은행은 일제가 한국의 경제 수탈을 위해 1911년 설립한 중앙은행이고, 조선식산은행 역시 조선총독부가 조선의 농업 생산을 극대화하기 위해 1918년 설립한 은행이었다. 박흥식은 한국인 고객을 유치하기 위해 물산장려운동에 적극 참여하는 등 화신이 '민족백화점'임을 강조하는 한편으로, 역대 종로경찰서장이나 조선식산은행의 주요 인물, 군부 사령관, 조선총독, 일본의 재계 인물들과 밀접한 관계를 맺었다. 조선총독을 지낸 우가키 가즈시게宇垣一成가 박흥식을 "전도가 유망한 청년 실업가"로 칭찬한 것만 봐도 그의 행적이 어떠했는지를 짐작할 수 있다.

1937년 7월 7일, 베이징 루거우차오盧溝橋에서 중국군과 일본군 사이에 작은 무력 충돌이 일어났다(노구교 사건). 사건은 평화롭게 처리되었지만, 이 사건을 빌미로 일제가 중국을 침략하면서 중일전쟁이 발발했다. 이후 전시통제기에 접어들자, 박흥식은 일제에 적극 협력하기 시작했다. 1937년 7월 경성보호관찰소 촉탁보호사, 1938년 8월 조선총독부 시국대책조사회 위원과 물가위원회 위원, 국민정신총동원조선연맹 발기인 겸 이사를 맡았다. 1939

'일 원어치 사시면 황소 한 마리!' 1936년 화신연쇄점의 경품 광고.

년 2월에는 지원병후원회 이사, 1939년 2월 배영동지회排英同志會 상담역, 1941년 흥아보국단준비위원회 준비위원과 임전대책위원회 위원, 1942년 3월 경성사법보호위원회 위원 등으로 활동했고, 1943년 국민총력조선연맹 연성부 연성위원회 위원, 1944년 9월 국민동원총진회 감사, 1945년 2월 대화동맹大和同盟 심의원 등을 맡았다.

친일의 대가는 달콤했다. 중일전쟁 이후 배급제가 실시되었지만, 화신은 오히려 2배 이상의 물품을 일제로부터 배급받아 급성장하였다. 박흥식이 화신무역을 설립한 것도 일제의 대동아공영권 건설에 발맞춰 이루어진 일이었다. 일제가 기업 정비와 기업합동정책을 추진하자, 박흥식은 적극 호응하였다. 1941년 9월 선일지물·화신연쇄점·화신무역을 통합하여 화신상사를 새로 창설했고, 대동흥업을 화신에 합병하였다. 1944년 11월에는 화신상사를 화신에 합병하여 하나의 회사로 통합하였다.

박흥식은 기업 활동뿐 아니라 다양한 분야에서 일본을 적극적으로 도왔다. 1937년 7월 국방헌금 5천 원을 헌납했고, 1944년에는 '조선비행기'를 설립하였다. 조선비행기는 일본의 육군성과 군수성의 알선으로 만주비행기제조와 일본국제항공공업과의 기술 제휴 및 직공 교육을 추진하여 장기적으로 전투기와 폭격기를 생산할 계획으로 설립된 비행기 제조사였다.

1949년 반민족행위특별조사위원회에서 박흥식은 조선비행기 설립 목적에 대해, 자신은 고사했지만 조선의 젊은이들을 취업시켜 징용에 끌려가는 것을 막기 위해서라고 답하였다. 하지만 그는 총력연맹·임전보국단·국민동원총진회 등의 간부로 조선의 젊은이들에게 학병·징병으로 나갈 것을 강요하였다. 이러한 사실로 보아 그가 일제의 전쟁 수행을 적극 지원하기 위해 조선비행기를 설립했다는 점에는 큰 이의가 없어 보인다.

박흥식은 창씨개명을 하지 않았다. 그러나 당시 일제는 창씨개명이 자율적으로 이루어지고 있음을 보여 주기 위해 친일파 중 일부에게는 이름을 바꾸지 않도록 하였다. 그가 창씨개명을 하지 않은 것도 일제로부터 부여받은 특권이었을 수 있는 것이다. 그렇지 않다면, 본인은 창씨개명을 하지 않으면서 다른 조선인들의 창씨개명과 학병 동원은 적극 독려한 모순을 어떻게 설명할 것인가.

박흥식은 조선총독부 기관지인 《매일신보》 및 한국 경제를 독점하고 착취하기 위해 설립된 동양척식주식회사洋拓殖株式會社의 감사도 역임하였다. 퇴임하는 조선총독 미나미 지로南次郎를 '사랑하는 아버지'라는 뜻의 '자부慈父'라고 부르기도 했다. 일제강점기 후반기로 접어든 1941년 조선임전보국단 상무위원에 선정된 그는, 11월 5일 《매일신보》에 황민화 운동으로 조선인과 일본인이 결혼하자는 내선결혼內鮮結婚을 주장하는 담화를 게재하고 20만 원을 헌납하였다. 1942년에는 도쿄에서 개최된 전일본산업경제대표자전력증강단합회全日本産業經濟代表者戰力增强團合會에 유일한 조선인 대표로 참가하여 일본의 덴노天皇와 악수하는 '영광'(?)을 누리기도 했다. 1949년 1월 반민족행위특별조사위원회 제1호 구속은 그 당연한 결과였다.

해방 후 빈털터리가 되기까지

일제가 패망하고 해방이 된 후에도 박흥식은 왕성한 활동을 이어 갔다. 1946년 2월 그는 자본금 2천만 원으로 화신백화점을 다시 열었다. 1947년에는 흥한피복과 장학재단 흥한재단興韓財團 등을 설립하였다. 이전 합병했던 무역부를 분리시켜 화신무역을 설립하고, 우리나라 최초의 무역선인 '앵도환櫻島丸'으로 홍콩 등지에 해산물·인삼·흑연 등을 수출하였다.

1945년 8월 22일 평양에 진주한 소련군은 26일 군정체제를 갖추었다. 9월 6일 김포를 통해 입국한 미국은 9일 하지John R. Hadge 중장이 아베 노부유키阿部伸行 조선총독으로부터 항복문서를 접수하면서 군정을 설치했다. 남과 북에 미군과 소련군이 진주하면서 분단이 되었지만, 남과 북 사이의 교역은 한동안 이어졌다. 1948년 12월 박흥식은 북한의 조선상사와 계약을 체결하였다. 화신무역 소속의 무역선 앵도환은 면사·생고무·휘발유 등을 싣고 원산으로 향했고, 북에서 비료를 받아 돌아오기로 되어 있었다. 그런데 1949년 1월 박흥식이 반민특위에 체포되자, 북한은 친일파 반동분자의 재산이라는 이유로 앵도환과 화물을 억류하고 돌려보내지 않았다(앵도환사건). 이 사건을 계기로 남북의 교역이 중단되었고, 그는 재산상 큰 손해를 입었다.

1948년 9월 7일 과거 친일 행위를 처벌하는 '반민족행위자특별처벌법'이 제정되고, 10월에 반민족행위특별조사위원회가 구성되자, 박흥식은 구속을 피할 수 없을 것으로 생각하고 미국으로 도주할 준비를 하였다. 그러나 1949년 1월 8일 오후, 예상보다 빨리 조사관들이 찾아오는 바람에 화신백화점 별관 4층 사무실에서 '비행기·병기·탄약 등 군수공장을 경영한 죄'로 체포되어 서대문형무소에 수감되었다. 그러나 그의 친일 행위는 제대로 처벌받지 않았다. 3월 22일 반민법 제4조 7항 및 7조 위반으로 기소된 그는, 구속 103일 만인 1949년 4월 20일 병보석으로 풀려났다. 이는 이승만 정부가 친일파에 기반을 둔 사실과 관련이 있다.

박흥식이 병보석으로 풀려난 지 꼭 한 달 만인 1949년 5월 20일, 이승만 정부는 친일파 처단 문제에 앞장섰던 국회의원들을 빨갱이로 몰아 구속하였다(국회프락치사건). 6월 6일에는 친일 경찰들이 반민특위를 급습하여 관계자들을 체포하였다(6·6사건). 이승만은 아예 1950년 6월 20일까지인 반민특위의 공소시한을 일방적으로 1949년 8월 30일로 단축하고, 친일 혐의로 유죄선고를 받은 이들을 무죄 석방시켜 버렸다. 박흥식 역시 비행기공장은 중도에 정지하였으며, 공장으로 주민들이 피해 받은 바가 없고, 신문에 발표한 담화문은 피동적이며, 친일 단체에서 실질적으로 활약한 바가 없으며, 해방 후 건국사업에 많은 원조를 하였다는 이유로 9월 26일 무죄 판결을 받았다.

이듬해 한국전쟁이 발발하자, 박흥식은 일본으로 몸을 피했다. 서울을 점령한 북한군은 화신백화점의 상품을 군수물자로 사용하다가, 9·28 서울수복 때 백화점을 불태워 버렸다. 박흥식은 서울 수복 후인 12월 3일 일본에서 돌아왔다. 귀국과 동시에 박흥식은 새로운 사업을 구상했다. 그는 일본의 도쿠시마德島수산회사와 논의하여 6백여 척의 어선을 수입하여 수산업을 시작하려 했다. 그러나 이승만은 일본이 박흥식을 통해 경제 침략을 한다며 이 사업에 반대했고, 결국 그는 수산업을 포기할 수밖에 없었다. 다만, 해군의 도움을 얻어 고철을 일본에 위탁수출하는 일을 맡았다.

1953년 2월 박흥식은 흥한방적興韓紡績을 세우고, 1955년 화신백화점 맞은편에 다시 '신신백화점'을 신축하였다. 신신백화점 개막식에 이승만 대통령이 방문한 것으로 보아 박흥식은 이승만정권과도 밀접한 관계를 맺었던 것 같다. 백화점 운영은 이전과 달리 1층과 지하는 임대하고, 2층 이상만 직영으로 운영하였다. 한국전쟁으로 생산시설이 붕괴되어 직영체제를 유지하기 어려웠기 때문에 매장을 임대할 수밖에 없었다.

1960년 4·19혁명으로 이승만이 대통령에서 물러나면서 제2공화국이 탄생했다. 박흥식은 장면張勉정권에서도 경제 자문을 맡는 등 정치권과 일정한 관계를 유지하였다. 하지만 1961년 5·16쿠데타가 발발하면서 5월 23일 밤 그는 자택에서 부정축재 혐의자로 연행되어 마포형무소에 수감되었다. 그는 5억 9천만 환의 벌과금을 납부하기로 하고 구속 43일 만에 석방되었다. 그의 나이 59세 때였다.

박흥식은 석방 두 달 만에 다시 재기를 모색했다. 1961년 9월, 그는 군사정권에 사업계획서를 제출하였다. 정유산업, 수력 및 화력발전사업, 관광개발사업, 화학섬유공장 건설 등을 제안하는 내용이었다. 여기에는 서울의 강남 지역 2,400만 평을 신도시로 건설하는 '남서울계획안'도 들어

1961년 516쿠데타로 집권한 박정희 최고회의 의장에게 사업계획서를 제출하는 박흥식 화신산업 사장(왼쪽).

있었다. 1963년 홍한도시관광
주식회사를 설립한 것은 이 때
문이다.

'화신·신신백화점 직영매장 일부 개설.' 1972년 11월
9일 개점을 알리는 신문 광고.

박홍식이 처음 신도시 계획
을 구상한 것은 일제강점기인
1935년경이었다. 그는 불광
동과 수색 일대에 신시가지를
조성한 후 자신이 운영하는 화신백화점까지 지하철을 연결시킨다는 계획
을 세웠다. 이 계획은 조선총독 가즈시게의 승인까지 받았다. 그러나 총독
이 미나미 지로로 교체되고 중일전쟁이 발발하면서 무산되었다. 그는 포
기하지 않고 박정희 군사정권에도 신도시 계획을 제안하여 어느 정도 추
진하기도 했지만, 역시 당시에는 실현되지 않았다. 하지만 결국 그의 계획
대로 강남이 개발되어 서울의 또 다른 중심지로 자리 잡은 것을 보면, 사
업가로서의 안목은 인정해 주어야 할 것 같다.

신도시 계획 말고도, 박홍식은 1964년 홍한화섬을 설립하고 비스코스
인견사 제조공장 설립에 착수하여 1966년 공장을 완공했다. 하지만 인조
견직 제조업은 이미 국제적으로 내리막길에 접어들고 있었다. 결국 1968
년 10월, 그는 회사 주식 50.003퍼센트를 산업은행에 양도하고 운영권을
넘길 수밖에 없었다. 그로부터 1년 후인 1969년 10월 15일에는 나머지 주
식마저 모두 산업은행에 양도하였다. 그는 빈털터리가 되었다.

1972년 3월 박홍식은 화신전기를 설립하여 다시 한 번 재기를 도모했
다. 1974년에는 공장을 완공하여 냉방기 생산에 착수했다. 1973년 9월에

는 일본의 소니와 합자하여 화신소니를 설립했고, 11월에는 일본 회사와 합자하여 화신레나운을 설립했다. 그러나 '조선 제일의 청년 실업가'에게 따라다니던 사업운도 이제 다한 것 같다.

1973년 10월 6일 이집트가 이스라엘을 기습 공격하면서 '4차중동전쟁'이 발발하자, 석유수출국기구(OPEC)는 17일 이스라엘이 점령지에서 철수하고 팔레스타인의 권리가 회복될 때까지 매월 원유 생산량을 전월 대비 5퍼센트씩 감산하겠다고 발표했다. 1974년 1월 OPEC이 석유 가격을 배럴당 5.119달러에서 11.651달러로 갑자기 두 배 이상 인상하면서 세계적인 불황과 인플레이션이 일어났다(1차석유파동). 그 여파는 심대했다. 1974년 일본이 제2차 세계대전 이후 처음으로 마이너스 성장을 기록했고, 1975년에는 세수가 부족해 일본 정부가 국채까지 발행했다. 일본 소니 역시 1차석유파동의 영향으로 심각한 자금난에 시달렸고, 경영난에 직면하자 화신에 투자했던 자본을 회수했다. 박흥식은 정부에 구제금융을 요청했지만 받아들여지지 않았다. 그는 화신레나운과 신신백화점 등을 매각하여 화신그룹을 지키려 했지만, 1980년 10월 주거래 은행인 조흥은행은 화신산업·화신전자·화신전기 등을 부도 처리했다.

화신그룹이 도산한 후에도 박흥식은 백화점을 계속 경영하였다. 1985년 1월에는 백화점을 매각하고 경기도 판교에 대규모 유통센터 설립을 계획했지만 중단됐다. 기나긴 그의 사업 인생도 여기까지였다. 담석증과 파킨슨병으로 고생하던 그는 1994년 5월 10일 92세의 나이로 세상을 떠났다.

안창호에게 주었다는 생활비

모든 사람은 다양한 평가를 받기 마련이다. 박흥식 역시 예외는 아니다. 박흥식이 일제강점기 백화점업에 진출한 것을 종로 상권을 지켜 낸 것으로 평가하기도 한다. 안창호가 구속되었을 때에는 조선총독을 찾아가 보석을 요청했고, 매달 2백 원의 생활비를 안창호에게 제공하기도 했다. 안창호가 세상을 떠났을 때에도 조문하고 1백 원의 조의금을 냈다. 그래서인지 그가 민족주의 우파의 경제사상을 가졌으며, 안창호 등 서북 지역 출신 민족주의자들과 사상적 입장이 같다고 보는 이들도 있다.

그러나 그렇게만 보면 이해되지 않는 행적이 많다. 1935년 화신백화점에 화재가 발생했을 때, 박흥식은 그를 '전도가 유망한 청년 실업가'로 평가했던 조선총독 우가키의 도움으로 종로경찰서 구관을 임대하여 백화점 영업을 계속하였다. 그 덕에 손실을 최소화할 수 있었다. 1935년 연쇄점 사업 추진 과정에서는 조선식산은행으로부터 3백만 원, 1940년 동양척식주식회사로부터 4백만 원을 차입하기도 했다. 일제강점기 조선총독, 조선식산은행, 동양척식주식회사 등의 도움을 받아 기업 활동을 한 것을 어떻게 평가해야 할까?

한국전쟁 이후 미국은 일본을 동아시아 지역 통합의 중심으로 설정하고 한국·타

박흥식이 1931년부터 1988년까지 57년간 살았던 서울 가회동 자택. 부도 이후 부채 탕감을 위해 처분했다.

이완·베트남·필리핀 등을 배후지로 삼으려 했다. 고성장을 지속하던 일본은 잉여자본을 해외로 수출해야 할 단계에 있었다. 박정희는 경제 발전을 위해 부족한 자금을 대일청구권으로 조달하려고 생각했다. 이처럼 한·미·일의 정책 목표가 일치하면서 1961년 10월부터 한일회담이 시작되었다. 1962년 11월 중앙정보부장 김종필이 일본 외상 오히라 마사요시大平正芳와 대일청구권에 대체적으로 합의하고, 이듬해 8월 박정희가 일본의 전 총리 기시 노부스케岸信介에게 한일 국교 정상화 의사를 전했을 때 비밀 특사 자격으로 박정희의 편지를 전달한 사람이 바로 박흥식이었다.

일제강점기에 기업 활동을 했다는 것은 일제에 일정 부분 협력했다는 얘기일 수밖에 없다. 박흥식 외에도 많은 기업인들이 친일적 모습을 보였다. 나중에 박흥식은 17세에 평양에서 3월항일투쟁을 목격한 후 일제의 침략과 압제에서 벗어나기 위해서는 거기에 맞설 수 있는 힘을 길러야 한다는 생각으로 산업경제에 투신하였다고 말했다. 또 자신은 "배일排日을 하거나 항일抗日을 하지 않았지만 일체의 정치적 문제를 떠나 오직 사업에만 열중했을 따름"이라며 자신은 친일파가 아니라고 항변했다. 그러면서 일본 백화점이 종로에 진출하려 했을 때 자신이 백화점이 들어설 만한 땅을 모두 사들여 종로 상가를 지켰다고 자부하였다. 그러나 이는 화신백화점을 지키기 위한 것이었지, 민족 상권을 지켜낸 것으로 보기는 어려워 보인다. 다양한 친일 단체에서 벌인 활동 말고도, 전쟁 중인 일제에 비행기를 제공하기 위해 노력한 점이나 학병 동원에 앞장선 일 등은 그를 친일파로 규정하기에 부족함이 없어 보인다.

해방공간에서도 박흥식은 여러 가지 물의를 일으켰다. 1945년 8월 27

일 박홍식은 조선비행기의 청산 정리자금으로 일본의 조선군사령부로부터 4,800만 원을 받았다. 그는 이중 2천만 원을 횡령하여 기소되었다. 뿐만 아니라 해방 이후에는 미군정청이 사람들에게 배급할 화신의 포목과 잡화를 부정 매매하여 40만 원의 폭리를 취하기도 했다.

일제강점기에 박홍식이 안창호의 실력양성론에 공감하여 민족 교육에 관심을 기울였다는 주장도 다르게 볼 여지가 있다. 1929년 협성실업학교協成實業學校의 평의원이 된 박홍식은, 1934년 협성실업학교에 1천 원을 기부하고, 1936년에는 이사가 되었다. 1939년 협성실업학교가 경영난에 빠지자 아예 인수하여 광신상업학교光新商業學校로 개명하였다. 1934년에는 오산고보五山高普가 화재로 소실되자 1백 원을 기부하고, 1939년에는 양영회養英會 이사로 참여했다. 해방 이후인 1947년에는 홍한재단을 설립하여 대학생들에게 장학금을 지급하였다. 그런데 이때 재단에 기부한 자산이 일본의 전쟁 수행을 돕기 위해 설립했던 조선비행기의 후신인 조선기계공업이었다.

일제강점기 박홍식은 최고의 기업인이었다. 해방 이후 친일 행위로, 5·16쿠데타 때에는 부정축재 혐의로 구속되었지만 그는 건재함을 보였다. 그러나 지금은 그와 관련된 흔적을 찾기 힘들다. 그 이유가 바로 그에 대한 역사적 평가와 관련이 있을 것이다.

6
효성그룹 조흥제

두 개의 별을 쏘아올린 사나이

1981년 미국의 경제지《포춘Fortune》이 선정한 '세계 5백대 기업'에 삼성과 함께 이름을 올린 기업이 효성曉星이다. 그런데 효성과 삼성의 창업에 모두 몸담았던 인물이 바로 효성의 창업주 만우晚愚 조홍제趙洪濟라는 사실을 아는 이는 드물다. 때문에 그는 '두 개의 별을 쏘아올린 사나이'로 불리기도 한다.

6·10만세운동 때 전단을 돌린 청년

조홍제는 1906년 5월 20일 아버지 조용돈趙鏞惇과 어머니 안부봉安夫奉 사이에서 장남으로 태어났다. 그가 태어난 경상남도 함안군 군북면郡北面 동촌리東村里 신창新昌마을은 함안 조씨咸安趙氏의 세거지世居地이다. 부유한 가정에서 엄격한 유교식 가정교육을 받으며 자란 그는 일곱 살 때부터 독선생님을 모시고 한학을 공부했다. 본인은 신학문을 공부하고 싶어 단식도 했지만, 할아버지 조중규趙中圭는 허락해 주지 않았다. 결국 그는 상투를 자르며 신학문 공부의 의지를 밝혔다. 그제야 할아버지는 손자의 바람을 허락했고, 조홍제는 17세라는 늦은 나이에 신학문을 배우러 경성에 갈 수 있었다.

조홍제는 중동학교中東學校 초등과를 반년 만에 수료하고, 협성실업학교協成實業學校에서 보통학교 과정을 마쳤다. 1922년 4월에는 중앙고등보통학교中央高等普通學校에 입학했다. 중앙고등보통학교 재학 중이던 1926년 대한제국의 마지막 황제인 순종이 승하했다. 순종의 인산일因山日(장례일)인 6월 10일 "조선독립만세"를 외치는 학생들의 대규모 시위가 있었다(6·10만세운동). 이때 조홍제는 전단을 배포하다가 체포되었고, 수주일간 옥고를 치르다 기소유예로 풀려났다. 이어 동맹휴학에 앞장섰다는 이유로 학교에서 퇴학당했다. 다른 학교로 옮기려 했지만 문제아로 인식된 그를 받아 주는 학교는 없었다. 조홍제는 1928년 일본으로 유학을 떠났다.

조홍제는 보통학교 중퇴 학력이었기 때문에 일본에서 보통학교부터 다시 다녀야 하는 형편이었다. 이때 선배들의 조언으로 간도에 있는 용정중학교龍井中學校의 졸업장과 성적증명서를 위조하여 와세다早稻田공업전문학교 기계과에 입학했다. 기계과 수업에 만족하지 못한 그는 학적을 그대로 둔 채 일본대학 야간전문부 정경과에 입학했다. 낮에는 기계과, 밤에는 정경과 수업을 들었다.

방학 중 집으로 돌아온 조홍제는 다시 일본으로 가면서 새로운 결심을 했다. 가짜 졸업장을 내고 편법으로 공부하는 것이 마음에 걸렸던 것이다. 그는 늦더라도 정상적인 길을 걷기로 했다. 1928년 가마쿠라鎌倉중학교 4학년으로 편입했고, 이듬해에는 호세이法政대학의 독일경제학과에 입학하였다.

조홍제는 자취를 하면서 자신을 포함한 조선인 유학생 다섯 명과 함께 생활했다. 그는 이 자취집을 '동성사東星舍'라고 불렀다. 이 무렵 그는 유학 후 고국으로 돌아가면 조국의 어둠을 밝히는 샛별이 되자는 뜻에서 '동방의 별', 즉 동방명성東方明星이란 자부심을 가져야 한다고 생각했다. 때문에 동방명성을 줄인 '동성의 집'이란 의미에서 '동성사'라고 이름 붙인 것이다. 모르긴 몰라도 동방명성이 훗날 효성이란 이름의 효시가 되지 않았을까.

1935년 조홍제는 남보다 훨씬 늦은 30세의 나이로 대학을 졸업했다. 당시 일본인 교수는 그에게 대학원에 진학하여 학교에 남으라고 권유했으나, 조홍제는 학자는 자신의 길이 아니라고 판단하여 고국으로 돌아왔다.

이병철과의 만남과 결별

일본에서 돌아온 조홍제는 일본 미쓰이의 경남 지역 대리점을 열고 곧바로 자신의 사업을 시작하려 했다. 하지만 아버지가 집안 살림을 맡아 달라고 당부하여 가업에 전념할 수밖에 없었다. 1936년 조홍제는 서른한 살의 나이에 군북금융조합의 조합장으로 선출되었다. 금융조합은 영농자금을 싼 이자로 빌려주어 농민에게 혜택을 주는 기관이었다. 그는 조합장으로서 자작농 육성에 힘썼다. 경성에 사는 지주가 군북의 땅 17만 평을 내놓자, 금융조합 대부금으로 소작농들이 땅을 살 수 있도록 하여 소작농을 자작농으로 전환시키기도 했다. 이처럼 농민들 입장에서 일을 처리한 덕에 그는 3회 연속 피선되어 9년 동안 금융조합장으로 일할 수 있었다.

1937년 중일전쟁 발발 후 일제가 조홍제에게 면장직을 맡아 달라고 했으나 그가 거절한 일은 비교적 잘 알려져 있다. 그러자 일제는 다시 화재 방지를 위해 설치했지만 실제로는 조선인 감시와 전시동원 역할을 한 경방단장警防團長을 맡아 달라며 회유와 함께 압력을 행사했다. 일제로서는 군북 지역 농민들의 지지를 받는 그의 도움이 필요했다. 하지만 그는 일제의 요구에 응하지 않았다. 오히려 군북초등학교 후원회장 자격으로 강단에 섰을 때 우리말로 연설하는 바람에 일제의 요시찰 인물이 되었다.

1942년 조홍제는 경영난을 겪고 있던 군북산업조합을 인수하여 명칭을 '군북산업'으로 바꾸었다. 처음으로 자신의 사업을 시작한 것이다. 비록 쌀을 도정하고 가마니와 새끼 등을 수집하고 비료를 취급하는 이 사업으로 큰 이익을 얻지는 못했지만, 이때의 경험이 훗날 그가 창업하고 사업을 이끌어 나가는 데 큰 도움을 주었을 것이다.

1945년 해방이 되자 조홍제는 새로운 사업을 구상하러 서울로 왔다가 아직 시기가 아니라고 판단하고 다시 고향으로 내려갔다. 그는 자기 소유의 땅을 소작인들에게 시가의 50퍼센트 가격으로 땅을 팔았다. 농민들에게 소작인이 아닌 지주가 되어 보라는 취지였다. 그렇게 농지를 판 돈으로 일본이 만주 광산에서 채취했다가 마산에 방치해 둔 선철銑鐵 1천 톤을 사들이고, 이 선철을 가공할 생각으로 육일공작소陸一工作所에 자본금을 출자했다.

그러나 선철 가공과 육일공작소 투자는 성공하지 못했다. 조홍제는 다시 서울로 왔다. 이제야말로 자신의 사업을 시작할 때가 되었다고 생각한 것이다. 1948년 12월, 그는 무역업을 시작하는 이병철에게 8백만 원을 빌려주었다. 이병철의 형인 이병각李秉珏과 친구 사이였기 때문에 친구 동생에게 선뜻 돈을 빌려주었던 것이다.

그런데 1949년 2월, 이병철이 조홍제를 찾아와 빌려준 돈을 투자로 돌릴 것을 제안했다. 조홍제는 이병철의 제안을 받아들여 삼성물산공사에 투자하였다. 조홍제의 투자 금액에 대해서는 두 가지 이야기가 전해진다. 조홍제는 이미 이병철에게 빌려준 돈에 2백만 원을 보태 1천만 원을 투자했다고 주장한 반면에, 이병철은 자신이 75퍼센트를 투자하고 나머지 25퍼센트를 조홍제·김생기金眚基·이오석李五錫·문철호文哲浩 등이 투자했다고 하였다. 투자금을 두고 서로 다른 이야기가 전해지는 것은, 훗날 조홍제가 이병철과 갈라설 때 투자금 배분을 두고 이견이 있었기 때문이다.

처음 삼성을 시작할 때 이병철은 조홍제에게 사장직을 제안했다. 하지만 조홍제는 부사장을 맡아 무역업에 투신하였다. 당시 무역업은 달러를 주고 물건을 살 형편이 아니었다. 그는 홍콩으로 건너가서 오징어 3만 근을 담보로 면사 1백 근을 사서 국내로 가져왔다. 이것이 우리나라 무역사상 최초의 외상거래 (D/P : Documents aganist Payment) 였다.

1950년 피란 시절 부산에 있던 삼성물산 건물 앞에서. 맨 왼쪽이 이병철, 그 옆이 조홍제이다. 1948년 친구 동생 이병철에게 돈을 빌려주면서 시작된 두 사람의 인연은 1961년까지 10여 년간 이어졌다.

한국전쟁 당시 조홍제는

서울을 떠나지 못했다. 몸이 불편하신 어머니를 두고 피난을 갈 수 없었기 때문이다. 1950년 8월 11일, 어머니가 세상을 떠나자 가족들과 함께 마산으로 옮겼다. 이때 이병철이 사업 재개를 제의해 왔고, 그는 부산에서 다시 삼성에 합류하였다. 1953년 7월 제일제당, 이듬해 9월 제일모직을 설립했다. 이어 안국화재, 천일증권, 한국타이어, 동양제당 등에도 투자했다. 1958년 조홍제가 몸담고 있던 삼성은 국내 재계 1위에 올라섰다. 그런데 이때 이병철이 조홍제에게 동업 청산을 요구했다. 조홍제는 이를 담담히 받아들였다. 그런 가운데 1960년 4·19혁명, 이듬해에는 5·16쿠데타가 발발했다.

1961년 5월 16일 쿠테타에 성공한 박정희 군부 세력은 군사혁명위원회를 설치했고, 이튿날 국가재건최고회의로 개칭했다. 국가재건최고회의는 5월 28일 재벌 총수들을 기소했고, 이튿날에는 부정축재위원회를 구성하여 재벌들이 취한 부당이득의 환수를 선언했다. 5·16쿠데타 당시 조홍제와 이병철 두 사람은 모두 일본에 있었다. 이들은 상의 끝에 조홍제만 혼자 귀국키로 했다.

1961년 7월 14일, 국가재건최고회의는 부정축재처리법을 발표하며 대부분의 국내 기업들을 조사 대상에 포함시켰다. 삼성도 예외는 아니었다. 군부는 귀국한 조홍제에게 일본에 머물고 있는 이병철을 귀국시키든지, 아니면 본인이 수감되든지 선택하라고 했다. 조홍제는 이병철에게 자신이 모든 것을 해결하겠다고 연락한 후 마포교도소에 수감되어 1개월을 보냈다. 당시 이미 이병철과 동업 청산이 거론되고 있었지만, 그는 그것이 자신의 도리라고 여겼다.

군부의 부정축재 처리가 완료되자, 다시 이병철과 재산 분배 논의가 이어졌다. 조홍제는 자신의 지분이 절반 정도 된다고 생각했지만, 이병철은 3분의 1이라고 주장했다. 그는 이병철의 제안을 받아들였고, 자신이 사장을 지낸 제일제당을 갖겠다고 하였다. 여기에 이병철도 합의했다. 그러나 이병철은 약속을 지키지 않고, 삼성이 가지고 있던 한국다이야와 한일나이론 주식의 3분의 1 정도만 주었다. 당시 한국다이야와 한일나이론은 모두 부실기업으로 은행관리를 받고 있는 상태였다.

이병철은 자서전에서 제일제당의 설립을, 무역업을 해 온 상업자본이 생산공장을 움직이는 산업 전환된 것으로 자신의 첫 번째 변신이었다고 말했다. 그러면서 제일제당은 민족자본에 의한 최초의 근대 산업시설이며 자본주의적 생산양식을 갖춘 유일한 생산공장이었다고 평했다. 이처럼 이병철은 제일제당에 애착을 가졌다. 그래서 조홍제에게 제일제당을 내줄 수 없었던 것이다.

동업 청산 후 이병철은 법률자문을 고용하는 등 소송을 대비했다. 하지만 조홍제는 소송을 포기했다. "남과 송사도 시비도 하지 말라"는 할아버지 조중규의 가르침을 따른 것이다. "잃는 것이 얻는 것이요, 얻는 것이 곧 잃는 것이다〔必失則得 必得則失〕." 그에게는 소송이 진행되는 3~4년간 소모될 정력과 시간이 더 아까웠다.

우리나라 최초의 기업 연구소

1962년 9월, 조홍제는 무역회사인 효성물산을 설립했다. 당시로서는

1962년 이병철과의 동업 청산 후 효성물산을 설립할 무렵의 조홍제(가운데).

은퇴할 나이인 56세에 새로운 출발을 시작한 것이다. 처음 그는 일본 유학 시절 자취하던 집 이름을 따서 회사명을 동성물산으로 정했다. 그런데 같은 이름의 무역회사가 이미 있었다. 그는 고민 끝에 동방명성이 샛별을 가리키는 것인 만큼 샛별의 다른 이름인 '효성'을 상호로 삼기로 했다.

조홍제가 효성물산을 설립한 시기는 우리나라의 수출이 아직 미약한 상황이었기 때문에 무역업으로는 큰 이윤을 얻을 수 없었다. 게다가 마침 제1차경제 개발5개년계획이 발표되었는데, 박정희정권은 '공업입국'을 캐치프레이즈로 내걸었다. 그는 국가적 대세를 거슬러서는 안 될 것으로 생각하고 생산업으로 사업 방향을 전환했다.

그렇게 선택한 사업이 제분업이었다. 제일제당 재직 시 제분공장을 운영해 본 경험이 있는 만큼 제분업에 자신이 있었던 것이다. 그는 공장을 건설하는 시간을 아끼기 위해 기존의 제분공장 인수를 결정했다. 당시 누적된 사채로 휴업 상태에 있던 부산의 조선제분 공장이 맞춤했다.

조선제분에서 생산한 밀가루는 정부의 분식장려정책에 힘입어 큰 호황을 누렸다. 조선제분은 출발과 동시에 밀가루 생산업계 2위 자리를 차지하였다. 그러자 과거 조선제분의 주주들이 회사를 돌려 달라는 소송을 냈고, 법원은 그들의 손을 들어 주었다. 계약 당시 이사회의 매도결의서가

첨부되지 않은 절차상의 하자가 있었던 것이다. 그는 부당한 처사라고 생각했지만 항소하지 않았다. 이병철과 결별할 때와 마찬가지로 법정싸움은 돈과 시간을 낭비하는 어리석은 짓이라고 여겼기 때문이다.

조선제분 공장이 한창 가동되던 1962년 12월, 조홍제는 한국다이야 경영에 참여하였다. 삼성과 결별하면서 삼성이 보유하고 있던 한국다이야 주식 지분을 승계 받았기 때문이었다. 한국다이야는 일본의 브릿지스톤타이어의 자회사로 1941년 '조선다이야공업'이란 이름으로 군수품을 생산하다가, 일제의 패망과 함께 정부 재산으로 귀속된 업체였다. 1955년 강경옥康慶玉이 한국다이야를 인수했다가 경영이 악화되어 1958년 부실기업으로 전락한 상태였다. 당시 한국다이야는 9억 원의 부채가 있었고, 타이어는 사양산업으로 인식되었다. 때문에 조홍제가 한국다이야 경영에 참여하겠다고 하자 주위에서는 반대했다. 하지만 조홍제는 제1차경제 개발계획이 진행 중인 만큼 수송 수요가 늘어날 것이며, 국내에서도 자동차산업이 발전할 것으로 판단하고 한국다이야의 경영 참여를 결정했다.

조홍제의 예측은 적중했다. 1964년 한국다이야는 해외 판로를 개척하였고, 품질 향상에 노력을 기울인 결과 1965년 KS마크를 획득했다. 때마침 1966년 신진자동차에서 '코로나Corona' 승용차를 생산하면서 타이어 수요가 늘어나기 시작했다. 1967년 한국다이야는 은행 법정관리에서 벗어났고, 1968년에는 회사명을 '한국타이어'로 변경했다.

1963년 9월에는 대전피혁공업을 인수했다. 대전피혁은 일제강점기 일본군의 군화를 만들기 위해 일본인이 세운 회사로, 해방 후 정부가 관리를 맡았다가 민간에 넘긴 회사였다. 대전피혁은 만성 적자를 면치 못하고 있었다. 하지만 조홍제는 일본의 농학박사로부터 피혁공업은 절대 망할 수 없으며 앞으로 전망이 밝다는 조언을 듣고 대전피혁의 인수를 결정했다. 그는 젊고 의욕적인 종업원을 선발하여 이탈리아, 서독, 미국 등에 보내 기술 훈련을 받도록 했다. 생산품도 군화뿐 아니라 야구장갑, 작업화, 부츠 등 다양화시켰다. 이러한 노력이 주효하여 1967년 대전피혁은 흑자를 거두었고, 1976년에는 6천만 달러가 넘는 수출 실적을 올려 은탑산업훈장을 받았다.

조선제분·한국타이어·대전피혁 등 손대는 사업마다 수익을 올리고 있었지만, 조홍제는 공학과 경제학을 전공한 10여 명으로 기획부를 만들어 새로운 업종을 찾도록 했다. 뒤늦게 출발한 후발 주자로서 기존 업체들과 경쟁하기 위해 인수를 통해 사업을 확장시켜 왔지만, 인수 합병을 통한 기업 성장에는 한계가 있다고 생각하고 자체 경쟁력을 바탕으로 신규 사업에 진출하려 한 것이다.

조홍제는 기간산업에 속하면서 수입대체 효과가 있는 업종을 찾았다. 기획부는 2년여에 걸쳐 20여 가지의 유망 분야를 발굴했고, 최종적으로 정유사업을 제시했다. 하지만 정유사업을 추진하기에는 자본금이 부족하여 우선 윤활유사업을 추진하여 점차 정유사업으로 발전시키기로 했다. 그리하여 1964년 9월, 재생 윤활유 공장인 해동정유를 인수하였다.

그러나 최종적으로 선택된 품목은 윤활유가 아닌 나일론이었다. 미국의 걸프사가 대만에 윤활유공장을 건설할 것이라는 정보를 입수했기 때문이다. 대만 공장이 들어서면 원가 면에서 압박을 받을 것이고 대외경쟁력도 떨어질 것이 분명했다. 반면 나일론은 수요는 많은 데 반해 생산량이 낮아 상당량을 수입에 의존하고 있었다.

조홍제가 나일론업에 진출하려 하자, 기존 나일론 생산사인 한국나이롱과 한일나이론 등이 반발했다. 그러자 조홍제는 나일론 원사 생산은 6톤 정도로 하고, 나일론의 원료인 카프로락탐Caprolactam을 생산하여 한국나이롱과 한일나이론에 공급하겠다고 제안했다. 그래도 한국나이롱과 한일나이론은 효성의 원료 독점을 염려했다. 조홍제는 다시 효성·한국나이롱·한일나이론의 세 회사가 공동출자하여 카프로락탐 공장을 설립할 것을 제안했고, 정부가 이를 받아들였다.

1965년 조홍제는 일본의 이토추상사로부터 641만 달러, 서독 정부로부터 208만 달러의 차관을 도입했다. 차관을 도입하는 한편으로 공장 건설도 추진했다. 그 결과, 1966년 11월 나일론 원사를 생산하는 동양나이론을 설립했다. 1968년 4월 20일, 동양나이론은 시운전에 들어가 나일론 원사 생산에 성공했다. 조홍제는 이 제품에 '토프론Toplon'이란 이름을 붙였다. 최고Top의 나일론Nylon을 생산하겠다는 의지였다. 토프폰은 불티나게 팔려 나갔다.

조홍제는 토프론의 성공에 만족하지 않았다. 1971년 1월 국내 민간 기업 최초로 연구소를 발족시켰다. 기술 자립을 통한 제품의 고급화와 다양화가 발전의 관건이라고 본 것이다. 그는 매출액의 2퍼센트를 연구 개발에 투자했고, 그 결과 나일론 타이어코드제조기술, 폴리에스터 타이어코드제조기술, 카펫용 원사 제조기술 등을 개발했다. 동양나이론 기술 연구소의 성공은 우리나라의 기업 연구소 설립을 본격화시키는 계기가 되었다.

1970년에는 한일나이론도 인수했다. 1973년 5월 원사 생산을 위해 일본의 아사히카세이旭化成와 합작으로 동양폴리에스터, 9월에는 염색 가공을 위해 미쓰비시三菱·사카이酒伊상사 등과 합작으로 동양염공을 설립했다. 직물 생산을 위해 토프론의 계열사도 설립했다. 1974년에는 수출협업단지를 완공하여 수출을 비약적으로 증대시켰다.

효성의 계열사는 지속적으로 늘어 갔다. 1975년 3월 동원철강, 9월에는 피혁 원단 및 제품을 생산하는 동성을 설립했다. 10월에는 한영공업을 인수하여 효성중공업으로 개편하였다. 1976년 12월 대전피혁에서 제화 부문을 분리하여 대성제화를 설립하고, 같은 달 7일 피혁 제품과 오토바이를 생산하는 대성을 설립했다. 같은 해에 효성물산은 종합무역상사로 지정받았다. 1977년에는 대동건설을 인수하여 '효성건설'로 상호를 변경하고 원미섬유와 한국전지를 인수했다. 1978년 대성목재와 경화건설도 인수하였다.

오토바이와 컴퓨터 제조업에 눈을 돌린 것도 이 무렵이다. 1978년 6월 조홍제는 효성기계를 설립했다. 효성기계는 이듬해 일본의 스즈키자동차와 제휴하여 오토바이를 생산하기 시작했다. 1979년 5월에는 일본 히타찌와 기술제휴하여 국내 최초로 컴퓨터공장을 세우고 사무용컴퓨터 제조와 판매에 착수했다. 9월에는 율산중공업을 인수하여 '효성금속', 율산알미늄을 인수하여 '효성알미늄'으로 상호를 변경하였다. 이처럼 다양한 분야로 진출한 결과, 이병철과 결별한 지 채 20년도 되지 않아 조홍제의 효성은 국내 5대 재벌로 부상하였다.

그러나 조홍제는 건강이 좋지 않았다. 신부전증을 앓던 그는 1974년 가을부터 인공신장기에 의지해야만 했다. 1978년 경영 일선에서 물러나면서 조홍제는 장남 조석래趙錫來에게 효성, 차남 조양래趙洋來에게 한국타이어, 3남 조욱래趙旭來에게 효성기계를 맡겨 계열 기업을 분류하였다. 이병철과 동업하다 쫓겨나다시피 삼성에서 나온 일, 조선제분을 정상 가동시켰다가 빼앗긴 일 등을 겪었던 그로서는 세 아들 사이에 갈등이 일어날 소지를 아예 없애고 싶었을 것이다. 조홍제는 그렇게 자식들에게 경영을 맡기고 교육사업에 헌신하다가 1984년 1월 16일, 79세의 나이로 세상을 떠났다.

"커튼 비용은 학부모들이 내십시오"

1945년 8월 15일 해방을 맞았을 때 조홍제는 큰아들 조석래를 불렀다고 한다. 그리고 나라를 되찾았으니 애국가를 알아야 한다며 노래를 가르쳤다. 자신도 고국을 위해 무엇을 할 것인지를 고민했고, 결국 교육을 통해 국가에 기여할 것을 결심했다. 그래서 당시 미군정의 교육고문이었던 김성수를 찾아갔다. 하지만 김성수는 조홍제에게 교육보다 사업을 권했고, 그는 김성수의 조언을 따라 기업 활동을 시작했다.

조홍제는 이병철과 삼성을 공동 경영하면서 군북초등학교 재건을 위해 자금을 지원했다. 그리고 고향 학생들이 중학교가 없어 먼 곳까지 가야 한다는 이야기를 듣고 군북중학교를 설립했다. 1953년부터는 매년 대학생 10명, 고등학생 30명에게 학비 전액을 보조했다. 이 장학사업은 '영남장학회'로 불려졌다. 그런데 영남장학회는 그가 이름을 붙인 것이 아니었다. 그는 이름도 없이 장학사업을 행했는데, 장학금을 받은 사람들이 스스로 그

군북초등학교 학부모들이 건립
한 조홍제씨은공불망비.

렇게 불렀던 것이다. 점차 장학금을 받는 학생들이 늘어나면서 조홍제가 국회의원에 출마한다는 소문이 돌기 시작했다. 그러자 그는 장학금 후원을 중단하였다. 하지만 1959년부터 재정이 어려워진 배명학원培明學院 이사장을 맡아 교사 신축 기금을 부담하고, 매년 30명의 학생에게 장학금을 지급하였다.

효성을 독자적으로 운영하면서도 육영사업에 대한 그의 관심은 중단되지 않았다. 1976년 재정난에 빠진 동양학원 이사장을 맡아 채무를 모두 청산하고 교육과 실습시설을 보완하여 동양중학교·동양공업고등학교·동양공업전문학교 등을 정상화시켰다. 25억 원이라는 거금을 투자했지만, 이사장 취임사에서도 좋은 교육을 해 달라는 부탁만 하고 학교 운영에는 일체 관여하지 않았다.

남을 돕는 일은 음식에 소금 넣듯이 해야 한다. 조홍제는 그렇게 생각했다. 음식에는 소금이 꼭 들어가야 하지만 너무 많이 넣으면 짜고 너무 적게 넣으면 싱겁다. 그렇듯 남을 도울 때에도 필요한 만큼만 도와야 한다고 생각했다.

한국전쟁 당시 군북초등학교가 폭격으로 모두 불타 버리자 마을 사람들이 조홍제를 찾아와 도움을 청했다. 그는 마을 사람들이 바란 교실뿐 아니라 강당까지 지어 주었다. 그러자 교장 선생님은 교실의 커튼도 지원해 달라고 했다. 하지만 그는 커튼 비용은 학부모들이 부담토록 하였다. 학교를 다시 세우는 데에는 학부모 모두가 동참해야 한다는 것이 이유였다. 그는 육영사업에 많은 관심을 기울였고 그에 대한 어떠한 보상도 원하지 않았지만, 그렇다고 무조건적으로 지원한 것은 아니었던 것이다.

조홍제의 교육철학은 자녀 교육에도 그대로 적용되었다. 그는 아무리 추운 겨울이라도 아이들을 차로 학교에 데려다 주지 않았다. 용돈을 줄 때에도 미리 예산을 짜게 하고 그것이 합당할 때에만 용돈을 주었다. 용돈을 쓰고 난 후에는 반드시 결산을 하게 했다. 어려서부터 불필요한 소비를 막고 경제 관념을 심어 주기 위해서였다. 조양래와 조욱래 두 아들이 해외에서 유학할 때에도 필요한 만큼의 돈만 주었다. 때문에 두 아들은 접시닦이를 하면서 학비를 벌어야만 했다.

융통성 없는 '예산 샌님'의 원칙

조홍제는 1921년 15세의 나이로 자신보다 한 살 연상인 하정옥河貞玉과 혼인했다. 가정은 일찍 이루었지만, 다른 것은 모두 남들보다 늦었다. 17세에 신학문을 처음 접했고, 30세에야 대학을 졸업했다. 이병철과 동업을 시작한 것이 44세였고, 효성을 창업한 것은 56세였다.

이승만정권은 조홍제에게 상공부장관을 제의했다. 그때 조홍제는 "기업하는 사람은 기업을 해야 정도가 아닌가"라며 거절했다. 그는 기업을 왜 하는가라는 질문에 "이윤을 추구하는 것은 기업의 숙명적인 속성일 뿐 실은 기업을 통해서 성취의 희열을 얻기 위함이요, 이 성취를 통하여 자기 인격의 완성을 기하고자 기업을 하는 것"이라고 답하였다.

조홍제는 강직한 성품과 의리를 중시하여 기업가라기보다는 선비에 가까웠던 인물로 평가받는다. 동양그룹의 이양구李洋球 회장은 조홍제를 '선비정신이 있는 기업가'로 평가했다. 이양구는 조홍제가 삼성물산공사에 몸담고 있을 때 그와 설탕 거래를 했다. 삼성물산공사에서 설탕을 홍콩에서 가져와 이양구에게 팔았던 것이다. 이양구는 조홍제와 설탕을 킬로그램당 3천 8백 원에 계약했는데, 한 달이 안 되어 설탕 가격이 1만 5백 원으로 올랐다. 두 사람은 계약서가 아닌 구두계약을 했고, 이럴 경우 가격을 올려 달라고 하거나 파기하는 것이 일반적이었다. 그러나 조홍제는 이미 계약한 것이라며 원래 가격대로 설탕을 넘겨주었다.

조홍제는 옳지 못한 방법으로 이익을 꾀하는 모리배謀利輩와 기업가의 차이는 의로움에 있다고 믿었다. 때문에 신의를 잃으면서 이익에 매달리면 안 된다고 강조했다. 법정관리에 들어간 조선맥주(현 하이트진로) 측에서 조홍제에게 맥주회사 인수 의사를 타진해 왔다. 이때 그는 술이란 원칙에 따르는 사업이 아니라는 이유로 조선맥주 인수 제안을 거절했다.

그랬으니 세금을 회피하거나 줄이려고 했을 리 없다. 세무공무원이 효성의 재무 담당자에게 효성이 납부해야 할 세금 6억 원 중 3천만 원을 주면 3억 원으로 내려 주겠노라 제안했다고 한다. 재무 담당자는 즉시 이 사실을 조홍제에게 보고하고 공무원의 제안을 따르자고 건의했다. 하지만 재무 담당자에게 돌아온 대답은 예상과 달랐다. "3억 원을 더 내면 나라 금고로 들어가지만, 3천만 원은 개인에게 돌아갈 것이니 거절하라."

조홍제는 부유한 가정환경에서 부족함 없이 성장했지만, 근검절약이 몸에 밴 사람이었다. 아니, 구두쇠에 가까웠다고 한다. 한번 옷을 사면 수선해서 10년 이상 입었고, 구두는 밑창을 덧대어 10년 이상 신었다. 그는 대단한 애연가였는데, 꽁초에 불을 붙여 세 번씩 피웠다고 한다. "내가 누리는 모든 것을 제일 좋은 것으로 하지 않는다." 이것이 그의 생활원칙이었다.

조홍제의 별명 중 하나가 '예산 샌님'이었다. 예산을 짜놓고 융통성 없이 그대로 집행했기 때문이다. 이러한 그의 성향은 기업 운영에도 그대로 적용되어, 그는 기업가로는 드물게 모험적이고 변칙적인 사업에는 뛰어들지 않았다. 그는 모든 일을 사전에 검토하고 이를 바탕으로 철저하게 준비했다. 사업을 시작할 때에는 최악의 결과를 상정하고 이에 대한 대비까지 마련한 다음에 시작했다. 1970년대 건설 붐이 일어나자 건설업에 진출해야 한다는 주장이 제기됐지만, 건설업은 항상적 예측이 어렵다며 진출하지 않았고 수산업과 광산업도 같은 이유로 뛰어들지 않았다.

조홍제는 다른 기업가들과 달리 사업하는 사람은 빚을 무서워해야 한다고 여겼다. 그래서 항상 여유 자금을 마련해 놓고 만일의 경우를 대비했다. 1968년 울산에 동양나이론 공장을 설립할 때에도 혹시나 시운전에서 불량품이 나올 것을 염려하여 자기 소유의 땅을 팔아 자금을 마련해 두었다. 시운전에 실패했다는 소문이 나면 자금이 돌지 않을 것을 미리 대비했던 것이다.

그만큼 조홍제는 계산이 철저한 사

동양미래대학교 내 조홍제 동상.

람이었다. 그의 또 다른 별명이 '신산자神算子'였다. 신산자는 중국 북송대 주판을 사용하는 무예인 신산판법神算板法을 만들어 낸 장경蔣敬을 가리킨다. 그만큼 조홍제의 계산이 귀신같아서 신산자란 별명이 붙은 것이다. 재미있는 것은, 조홍제는 계산을 성냥개비로 했다고 한다.

조홍제가 특이한 점은, 그렇게 대비와 계산이 철저했는데 회사의 자산을 자신의 것으로 생각하지 않았다는 것이다. 효성의 회장실에는 손님 접대용 담배인 객초客草가 있었다. 조홍제는 손님 접대 외에는 객초에 손을 대지 않았다. 때문에 효성 임원들도 회사 담배에 손대지 않고 자신의 담배만 피웠다. 그의 집 화장실이 부실한 것을 보고 회사 직원이 공장 자재로 화장실을 고치려 하자, "공장 것은 공장 것이고 내 집 것은 내 집 것인데, 공장 걸 가지고 왜 내 집을 고쳐!"라며 불호령을 내리기도 했다. 식사 대접을 할 때도 공과 사를 가려 사적인 일이면 꼭 자신의 주머니에서 밥값을 치렀다. 그랬으니 시간관념은 또 얼마나 철저했을지 짐작할 수 있다. 그는 약속에 늦는 것은 상대방의 시간을 낭비케 하는 몹쓸 짓으로 생각했다.

조홍제는 사람을 볼 때 세 가지를 봤다. 회사를 배신할 사람인가〔叛骨有無〕, 탁월한 지론을 가졌는가〔持論出衆〕, 가장으로서의 소임을 진실되고 올바르게 하는 사람인가〔眞正家長〕. 회사를 배신할 것인지와 탁월한 생각을 가진 것은 회사 운영과 밀접한 관계가 있다. 하지만 가장으로서의 역할을 중요하게 여긴 이유는 어디에 있을까? 가정이 서야 사회와 국가가 제대로 된다고 생각했기 때문이다. 그래서 도박에 손대는 사람, 다른 여성에게 한눈을 파는 사람을 매우 싫어했다.

본인의 원칙대로 조홍제는 아내 사랑이 대단히 깊었다. 부인 하정옥이

병원에 입원했을 때에는 매일 새벽 6시 전에 병원에 도착해 병실 밖에 있다가 아내가 일어나면 들어가 아내를 보곤 했다. 1978년 6월 부인이 세상을 떠나자, 혼백을 모시는 제단인 상청喪廳을 마련하여 1년 동안 아침저녁으로 상을 올리고 계절마다 새 옷과 이부자리를 넣어 주었다.

조홍제의 삶은 한 마디로 견리사의見利思義, 즉 눈앞의 이익보다 의리를 먼저 생각했다고 할 수 있다. 삼성에서 이병철과 결별할 때, 자신이 정상화시킨 조선제분을 전 주주들에게 넘겨줄 때 소송을 포기한 것은 이 때문이었으리라. 지금 기준으로 보면 어리석어 보일 수 있다. 실제로 그는 56세라는 늦은 나이에 새로운 사업을 시작하면서 '늦되고〔晚〕 어리석다〔愚〕'는 뜻의 '만우晚愚'를 호로 삼았다. 그의 '늦되고 어리석음'이야말로 오늘날의 기업가들에게선 찾아보기 힘든 미덕이 아닐까.

7
럭키그룹 구인회

가족으로 뭉쳐서 가족으로 나뉘다

LG·GS·LS·LIG그룹은 우리나라를 대표하는 기업들이다. 그런데 이 네 개 그룹이 한 사람에 의해 창업되었다는 사실을 아는 사람은 그리 많지 않다. LG·GS·LS·LIG그룹의 창업가가 바로 우리나라 화학과 전자 분야의 선구자이자 가족경영을 가장 성공적으로 구현한 인물로 평가받는 연암 蓮庵 구인회具仁會이다.

스무 살 청년 소비협동조합 이사장

구인회는 1907년 8월 27일 경상남도 진양군晉陽郡 지수면知水面 승내리 勝內里에서 구재서具再書와 진양 하씨晋陽河氏의 장남으로 태어났다. 본은 능성綾城이며, 어릴 때 이름은 정미년에 옥동자를 얻었다고 해서 정득丁得 이었다. 구인회의 아버지 구재서는 진양의 지주였던 만큼 그는 초년 시절 경제적인 어려움은 겪지 않았다. 또, 장손이었기 때문에 집안 사람들이 그에게 거는 기대가 컸다.

구인회는 6세에 홍문관弘文館 교리校理를 지낸 할아버지 구연호具然鎬에게 한학을 배우기 시작했다. 13세에는 《논어》·《맹자》·《중용》·《대학》의 사서四書와 《시경》·《서경》·《주역》의 삼경三經을 모두 마쳤다. 1920년 14세의 구인회는 두 살 연상인 허만식許萬寔의 딸 허을수許乙壽와 혼인했다. 혼례를 치른 후 이름을 정득에서 인회로 고쳤다.

1921년 구인회는 15세의 나이에 진주에 있는 지수知水보통학교 2학년에 편입했다. 신학문을 배운 것은 손위 처남인 허선구許善九의 권유 때문이었다. 당시 《중외일보中外日報》를 경영하고 있던 허선구는 세상의 변화에 민감할 수밖에 없었고, 매제인 구인회에게도 이 변화를 인식할 수 있는 신학문을 권했던 것이다.

보통학교 시절, 구인회의 결기를 보여 주는 일화가 있다. 당시 일본인 교장 다가시라田頭의 아들과 조선인 학생 정진화鄭瑾和 간에 싸움이 벌어졌다. 그런데 일본인 교장은 조선인 정진화만 처벌하였다. 그러자 구인회는 학생들과 뜻을 모아 교장의 교체를 요구하며 동맹휴학에 돌입했다. 결국 일본인 교장이 다른 학교로 옮겨 가면서 사태가 마무리되었다.

1924년 구인회는 중앙고등보통학교에 입학했다. 그런데 1926년 학비를 대 주던 장인이 세상을 떠나고, 할아버지도 고향으로 돌아오라고 해서 2학년 때 중퇴하고 귀향했다. 그가 학업 중단을 결정한 것은 1년 전에 장남 구자경具滋暻이 태어나면서 커진 가장으로서의 책임감도 어느 정도 작용했을 것이다.

고향에 돌아온 구인회는 일본 상인에 대항하기 위해 지수협동조합을 조직하였다. 그는 이미 보통학교 3학년 때인 1922년 마을 청년들과 장근회

將勤會를 결성하여 의식 전환과 근면활동 기풍을 일으키는 데 앞장선 적이 있었다. 이때의 경험을 토대로 그는 협동조합의 이사장을

구인회의 고향인 경남 진양군 지수면 승내리(승산마을) 전경. 가운데 건물이 지수보통학교이다.

맡아 소비협동조합운동을 펼쳤다.

구인회가 살던 마을에는 일본인 무라카미村上의 잡화가게가 있었다. 무라카미는 눈깔사탕(아메다마あめだま) 등을 팔다가 문구점으로 발전하여 잡화상으로 성장하였다. 그런데 무라카미 잡화가게가 승산마을의 잡화류와 문구류, 석유 등을 독점하고 있었다. 1929년 그는 승산협동조합구판장을 세워 공동구매를 통해 무라카미 잡화가게보다 싼 가격으로 물건을 구매할 수 있게 하였다.

구인회상점과 농지개혁

1927년 스물한 살의 구인회는 《동아일보》 진주지국장을 맡았다. 신문을 통해 세상이 변해 가는 상황을 알게 되면서, 그는 승산마을을 벗어나 더 큰 뜻을 펼치고 싶어졌다. 그러나 할아버지와 아버지 모두 그의 사업 계획을 반대했다. 유서 깊은 선비 집안의 장손이 장사를 한다는 것을 인정할 수 없었던 것이다.

그러나 구인회가 뜻을 굽히지 않자, 결국 아버지는 자본금 2천 원을 내

주었다. 구인회는 당시 경상남도의 중심지였던 진주로 가서 사업을 준비하기 시작했다. 하지만 아무래도 자본금이 부족했다. 그는 동생 구철회具哲會를 찾아갔다. 큰집에 양자로 들어간 구철회는 이미 공화상회共和商會를 차려 장사를 시작한 상태였다. 그는 구철회에게 동업을 제안했고, 구철회의 돈 1천 8백 원을 더해 3천 8백 원으로 1931년 7월 진주에서 '구인회상점'이라는 포목상을 열었다.

구인회가 진주에서 상점을 연 이유는 당시 진주가 부유한 사람들이 많이 사는 소비도시였기 때문이다. 그러나 점포 규모가 작고 포목의 종류와 재고량도 많지 않은 상황에서 기존 상점과의 경쟁은 버거울 수밖에 없었다. 장사를 시작한 지 1년이 지나자, 구인회상점은 5백 원의 적자만 안게 되었다. 당시 5백 원은 쌀 1백 가마가 넘는 큰돈이었다. 구인회는 다시 아버지를 설득하여 고향 마을의 논 문서를 담보로 조선식산은행 진주지점에서 8천 원을 융자받았다. 적자를 내고 있음에도 오히려 사업을 확대했던 것이다. 그의 아버지는 땅을 담보로 내주면서 "무슨 일이든지 10년은 해봐야 성공하는 법"이라며 오히려 아들을 격려했다.

구인회는 상점의 위치를 번화가로 옮겨 다시 장사를 시작했다. 그는 값을 깎아 주지 않는 대신에 물건을 속이지 않으면서 신용을 쌓아 갔고, 포목을 비수기에 싼값에 사 두었다가 성수기에 비싸게 팔아 이윤을 올렸다.

그런데 구인회상점이 한창 성장하고 있던 1936년 7월, 홍수로 진주의 남강이 범람하여 많은 상인들이 큰 피해를 입었다. 모두 망연자실하고 있을 때 구인회는 "장마 진 해는 풍년이 든다"는 옛말을 생각해 냈다. 그리고 풍년이 들면 포목을 많이 구입할 수 있을 것이 아닌가. 그는 원창약방元昌

藥房의 주인 원준옥元準玉으로부터 1만 원을 빌려 포목을 사들이기 시작했다. 과연 그의 예상대로 그해 풍년이 들었고, 사람들은 포목을 사기 위해 몰려들었다. 다른 포목상들은 홍수 피해로 물건이 부족했지만, 구인회상점은 엄청난 양의 포목을 보유하고 있었기에 크게 번창할 수 있었다.

1938년 구인회주단포목 상점.

　이듬해인 1937년 7월 루거우차오蘆溝橋에서 중국군과 일본군 사이에 작은 무력 충돌이 일어났다(노구교사건). 일제가 이를 빌미로 중국을 침략하면서 중일전쟁이 발발했다. 전쟁이 일어나면서 식품과 옷감의 가격이 크게 뛰었다. 그런데 이때도 구인회는 마산에 일본군의 말이 많이 모여 있는 것을 보고 전쟁을 예상하여 광목을 2만 필이나 미리 사들인 상태였다. 그의 예상이 또다시 적중한 것이다.

　포목점 사업으로 진주에서 손꼽히는 사업가로 인정받게 된 구인회는 막내 처남인 허윤구許允九가 경영하는 조만물산朝滿物産에 자금을 투자하는 등 사업의 다양화를 꾀하기 시작했다. 1940년 6월, 구인회는 구인회상점을 '주식회사구인상회'로 상호를 변경하고 사장에 취임하였다. 구인회는 이때부터 사업 전환을 모색했다. 당시 일제가 '생활용품통제령'을 발표하여 옷감이 군복밖에 나오지 않았기 때문이다. 그는 통제 대상에서 제외된 어물에 주목하고 어물전을 하던 김필수金必洙, 삼천포에서 하신상업河信商業을 운영하던 하길생河吉生 등과 동업하여 80톤짜리 운반선을 한 척 구입했다. 이 배에 생필품을 싣고 가 바다에서 어부들이 잡은 물고기와 물물교환하여 그 물고기를 다시 진주로 가져와 판매했다. 그의 예상대로 큰 이익을 올렸다.

1941년 태평양전쟁의 발발로 어물과 청과물 거래에 한계를 느낀 구인회는 진양·함안·의령·고성 등의 토지에 투자하여 만석꾼이라는 소리를 듣는 땅부자가 되었다. 하지만 이 무렵 그는 다시 한 번 실패를 맛보기도 했다. 화물차 30대를 불하받아 운송업을 시작했는데, 차가 고장이 나서 변상하는 일이 많았던 것이다. 이러한 일들이 반복되자 그는 불하받은 차를 모두 운전사들에게 나누어 주고 운송업을 접었다.

해방 후 남한의 땅부자들을 경천동지하게 한 사건이 벌어졌다. 바로 농지개혁이다. 앞서 삼양사 김연수 편에서 상세히 설명했다시피, 1947년 12월 '남조선토지개혁법안'이 남조선과도입법의원에 상정되었지만 실제 개혁은 1950년 5월에야 실시되었다. 이 기간 동안 지주들의 소작지 강매 현상이 일어났다. 구인회 역시 농지개혁이 이루어진다는 정보를 입수하고 논밭을 시세보다 싸게 팔았다. 농민들에게 자기 땅을 갖게 할 목적이었다고 밝혔으나, 석연치 않은 대목이다.

농지개혁 시 매수 농지에 대한 보상은 주작물 생산량의 1.5배를 기록한 지가증권을 교부하고, 1951년부터 1955년까지 매년 정부 매상 가격으로 계산하여 이듬해 5월 말까지 균분지급토록 되어 있었다. 그러나 보상액은 법정 보상기간보다 지체되어 지불되었고, 한국전쟁까지 겹쳐 1957년에야 지가증권 발급이 마무리되었다. 전쟁으로 인한 인플레이션 때문에 지주들이 받은 지가증권은 액면가에 못 미쳤고, 심지어 10분의 1로 유통되기도 했다. 만약 구인회가 농지개혁 이전에 땅을 매매하지 않았다면 어떻게 되었을까.

해방공간기 '락희화학'의 탄생

1945년 9월 구인회는 농지개혁 전에 토지를 판 돈으로 사업처를 부산으로 옮겼다. 부산은 해방 후 고국으로 돌아오는 동포들과 미군이 진주하면서 많은 사람들이 몰리고 있었다. 11월 그는 조선흥업사朝鮮興業社를 설립하였다. 조선흥업사는 무역회사로 미군정청의 허가를 얻은 '우리나라 무역업 허가 1호'로 기록되어 있다.

이때 구인회가 주목한 품목이 숯이었다. 목탄은 당시 주요한 연료였지만 품귀 현상이 심각했다. 그런데 부산에서 가까운 쓰시마섬對馬島에 숯을 생산하는 공장이 있어 여기서 숯을 가져다 팔면 이익이 클 것 같았다. 그는 곧장 배를 타고 쓰시마로 향했지만, 거센 파도에 밀려 쓰시마가 아닌 후쿠오카에 도착하게 되었다. 빈손으로 돌아올 수 없었던 그는 하는 수 없이 숯이 아닌 농기구를 사서 돌아왔고, 수입할 수밖에 없었다. 농기구 수입은 큰 이문을 남기지 못했다. 이로써 쓰시마에서 숯을 수입해 팔려면 목탄사업은 실패했다. 다시 자동차운수업에도 손을 댔지만 역시 성공하지 못했다.

연이은 실패로 힘들어 하던 구인회에게 사업 전반을 바꿀 수 있는 기회가 찾아온 것은 바로 이듬해 1946년 1월이었다. 사돈 집안의 허만정許萬正이 구인회를 만나러 부산을 찾아왔다. 구인회의 장인과 6촌 사이인 허만정은 경남의 만석꾼으로 불렸다. 그는 일본 유학을 마치고 돌아온 아들 허준구許準九를 구인회에게 맡기면서 투자를 제안했다. 허준구는 구인회상점을 같이 열었던 첫째 동생 구철회의 맏사위이기도 했다. 구인회 생가가 있는 승산마을에 가 보면 구인회의 생가와 허만정의 집은 바로 옆에 붙어 있다. 아마도 어린 시절부터 구인회를 지켜본 허만정은 그가 믿을 만하다고 생각했던 것 같다. 구인회는 허만정의 투자에 큰 힘을 얻고 사업을 재개하였다.

당시 부산에는 일본인이 남기고 간 화장품공장을 인수한 홍아화학공업사興亞化學工業社가 있었다. 구인회의 둘째 동생 구정회具貞會는 당구장을 출입하다가 홍아화학공업사의 화장품 제조 기술자 김준환金俊煥과 사귀게 되었다. 이때 김준환으로부터 홍아화학공업사가 '아마쓰크리무'라는 화장품 크림을 생산하지만 판매는 다른 업체가 한다는 말을 듣게 되었다. 해방 이후 화장품의 생산과 판매를 독점하던 일본 기업이 빠져나가면서 우리나라 화장품 산업은 일시 공백기였다. 그러나 포마드, 크림, 염색약까지 수입 화장품이 줄줄이 들어오고, 화장품에 대한 여성들의 관심도 날로 커지고 있었다. 구정회는 구인회에게 화장품 판매를 건의했고, 고민하던 구인회는 화장품 판매를 결심하였다. "지구상에 여성이 있는 한 화장품은 영원하다."

1946년 2월, 구인회의 조선홍업사는 홍아화학과 거래를 시작했다. 홍아화학에서 만든 화장품의 판매를 무역회사인 조선홍업사가 맡기로 했다. 부산과 영남 지역에는 이미 화장품 대리점이 있어, 구인회는 서울에서 화장품을 판매하기 시작했다. 처음에 서울 여성들은 의혹의 눈초리로 아마쓰크리무를 바라보았다. 그러나 값비싼 외제 화장품을 구입할 형편이 못 되는 여성들이 국산 화장품을 찾으면서 폭발적으로 팔려나가기 시작했다.

화장품 판매로 큰 성공을 거두고 있는 가운데, 구인회의 동생에게 화장품 정보를 제공했던 김준환이 흥아화학의 사장 박성수朴性洙와 불화로 갈라서게 되었다. 독자 사업을 모색하던 김준환은 원료를 살 돈이 없자 구인회에게 도움을 요청했다. 구인회는 즉시 김준환을 공장장으로 임명하여 1947년 '락희화학공업사'를 창업했다. '락희'는 영어 'Lucky'를 한글로 풀어 즐거움[樂]과 기쁨[喜]을 준다는 의미였다.

락희화학공업사는 'LUCKY크림'으로 큰 성공을 거두었다. 하지만 품질 면에서는 밀수나 미군 내 상점인 PX를 통해 불법으로 유통되는 외제 화장품에 크게 밀리는 게 사실이었다. 특히 일본의 메이쇼쿠明色화장품이 만든 반투명 화장품이 당시 국내에서 큰 인기를 끌고 있었다. 구인회는 외국과의 교역이 활발해지면 외국 화장품이 대량으로 수입되어 감당할 수 없을 것이라고 판단했다. 그래서 서울대학교에 재학 중이던 셋째 동생 구태회

1947년 부산 서대신동에 설립한 '락희화학' 공장(왼쪽)과 락희화학에서 만든 'LUCKY 크림'.

具泰會를 불러 반투명크림의 제조법을 알아내라고 했다. 1950년 4월, 드디어 구태회는 반투명크림 제조법을 밝혀냈다. 과연 '락희'에서 새로 개발한 반투명크림은 큰 인기를 끌었다.

1950년 6월 25일 북한의 남침으로 한국전쟁이 발발하여 남한의 사업 전 부문이 큰 피해를 입었다. 특히 서울에 있던 공장들은 모두 파괴되었다. 그러나 부산에 있던 락희화학공업사는 피해를 입지 않아 생산에 지장이 없었다. 전쟁 중에도 화장품의 품질 향상을 꾀할 수 있었던 것이다. 당시 화장품 향료는 마카오에서 수입한 질 낮은 향료를 사용하고 있었다. 구인회는 일본의 시오노鹽野향료로부터 향료를 수입하여 제품의 질을 높였다. 전쟁 중임에도 락희가 만든 화장품은 더욱더 인기를 끌었다. 구인회에게는 운도 따랐던 것이다.

플라스틱으로 시작된 생활용품 신화

화장품을 생산하면서 크림통이 깨져 반품이 들어오는 경우가 잦았다. 구인회는 깨지지 않는 크림통을 찾게 되었고, 플라스틱의 존재를 알게 되었다. 그는 다시 동생 구태회에게 플라스틱에 대해 알아보도록 하였다. 플라스틱을 연구한 구태회는 형에게 크림통뿐 아니라 플라스틱으로 다양한 물건을 생산할 수 있다고 말했다. 문제는 플라스틱을 만드는 기계와 원료의 가격이 상상할 수 없을 정도로 비싸다는 점이었다. 플라스틱공장을 설립하려면 락희크림으로 번 돈을 모두 투자해야 했다. 그런데 전쟁 중에 전 재산을 거는 모험을 하다니. 주변 사람들은 모두 공장 건설에 반대했다.

하지만 투자 없이 어떻게 더 큰 미래를 꿈꿀 수 있단 말인가. 구인회는 플라스틱공장 설립을 밀어붙였다.

플라스틱은 가소성이 뛰어나 원하는 모양은 무엇이든지 만들 수 있었다. 1952년 4월 구인회는 동양전기화학공업사를 설립하고, 9월에 최초의 합성수지 제품인 빗과 비눗갑을 판매했다. 락희에서 생산한 'ORIENTAL' 빗은 밀수품으로 착각할 정도로 품질이 뛰어나 없어서 못 팔 정도였다. 플라스틱 홀라후프도 국내에서 락희화학이 제일 먼저 생산했다. 오스트레일리아에서 덩굴을 꼬아서 허리에 돌리던 놀이가 미국에 전해지면서 이 즈음 전 세계적으로 유명해졌다. 1957년 미국에서 돌아온 넷째 동생 구평회 具平會가 이를 소개하면서 락희화학에서 홀라후프도 생산하게 된 것이다. 홀라후프 역시 선풍적인 인기를 끌었다.

홀라후프에 이어 칫솔 제조도 시작했다. 당시 국산 칫솔은 돼지털을 칫솔대에 심어 만들었는데, 조금만 쓰면 털이 빠져 못쓰게 되는 경우가 많았다. 락희에서 만든 칫솔은 1593년 4월 군납이 이루어질 정도로 전 국민의 사랑을 받았다. 구인회에게는 운도 따랐다. 국산 칫솔 개발은 유한양행이 먼저 계획하여 생산 직전 단계까지 이르렀는데, 한국전쟁이 발발하면서 서울에 있던 유한양행 공장이 폭격을 맞아 칫솔을 생산할 수 없게 되었다. 반면 락희화학 공장은 부산에 있어 폭격을 면했던 것이다.

구인회는 칫솔을 만들면서 치약도 생산해야겠다고 생각했다. 당시 종이봉지에 담긴 가루치약이 있었지만 국산 튜브식 치약은 품질이 형편없어, 사람들은 값비싼 미국의 콜게이트Colgate 치약만을 찾았다. "빠다 먹는 미국 사람 치약과 김치 먹는 한국 사람 치약은 달라야 할꺼라." 구인회는 한

'미제와 꼭 같은 치약'. 1955년
럭키치약의 신문 광고.

국인에게 맞는 치약 생산을 독려했고, 그 결과 1955년 '럭키치약'이 만들어졌다. 처음에 콜게이트 치약에 밀려 고전하던 럭키치약은, 광복 10주년 행사 때 10만 개의 치약을 나눠 주는 행사를 벌인 뒤 주문이 폭발적으로 늘어났다. 그리하여 럭키 하면 치약이 떠오를 정도가 되었고, 1956년 럭키치약은 콜게이트 치약을 물리치고 국내시장을 석권하였다.

치약을 생산하기 위해서는 글리세린이 필요했다. 당시 우리나라에 글리세린 정제시설을 갖춘 곳은 애경유지愛敬油脂 영등포공장뿐이었다. 락희화학은 애경화학으로부터 글리세린을 공급받을 수밖에 없었다. 그런데 치약 판매가 급증하면서 글리세린 공급이 원활하지 않았다. 구인회는 글리세린이 비누를 만들 때 생기는 부산물임을 알게 되었다. 그래서 1959년 락희유지공업주식회사樂喜工業株式會社를 설립하여 비누를 생산하기 시작했다.

비누뿐만 아니라 1956년 폴리염화비닐(PVC) 파이프, 1957년 비닐장판과 폴리에틸렌필름, 1959년 스펀지 레진을 개발하였다. 1963년 7월, 락희유지공업은 그전해 설립된 락희비니루공업과 합쳐져 럭키화학공업사가 되었다. 락희화학공업사는 다양한 일상용품을 생산하여 국민의 생활문화를 변화시켜 나갔다.

1966년 3월, 구인회는 안양에 합성세제 공장을 설립했다. 여기서 생산된 제품이 바로 '하이타이'다. 하이타이가 폭발적 인기를 얻자, 주방용 세제 '에이퐁', 두발용 세제 '크림샴프', 모직과 모직제품 세제 '뉴힛트' 등 국내 최초이자 한동안 최고였던 제품들이 줄줄이 개발·출시되었다.

사실 하이타이는 구인회의 아이디어에서 나온 것이 아니었다. 사돈 허만정의 넷째 아들인 허신구許愼九가 인도에서 사람들이 미국의 합성세제로 빨래하는 것을 보고 제안한 것이었다. 처음 허신구가 합성세제 생산을 제안했을 때에는 주위에서 모두 반대했다. 그도 그럴 것이 당시만 해도 우리나라에서 세탁기로 빨래하는 경우가 드물었기 때문이다. 또, 럭키화학에서 이미 손빨래용 세탁비누를 대량으로 생산하고 있었기에 합성세제를 생산하면 세탁비누 시장을 잠식할 것이라는 의견도 있었다.

그러나 락희의 계열사인 금성사가 세탁기 개발에 착수하자, 허신구는 다시 합성세제의 생산을 주장했다. 모두들 반대했지만, 구인회는 "사람이 이렇게 집념을 갖고 우길 때는 나름대로 확신이 있는 것 아니겠나."라며 합성세제 공장을 설립하게 했다.

국내 최초의 라디오, 선풍기, 전화기, 냉장고, TV, 석유화학…

플라스틱으로 전화통과 라디오 몸체 등을 생산하게 되면서 구인회는 자연스럽게 전자제품에 관심을 가지게 되었다. 1958년 9월 부산에 라디오 등 전기기기 생산공장을 마련하고, 서독에서 라디오 기술자를 초빙했다. 그리하여 1959년 한국 최초의 전자공업회사인 '금성사'를 설립했다. '금성 Gold Star'은 우주의 무궁함, 별의 화려함 및 신비성을 이미지화한 것이었다.

금성사는 1959년 6월부터 라디오 모델과 부품의 자체 생산에 들어가,

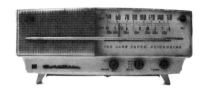
1959년 11월 금성사가 선보인 최초의 국산 라디오 'A-501'(대한민국역사박물관 소장).

11월 최초의 국산 라디오 A-501을 생산했다. '진공관이 다섯 개인 1호 모델'이란 의미의 A-501은 부품 국산화율이 60퍼센트에 달했는데, 이는 한국 전자공업사상 획기적인 성과로 기록될 만한 것이었다. 1960년 1월에는 국내 최초의 선풍기 D-301, 1963년 10월에는 국내 최초의 자동전화기를 생산하였다.

처음에 금성사에서 제조한 라디오는 미국에서 밀수된 라디오에 밀려 고전을 면치 못했다. 선풍기는 인기가 있었지만 사치품이라는 소리를 들어 판매가 신통치 않았다. 결국 금성사는 1961년까지 3년 연속 적자를 기록했고, 회사 내에서도 전자보다 화학에 투자해야 한다는 목소리가 나오기 시작했다. 하지만 기회가 찾아왔다.

1961년 군사쿠데타로 집권한 군부 세력은 라디오를 통해 자신들의 정당성을 확보하려는 계획을 세웠다. 문맹률이 높았던 만큼 라디오가 홍보 수단으로 유리하다고 판단했던 것이다. 구인회는 공보부장관 이원우李元雨를 만나 '농어촌 라디오 보내기 운동'을 추진하기로 했다. 금성사는 T-604라디오 5천 대를 기증했고, 라디오가 농어촌에 보내지면서 금성의 라디오는 자연스럽게 전국에 알려지게 되었다.

1961년 7월, 쿠데타 세력이 발표한 '최고회의 종합경제재건계획'에서 2차산업 우선 육성과 모방성장 방식에 의한 고도성장, 조립 방식에 의한 수출 증대와 고용 증대라는 두 가지 목표를 제시했다. 특히 조립 방식에 의한 수출 증대는 부품을 수입해 완성품으로 조립하여 수출하고, 단계적으로 국산 비율을 늘려 국산품을 생산하는 것을 내용으로 하고 있었다. 이는 금성의 라디오 생산 방식과 완전히 일치하는 것이었다. 당시 과도기 국가 최고통치의결기구였던 국가재건최고회의 의장 박정희가 금성사의 부산 연지동 공장을 시찰하자, 구인회는 밀수품 때문에 라디오가 팔리지 않는다는 애로점을 털어놓았다. 군부 세력은 국산품 애용과 함께 밀수품 단속을 강화하여 주었다. 이를 계기로 금성사에서 만든 라디오는 불티나게 팔려 나갔다.

1964년 금성사의 종합전자·전기공장이 준공되고, 1965년 4월부터 금성사는 일본 히타치의 기술을 도입하여 국내 최초의 냉장고인 GR-120을 생산했다. 1966년 6월 국내 최초의 FM/AM 라디오 TF-901을 생산한 데 이어, 8월에는 국내 최초의 흑백텔레비전 VD-191을 조립·생산하기 시작했다. 금성에서 생산한 텔레비전은 19인치 진공관식으로 판매가격이 6만 8천 원으로, 당시 쌀 27가마 값에 해당하는 고가였다. 하지만 공급이 부족해서 추첨을 통해 팔아야 할 정도로 폭발적인 인기를 끌었다. 1965년에는 국내에서 처음으로 전기밥솥을 생산했다. 1968년 창문형 에어컨 GA-111, 1969년에는 세탁기와 엘리베이터 등을 생산하여 국민생활을 혁신시켰다.

하지만 처음부터 쿠데타 세력과 사이가 좋았던 것은 아니다. 5·16쿠데타 직후 군부 세력이 발표한 '부정축재자' 명단에 구

1966년 8월 금성에서 생산한 최초의 국산 텔레비전 VD-191(대한민국역사박물관 소장).

인회의 이름이 올라 있었던 것이다. 구인회는 몸을 숨겼고, 동생 구평회가 대신 구속되었다. 1961년 7월 17일, 군부는 부정축재자 명단에 오른 기업인들에게 '경제재건촉진회'를 창립토록 했다. 그리고 비료·정유·종합제철·화학섬유·시멘트 등 5대 기간사업의 공장을 지어 국가에 헌납토록 하였다. 구인회는 전기기기 공장 건설을 맡기로 했다. 그래서 1962년 10월 탄생한 전선회사가 한국케이블이다.

구인회는 플라스틱 가공업에서 원료공업으로 발전하기 위해서는 석유화학산업으로 진출해야 한다고 생각했다. 폴리에틸렌을 얻으려면 에틸렌을 만들어야 하고, 에틸렌을 만들려면 나프타를 만들어야 하는데, 나프타는 정유 과정을 거친 원유의 산물이었기 때문이다. 1965년 가을, 구인회는 가칭 '한국석유화학공업'을 설립하고 정유, 나프타, 에틸렌 등에 진출한다는 사업계획서를 정부에 제출했다.

당시 석유화학을 담당하는 곳은 국가가 운영하는 석유공사 한 곳밖에 없었고, 동력動力 부분은 당연히 국가가 맡아야 한다는 의식이 지배적이었다. 때문에 럭키의 석유화학 분야 진출은 쉽지 않아 보였다. 그런데 1966년 5월, 정부가 제2정유공장 실수요자를 공모했다. 구인회는 회사 이름을 '반도석유'로 바꿔 여기에 지원했다. 반도석유 외에 현 롯데그룹의 동방석유東邦石油, 한화그룹의 동양석유東洋石油, 판본방적阪本紡績의 삼남석유三南石油, 한양재단漢陽財團의 한양석유, 삼양개발三洋開發의 삼양석유 등 6개 기업이 응모했다.

반도석유는 일본의 미쓰이물산 및 모빌과 협력하는 체제였다. 그러나 1967년 대통령선거를 앞두고 박정희가 호남 푸대접론으로 궁지에 몰리자, 구인회는 서둘러 회사 이름을 '호남정유'로 바꾸고 정유공장 부지도 여수로 정했다. 뿐만 아니라, 정부가 사카린 밀수사건으로 일본 기업에 비판적이고, 차관 조건이 모빌보다 좋은 유니온오일Union

1967년 2월 호남정유 여수공장 기공식에서 발파 버튼을 누르는 구인회(오른쪽에서 두 번째)와 박정희(가운데).

Oil이나 칼텍스Caltex를 선호한다는 사실을 알고는 미쓰이물산과 모빌에 계약 해지를 통보하고 칼텍스와 손잡았다. 결국 1966년 11월 17일, 제2정유공장 실수요자로 호남정유가 지정되면서 치열한 각축전은 종료되었다.

그해 12월 구인회는 미국의 칼텍스와 합작투자계약을 체결하고, 3년 후인 1969년 6월 여수제1공장을 완공했다. 구인회는 그토록 원하던 석유화학에 진출하는 데 성공했으나 잃은 것도 있었다. 석유화학에 전념하기 위해서 신규 사업으로 구상 중이던 섬유 분야 진출은 포기해야 했던 것이다.

가족주의의 명암

여수제1공장을 완공하고 한 달 후인 1969년 7월, 구인회는 뇌종양 판정을 받고 12월 31일 0시 15분 62세의 나이로 세상을 떠났다. 구인회상점으로 시작되어 화학·전기·전자·무역·정유·전선·통신·언론 등 11개 기업군으로 확대된 38년 세월이었다.

구인회는 사업을 하면서 도박이나 술 등의 사행산업, 먹고 마시는 것과 관련된 소비성 사업 등을 금하였다. '인화단결로 상호 협조', '상품에 의한 사회봉사', '수출을 통한 해외 진출'을 사업의 기본 방향으로 정했던 락희는 LG·LS·GS·LIG그룹으로 성장하여 오늘에 이르고 있다.

구인회가 한국 역사 속의 기업가로서 성공한 요인은 여러 가지에서 찾을 수 있다. 가장 눈에 띄는 점이 '인화단결'이다. 그는 후손들에게 "한 번 사귀면 헤어지지 말고 부득이 헤어지더라도 적이 되지 말라"는 교훈을 남겼다. 사실 오늘날의 LG·LS·GS·LIG는 구인회 혼자의 힘으로 이룬 것이 아니다. 첫째 동생 구철회는 구인회상점부터 함께했고, 둘째 동생 구정회는 화장품 기술자 김준환을 영입하고 화장품 이름을 '락히'로 정한 인물이다. 셋째 동생 구태회는 투명크림을 개발했고, 깨지지 않는 플라스틱 크림통을 도입했다. 넷째 동생 구평회는 홀라후프를 소개했고, 미국의 치약회사 콜케이트 주변에 머물면서 치약 제조법을 알아내는 공을 세웠다. 뿐만 아니라 럭키는 구씨와 허씨의 동업으로 발전해 왔고, 또 창업공신들이 복잡하게 얽혀 있었던 만큼 인화단결을 중요시할 수밖에 없었을 것이다.

구인회가 인화人和를 중시한 것은 유교주의 가풍에서 비롯한 가족주의 사상을 기업 경영에 접목시킨 것으로 여겨진다. 관련된 일화를 보자. 1968년 라틴아메리카 지역으로 수출한 라디오 1천 대의 캐비닛이 모두 망가진 일이 발생했다. 당시 금성사의 책임자였던 구인회의 맏아들 구자경은 라디오 제조 과정에는 문제가 없으며 포장에 문제가 있다며 럭키화학에 책임을 물었다. 반면 럭키화학의 책임자였던 박승찬朴勝璨은 라디오 제조 과정에 문제가 있음을 주장했다. 두 사람이 다투자 사람들은 초긴장했다. 이때 구인회는 박승찬을 금성사 부사장, 구자경을 럭키화학의 부사장에 임명했다. 즉, 두 사람을 질책하지 않고 서로 입장을 바꾸어 생각할 수 있는 기회를 준 것이다. 나중에 보니 라디오 캐비닛이 박살난 것은 수입상이 관세를 물지 않기 위해 몰래 비행기로 운반하다가 밀림 지역에 공중 낙하시켰기 때문이었다.

구인회의 임종이 임박하자, 사람들은 럭키화학 사장 구철회가 그룹을 맡을 것으로 예상했다. 구철회는 구인회상점을 함께 창업한 구인회의 바로 아래 동생이었기 때문이다. 그런데 구철회는 가족회의를 소집하여 자신은 경영 일선에서 물러나겠다고 선언했다. 그 결과, 구인회의 장남 구자경이 그룹을 총괄하게 되었다. 경영권을 두고 가족끼리 다투는 일반적인 모습과는 조금 다른 것이다.

1999년 구인회의 동생 구철회 일가가 LIG그룹으로 독립하였다. 2003년에는 구인회의 또 다른 동생 구태회·구평회·구두회具斗會 일가가 분리하여 LS그룹을 이루었다. 이어 구인회와 허준구로부터 시작되어 3대 57년간 이어진 구씨와 허씨의 동업이 2005년 3월 31일 청산되었다. 구인회의 후손은 LG, 허준구의 후손은 GS그룹을 맡았다. 그룹 분리 때에도 투자 당시의 비율 3 대 1을 그대로 지켰다.

1957년 구인회의 3남 구자학具滋學과 이병철의 차녀 이숙희李淑姬가 혼인하면서 구인회와 이병철은 사돈 간이 되었다. 그런데 부산에서 화장품을 생산하던 구인회에게 이병철이 설탕의 원료가 되는 원당原糖 수입을 함께 하자고 제안했다. 그때 구인회는 생산업에 전념하겠다며 이병철의 제안을 거절했다. 이후 두 사람은 동업을 하다가 삼성의 전자산업 진출로 다시 한 번 갈등을 겪었다.

1964년 사돈인 이병철의 제의로 구인회는 삼성과 공동투자하여 라디오서울(RSB)과 동양방송(TBC)을 설립하였다. 4·19혁명과 5·16쿠데타 때 부정축재자로 몰린 경험이 있는 구인회는 언론의 필요성을 절감하고 있었다. 또 라디오를 이미 생산하고 있고, 곧 텔레비전 생산도 예정된 상태여서 이병철의 제안을 받아들였던 것이다. 그런데 방송국을 공동 경영하면서 락희와 삼성 간의 갈등이 심해졌다. 결국 TV는 구인회, 라디오는 이병철이 맡기로 했다. 당시 방송의 대세는 라디오였고 흑자를 보고 있었다. 반면 TV는 스튜디오 신축, 방송기재 도입 등에 막대한 투자가 필요했다. 즉 TV는 미래가 불투명했지만, 그는 손해를 감수키로 한 것이다. 그런데 삼성은 락희가 라디오방송국에 출자한 금액마저 넘겨주지 않았다. 이때 구인회는 직접 일본으로 건너가 이병철을 만났다. 그리고는 오히려 TV까지 삼성에 넘겼다. 그는 이렇게 말했다고 한다. "우리 손자들에게 할아버지끼리 싸웠다는 모습을 남겨서야 되겠나."

한국에서 전자 하면 모든 사람이 금성을 떠올릴 때 이병철은 전자산업 진출을 선언했다. 그러자 구인회는 처가인 삼성 계열사 중앙개발 사장으로 일하고 있던 구자학을 럭키로 복귀시켜 서운한 마음을 나타냈다. 이후 구인회와 이병철은 냉랭한 관계가 되었다. 그런 가운데 금성에서 외국에 연수까지 보내어 키운 기술자들을 삼성에서 데려간 일이 발생했다. 이때도 구인회는 사돈이 하는 업종은 하지 않겠다고 말했을 뿐이다.

구인회는 출·퇴근 때 합승버스를 타고 다녔다. 담배도 비싼 것과 싼 것을 같이 가지고 다니면서, 손님에게는 좋은 담배를 권하고 자신은 싼 담배를 피웠다. 고향 사람들에게 커피를 대접하고 거스름돈 5환을 받기 위해 한참을 서서 기다리기도 했다. 출장을 가면 목욕한 물을 받아 가루비누를 풀어 속옷과 양말을 빨 정도로 검소했다. 이 같은 검소함은 그의 아버지 구재서의 영향이 크다. 구재서는 신발을 사면 사용 기한을 정해 놓고, 만약 정해진 날짜 전에 닳아 못 신게 되거나 잃어버려도 다시 사 주지 않았다. 또, 한 푼도 헤프게 쓰는 걸 용인하지 않았다. 그래서인지 구인회는 "나는 농부의 아들이었고, 지금도 서민이기를 바란다."고 입버릇처럼 말했다.

이처럼 근검절약했지만 돈을 써야 할 때에는 주저하지 않았다. 부산에서 《국제신보國際新報》를 경영할 당시 경쟁 관계에 있던 《부산일보》가 경영난에 허덕이자, 은행에서 대출을 받을 수 있도록 보증을 서 주었다. 더 거슬러 올라가, 일제강점기 때인 1942년 독립운동가 안희제安熙濟가 구인회를 찾아왔다. 안희제는 1907년 구명학교龜明學校와 의신학교宜新學校, 1908년에는 창남학교刱南學校를 설립하는 등 교육을 통해 국권 회복을 꾀했다. 또 1909년에는 비밀청년단체인 대동청년당大東青年黨을 조직해 국권회복운동을 전개하였다. 1914년에는 부산에서 백산상회白山商會를 설립하여 상하이에 있던 대한민국 임시정부에 운동 자금을 조달했던 민족주의자였다.

구인회는 안희제보다 22세나 적은 만큼 친분을 쌓을 사이는 아니었다. 안희제는 독립운동을 했지만, 다른 한편으로 경남인쇄 창립을 주도했고 조선주조 설립에 앞장섰던 경남 지역의 대표적 기업가였다. 따라서 진주에서 기업 활동을 한 구인회와는 안면이 있었을 수는 있다. 구인회를 찾아온 안희제는 독립운동 자금을 요청하였다. 구인회는 당시로서는 거액인 1

천안 연암대학교 내 구인회 흉상.

만 원을 기부했다.

구인회는 1956년 국내 최초로 대졸사업 공개채용을 실시한 것으로 유명하다. 그는 인재를 잘 써야 하며, 인재를 선택하면 그 사람이 잠재력을 충분히 발휘할 수 있게 해 주어야 한다고 말했다. 이와 관련해 이야기되는 구인회의 장점은 남의 말을 잘 들어 주었다는 것이다. 허신구의 건의를 받아들여 하이타이를 생산했듯이, 플라스틱은 구태회, 정유사업은 구평회, 전자산업은 윤욱현尹煜鉉의 의견을 받아들였다. 그는 다른 사람의 의견을 받아들여 전자와 화학 등 새로운 분야에 끊임없이 도전했고, 연구개발을 통해 신상품 개발에 힘썼다. 이는 분명 기업인으로서는 커다란 장점이었다.

구인회의 기업 활동은 꼬리에 꼬리를 무는 형태로 이루어졌다. 화장품을 생산하면서 용기인 플라스틱으로, 이것이 석유화학으로 발전했다. 치약을 생산하면서 글리세린 확보를 위해 비누, 그리고 합성세제를 생산했다. 플라스틱 제품인 라디오 캐비닛을 만들면서 전자업으로 진출했다. 그의 기업철학은 확고했다. "남이 안 하는 것을 하라. 뒤따라 가지 말고 앞서 가라. 새로운 것을 만들라."

세상을 떠나기 1년 전인 1968년 11월, 구인회는 진주성 부근에 도서관을 지어 진주시에 기증했다. 자신이 처음 사업을 시작한 진주에 도서관이 하나도 없다는 말을 들었기 때문이다. 또, 자신의 아버지가 중건했던 유학 강론장이자 서재인 연계재蓮桂齋가 황폐화되었다는 말을 듣고 연계재를 중창하였다. 다만, 그의 사회 기여는 자신과 연관이 있는 것에 국한되었다는 아쉬움이 있다.

1969년 12월 연암문화재단이 설립되었지만, 전이성뇌관종양 판정을 받고 죽음을 앞둔 상태에서 동생 구태회와 아들 구자경의 건의로 만든 것이었다. 왕성한 기업 활동 중에 맞이한 뜻밖의 죽음으로 사회 환원이 제대로 이루어지지 못한 것이겠지만, 아쉬움이 남는 것도 사실이다.

구인회상점 시절 구인회는 광목의 매점매석으로 이윤을 얻었고, 해방 후 농지개혁 때에는 미리 땅을 매매하여 손해를 보지 않았다. 전자산업이 고전할 때에는 5·16쿠데타 세력과의 정경유착으로 금성사를 발전시켰다. 석유화학사업에 진출할 때에도 정부가 원하는 방향대로 움직여, 박정희에게 대선자금을 제공했다는 소문이 파다했다. 1972년 럭키가 삼성에 이어 재계 순위 2위를 차지한 것도 앞서 살펴본 '8·3사채동결조치'의 혜택을 얻은 결과로 여겨진다. 구인회는 어용 노조를 육성하여 노동자들의 권익을 옹호할 노조의 탄생을 가로막기도 했다. 다른 많은 기업과 마찬가지로 족벌경영 체제에서 벗어나지 못하는 모습을 보이기도 했다. 이 한계와 아쉬움을 넘어서는 일이야말로 2018년 기준 68개의 계열사를 거느린 대한민국 재계 서열 4위 LG의 몫일 것이다.

8
삼성그룹 이병철

왕관을 쓰려는 자가 견뎌야 할 무게

2010년 기준 삼성의 총매출은 국내총생산(GDP)의 22퍼센트를 차지했다. 삼성에서 분가한 신세계, CJ, 한솔 등의 자산을 합치면 430조 원으로 우리나라 전체 재산의 3분의 1에 달한다. 오늘날의 삼성과 삼성에서 분가한 기업을 이룬 창업주가 바로 호암湖巖 이병철李秉喆이다.

줄줄이 학업을 중단한 부잣집 막내아들

이병철은 1910년 2월 12일 경상남도 의령군宜寧郡 정곡면正谷面 중교리中橋里에서 경주 이씨 38세손인 이찬우李纘雨와 권재림權在林 사이에서 2남 2녀 중 막내아들로 태어났다. 어머니가 36세에 낳은, 당시로서는 늦둥이였다.

이병철은 5세부터 할아버지 이홍석李洪錫이 운영하던 서당 문산정文山亭에서 한학을 배웠다. 남들이 두세 달이면 마치는《천자문》을 1년여 만에 간신히 끝냈다고 한 것으로 보아 한학에 큰 흥미를 느낀 것 같지는 않다.

하지만《천자문》을 마친 후《자치통감》과《논어》등을 외울 수준까지는 이르렀다고 한다.

1922년 3월, 이병철은 11세의 나이로 진주에 있는 지수보통학교 3학년에 편입했다가 다시 경성에 있는 수송壽松보통학교로 옮겼다. 보통학교에서도 성적은 59명 중 35~40등 정도였다. 하지만 산술算術, 지금으로 치면 수학 과목만은 늘 상위를 차지했다. 수송보통학교 4학년 때 중학교에 속성으로 진학할 수 있는 중동학교속성과中東學校速成科로 전학했고, 1년 후 중동학교 고등과 중학 과정에 입학하였다. 중학교 재학 당시에도 그의 성적은 40여 명 중 35등 내외였다. 즉, 학업에는 별다른 관심이 없었던 것이다.

이병철은 중학교 3학년 재학 중이던 1926년 자신보다 세 살 연상의 박두을朴杜乙과 혼인하였다. 이듬해에는 중학교를 중퇴하고, 일본으로 유학을 떠났다. 시모노세키로 향하는 배에서 멀미 때문에 이등칸에 있던 그가 일등칸으로 옮기려 할 때였다. 일본인 형사가 그에게 "조선인이 무슨 돈으로 일등 선실을 기웃거리느냐. 건방지다."라고 호통쳤다. 나중에 이병철은 그때 나라를 빼앗긴 사실을 피부로 느꼈다고 밝혔다.

1921년 이병철은 와세다대학교 정경과에 입학했다. 당시 일본 5인 가족 생활비가 50원인 시절, 그는 2백 원이라는 거액을 송금받았다. 일본에서도 경제적으로 풍요로운 생활을 누렸던 것이다. 그러나 일본 유학 생활이 그렇게 만족스러웠던 것 같지는 않다.

이병철은 도쿄에서 생활했다. 그가 유학하기 전의 일이지만 도쿄에서 1912년 10월 '조선유학생학우회'가 설립되었다. 조선유학생학우회는《학지광學之光》을 발간하여 재일동포와 유학생들의 반일의식을 고취시켰다.

1915년 11월에는 도쿄에서 유학생 친목단체인 '조선학회'가 설립되었다. 조선학회는 조국에 관한 일반 학술 연구가 목적이라고 했지만, 실제로는 애국비밀결사였다. 1919년 2

경남 의령군 정곡면에 있는 이병철 생가.

월 8일, 마침내 도쿄의 유학생들이 독립선언서를 발표했다(2·8독립선언). 당시 도쿄 유학생들은 조국의 독립이라는 현실 문제 해결을 위해 다양한 방안을 강구하고 있었던 것이다. 부잣집 막내아들로 생활하던 이병철이 이런 분위기를 쉽게 받아들였을지는 알 수 없다.

당시 이병철이 재학했던 와세다대학교의 조선 학생들은 사회주의에 심취하여 조국의 독립을 외치고 있었다. 하지만 이병철은 그들과 행동을 함께하지 못했다. 결국 그는 대학 과정을 모두 마치지 못하고 2학년 때 중퇴하고 귀국했다. 그는 자서전에서 학업을 마치지 못한 이유를 각기병을 앓아서라고 밝혔지만, 유학 생활에 적응하지 못한 것도 하나의 이유가 아니었을까 추측해 볼 수 있다.

일본에서 돌아온 이병철은 경성에서 친구들과 어울려 지냈다. 2년여의 경성 생활을 마치고 고향으로 돌아왔지만, 여전히 노름의 일종인 골패骨牌에 열중하는 등 하는 일 없이 허송세월하였다. 그는 지수보통학교, 수송보통학교, 중동학교 등을 모두 중퇴했다. 부푼 꿈을 안고 떠났던 일본 유학역시 중도에 포기했다. 학업을 제대로 마치지 못한 좌절감과 울분이 젊은 이병철을 방황하게 하지 않았을까.

마산의 정미소를 거쳐 대구에 '삼성상회'를 열다

1935년 스물여섯이 된 이병철은 사업을 결심했다. 자본금으로 아버지에게 쌀 3백 섬분의 토지 6만 평을 받았다. 경성·대구·부산·평양 등의 대도시는 이미 일본인들이 상권을 차지하고 있으니 이 정도의 자본금으로는 성공하기 어렵다고 보았다. 그래서 고향과 가까운 마산을 사업 후보지로 정했다.

1608년 광해군은 선혜청宣惠廳을 설치하고 선혜지법宣惠之法을 실시했다. 이것이 대동법大同法의 시초이다. 경기 지역에 한정된 선혜지법은 인조대 강원·충청·전라 지역의 삼도대동법으로 확대되었다가, 준비 부족으로 충청과 전라 지역에서는 폐지되었다. 그러나 이후 대동법은 1651년 충청, 1658년 전라, 1666년 함경, 1677년 경상 지역으로까지 확대 실시되었다. 창원·칠곡·진해·거제·성안·웅천·의령·고성 등의 대동미大同米는 마산창馬山倉에서 거두어들였다. 마산이 경상남도 농산물의 집산지가 된 것이다. 이병철이 처음 사업을 시작할 때에도 마산은 일본으로 쌀이 수출되고 만주의 농산물이 수입되던, 물자와 돈의 유통이 활발한 곳이었다.

이병철은 당시 쌀 수요가 급증하고 있지만, 마산에서는 거래되는 쌀의 규모에 비해 도정 능력이 부족하다는 사실에 주목했다. 전통적으로 우리는 집에서 곡물을 도정했다. 1874년 우리나라 최초의 정미소가 세워지고, 1892년 정곡기精穀機(도정기)가 수입되어 정미공장이 설립된 다음에야 일반적으로 집이 아닌 정미소에서 도정을 하게 되었다. 이병철은 정현용鄭鉉庸·박정원朴正源 등과 각각 1만 원씩을 투자하여 1936년 마산에 '협동정미소'를 창업했다. 부족한 자금은 조선식산은행 마산지점에서 융자를 받았다.

협동정미소는 첫해 자본금의 3분의 2가 사라질 정도로 고전했지만, 이듬해에는 2만 원의 이익을 올렸다. 쌀값이 오를 때 다른 사람들은 더 오를 것으로 생각하고 쌀을 사들였지만 이병철은 팔았고, 값이 내려갈 때 다른 사람들은 더 내려갈 것으로 기대했지만 그는 쌀을 사서 이윤을 챙길 수 있었던 것이다. 지금 보면 아주 단순한 상술이었다고 할 수 있다.

정미소를 운영하면서 마산에 쌀을 운송할 수단이 부족하다는 것을 알게 된 이병철은, 일본인이 경영하던 히노데日出자동차를 매입하여 20대의 트럭으로 1936년 8월 운수회사를 창업했다. 운수업도 큰 성공을 거두자, 정미소와 운수회사 경영을 진영연陳永淵에게 맡기고 새로운 사업을 모색하였다.

이병철은 '경남부동산'을 설립하여 토지 매입을 시작했다. 40만 평의 전답을 담보로 조선식산은행 마산지점에서 융자를 받아 김해 인근 농토를 구입하여 2백만 평의 대지주가 되었다. 하지만 1937년 중일전쟁이 발발하자, 일본 정부는 은행 대출을 중단했고 전답의 시세도 폭락했다. 뿐만 아니라 이미 빌려준 대출금까지 거둬들이기 시작했다. 전적으로 은행 대출금에 의지해 토지에 투자했던 이병철은 어쩔 수 없이 전답을 모두 팔 수밖에 없었고, 정미소와 운수회사도 다른 사람에게 넘기게 되었다. 지나친 욕심을 부린 결과 28세에 처음으로 맛본 실패였다. 하지만 그는 '경험'이라는

1938년 대구에 설립된 '삼성상회'(왼쪽)와 대구 삼성창조캠퍼스 내 복원된 모습.

귀중한 재산을 얻었다.

모든 사업을 정리한 이병철은 부산에서 시작해서 중국까지 여행을 했다. 단순한 여행이 아닌 현지 조사였다. 그는 여행을 통해 만주에 채소·과일·건어물 등과 생활용품이 부족하다는 사실을 알게 되었다. 두 달에 걸친 여행을 끝낸 그는 1938년 3월 1일, 자본금 3만 원으로 대구의 수동竪洞에서 지금의 삼성그룹 모체인 '삼성상회'를 세웠다.

대구는 부산-경성-신의주를 잇는 간선 철도 상에 있는 도시다. 상업 도시였던 대구는 중일전쟁 시기 공업 중심지로서의 기능을 수행하고 있었다. 이병철이 대구에서 다시 사업을 시작한 것은 이 때문이다. '삼성'의 '삼三'은 큰 것, 많은 것, 강한 것, '성星'은 밝고, 높고, 영원히 빛난다는 뜻을 담고 있었다. 즉, 사업을 재개하면서 "크고 강하고 영원하라"는 포부를 표현한 것이다. 삼성이라는 상호에 대해서는 다른 견해도 있는데, 이에 대해서는 뒤에서 다시 살펴보도록 하겠다.

삼성상회는 대구의 청과물과 포항의 건어물 등을 만주와 베이징 등에 파는 일종의 무역업을 했다. 이병철은 무역업과 함께 '별표국수'를 제조하여 판매했다. 일제의 미곡 수탈로 국내에 식량이 부족한 것에 착안해 국수 공장을 연 것이다. 1939년에는 일본인이 경영하던 조선양조朝鮮釀造를 인수해 막걸리를 팔기 시작했다.

1941년 6월 3일 이병철은 삼성상회를 '주식회사삼성상회'로 등록하였다. 근대적 기업 형태로 전환시킨 것이다. 이 무렵 그는 기녀가 있는 요정料亭을 드나드는 등 방탕한 생활을 했다. 어머니의 죽음으로 인한 충격 때문으로 보인다. 그는 삼성상회를 일본 유학 시절 친구인 이순근李舜根에게 맡기고 고향으로 돌아갔다.

삼성물산, 제일제당, 제일모직… 국내 최고 부자

그로부터 몇 년이 지나 1945년 해방을 맞이하면서 이병철은 새로운 힘을 얻은 것 같다. 식량난으로 쌀을 구하기 어려워지자 양조장 문은 닫고 대신 대구에서 친구들과 함께 《조선민보朝鮮民報》를 인수하여 《대구민보大邱民報》라는 신문을 발행했다. 그를 비롯한 대구 지역 사업가들은 해방된 해인 을유년을 기념하여 지역사회 발전에 이바지하고자 '을유회乙酉會'를 결성하였다. 을유회 회원들은 언론문화 창달을 통한 계몽활동이 필요하다고 생각했고, 그 결과 언론 경영에까지 관여하게 된 것이다. 그 와중에 양조장도 다시 열어 '월계관月桂冠'이라는 이름의 청주를 생산했다. 월계관은 영남 지역뿐 아니라 서울에서도 큰 인기를 얻었다.

양조업이 순조롭게 운영되자, 이병철은 1947년 5월 서울로 옮겨 왔다. 더 큰 사업을 하기 위해서였다. 서울로 올라온 이듬해인 1948년 11월 삼성물산공사를 주식회사 체제로 출범시켰다. 자본금은 이병철 외 효성그룹의 창업가 조홍제, 영진약품의 창업가 김생기金生基, 그리고 이오석李五錫·문철호文哲浩·김일옥金一玉 등이 공동 출자했다.

삼성물산공사는 홍콩·마카오·싱가포르 등에서 설탕·면사·의약품·비료 등의 생필품을 수입하고, 마른 오징어와 한천 등의 해산품을 수출했다. 경영은 순조로워 1950년 3월 1억 2천만 원의 이익을 낼 정도로 성장해 나갔다. 그러나 한국전쟁이 발발하면서 수입해서 보관 중이던 설탕·면사·한약재·염료 등이 불타 버렸다. 뿐만 아니라 북한군이 서울을 점령하면서 모든 재산이 몰수되었다. 그는 다시 한 번 실패를 맛보아야 했다.

1950년 9월 15일 국군과 연합군이 인천상륙작전에 성공하고, 28일에는 서울을 탈환했다. 10월 1일에는 국군이 38선을 넘어 북진하기 시작했다. 그러나 10월 19일 중국군이 참전하면서 전세가 점차 불리해졌다. 1951년 1월 4일 중국군과 북한군은 다시 서울까지 점령하였다. 이때 이병철은 빈털터리 상태로 가족과 함께 대구로 내려갔다.

이병철은 삼성을 서울로 옮기면서 이순근에게 양조장과 과수원 등을 맡겼었다. 그러나 이순근이 월북하면서 김재소金在炤와 이창업李昌業 등이 양조장과 과수원 경영을 맡고 있었다. 김재소와 이창업은 대구로 피난 온 이병철에게 지금까지의 이익금 3억 원을 내놓았다. 그로서는 뜻하지 않은 돈이었다. 1951년 1월 10일, 그는 이 돈으로 조홍제·김생기·허정구許鼎九 등과 함께 부산에서 다시 '삼성물산'을 설립하였다.

삼성물산은 고철을 수집하여 일본에 수출했다. 전쟁 중이었던 만큼 밑천이 들어가지 않는 돈벌이로 고철 수출을 택한 것이다. 고철을 판 대금으로 홍콩에서 설탕과 비료 등을 수입했다. 모든 물자가 부족한 상황이라 설탕과 비료 등은 수입하는 대로 팔려나가 6개월 만에 10억 원의 순이익을 냈다. 1년 후 이병철은 재산이 60억 원에 이를 정도로 큰 성공을 거두었다.

1950년대 삼성물산 시절의 이병철.

그러나 무역업이 한창인 때 이병철은 제조업을 하겠다고 선언한다. 전쟁이 끝나고 경제가 안정되면 무역업은 더 이상 비교우위가 없다고 생각했던 것이다. 경영진뿐 아니라 정부 관계자들도 모두 말렸다. 당시 우리 산업은 외부에서 받은 원조물자의 교류가 아니면 모두 무역에 의존하고 있었기 때문이다. 하지만 언제까지 일상 필수품을 수입에만 의존할 것인가. 이것이 이병철이 제조업 진출을 결심한 근거였다.

이병철은 제지, 제약, 제당 등을 두고 고민했다. 항생 물질인 페니실린 제조가 가장 수익성이 좋았지만 기술을 갖기 어려웠다. 그는 일본의 미쓰이에 자문을 요청했다. 미쓰이는 기술·수익성·공장 건설 기간을 고려할 때 제당이 가장 빨리 착수할 수 있다는 답변을 보내왔다.

일제의 다이니혼제당大日本製糖은 중국 수출이 유리한 평양에 제당공장을 지어 1920년부터 설탕을 생산하기 시작했다. 그러나 해방 후 남북이 분단되면서 남한에는 설탕을 생산할 수 있는 설비가 없어 전량 수입에 의존해야 했는데, 이병철은 이 점에 주목했던 것 같다. 1953년 8월 제일제당공업을 설립하고, 11월 5일 드디어 첫 설탕이 생산되었다. 그는 설탕이 처음 생산된 날을 기념하여 이날을 제일제당의 회사 창립일로 삼았다.

제일제당에서 생산한 설탕은 수입 설탕의 3분의 1 가격으로 판매되었다. 그가 생각한 수입대체 효과를 거둘 수 있는 가격이었다. 제일제당은 하루 25톤의 설탕을 생산했는데 6개월 후 50톤, 1957년에는 2백 톤으로 생산량을 늘려야 할 정도로 호황을 누렸다. 제일제당은 1956년 4월 동성물산이 소유하고 있던 통조림공장을 인수하여 통조림 생산을 시작하고, 1957년 10월에는 제분공장을 건설하여 식품업계의 강자로 자리 잡게 되었다. 1962년 7월에는 설탕을 대체할 상품으로 물엿을 생산하기 시작했고, 포도당을 국내 기술로 개발해 냈다. 1964년에는 조미료 생산회사인 원형산업을 인수하여 미풍산업으로 이름을 바꾸고, 조미료 '미풍'을 생산하기 시작했다.

이병철은 항상 순모 양복을 입고 다녔다. 그런데 당시 고급 양복의 대부분은 마카오에서 수입한 영국산 모직으로 만들었다. 그는 국내에서 모직을 생산할 경우 수입 모직의 20퍼센트 가격이면 된다고 판단했다. 정부 역시 막대한 양의 모직물 수입에 부담을 느껴 아예 국영기업으로 모직물 공장을 건설할 계획이 있었다. 그러나 모직업은 막대한 자본과 고도의 기술이 필요했기 때문에 주변에서 모두 만류하였다. 하지만 그는 모직업이야말로 반드시 필요하다는 생각에

미풍 조미료 선전 간판(공공누리 제1유형 국립민속박물관 공공저작물).

서 뜻을 굽히지 않고, 1954년 9월 15일 '제일모직공업'을 설립했다.

1955년 12월 모직을 생산할 수 있는 공장이 완성되어, 1956년 5월부터 제품을 생산하기 시작했다. 제일모직에서 생산된 '골덴텍스' 양복지는 처음에는 외제 양복지에 밀려 고전했다. 하지만 1958년 1월 정부가 소모사 梳毛絲에 대한 수입금지 조치를 취한 것을 계기로 골덴텍스는 불티나게 팔려 나갔다. 제일제당과 제일모직의 성공으로 이병철은 전국 납세액의 4퍼센트를 내는 국내 최고의 부자가 되었다.

1957년 8월, 이승만 정부가 은행 민영화를 결정했다. 이병철은 은행주 공매에 입찰했다. 그 결과 홍업은행의 주식 83퍼센트를 보유하게 되었고, 1959년에는 조흥은행의 주식 55퍼센트를 매입했다. 홍업은행이 상업은행의 주식 33퍼센트를 가지고 있었기 때문에, 사실상 이병철은 국내 은행 주식의 절반 가량을 소유한 셈이 되었다.

사카린 밀수사건과 《중앙일보》 창간

물산, 제당, 모직에 이어 은행업에까지 진출한 이병철은, 1958년 안국화재해상보험을 인수하고 1963년 7월에는 동방생명을 인수하였다. 제조업의 성공을 기반으로, 이제 은행과 보험이라는 금융업의 양 날개까지 달게된 것이다. 동방생명은 1957년 강의수姜義秀를 중심으로 나중에 삼양식품을 설립한 전중윤全仲潤 등이 함께 설립한 보험회사였다. 동방생명은 동양화재해상·동남증권·동화백화점 등을 거느린 거대 기업으로 성장했다. 이병철이 동방생명의 인수를 결정한 것은, 강의수가 세상을 떠난 후 경영진과 주주 간의 대립으로 경영이 악화되었을 때이다. 동방생명을 인수하면서 동방생명이 주식 1백퍼센트를 가지고 있던 동화백화점까지 자동으로 인수하게 되었다. 그것이 지금의 '신세계백화점'이다.

1961년 5·16쿠데타 발발 후 군부 세력은 부정축재 혐의자 명단에 이병철의 이름을 올렸다. 일본에서 이 소식을 들은 그는 부정축재처리위원장을 맡고 있는 이주일李周一에게 편지를 보내어 악덕 기업인과 불합리한 세제를 감수하며 최선을 다한 기업인을 구별해 달라고 요청했다. 이와 함께 국민의 빈곤 퇴치에 도움이 된다면 전 재산을 국가에 헌납할 의사가 있음을 밝혔다. 이 편지는 1961년 6월 16일 신문을 통해 보도되었다.

중앙정보부장 김종필은 재일거류민단 단장 권일權逸을 통해 이병철에게 신변 문제를 책임질 테니 귀국하라는 메시지를 전달했다. 1961년 6월 26일 이병철은 일본을 출발했고, 귀국과 동시에 구속되었다. 박정희를 만난 이병철은 현행 세법의 문제점을 지적하면서 기업인들을 대변하였다. 그가 세법의 문제점을 지적한 것은 어찌되었건 간에 삼성의 탈세 사실을 인정한 것이라고 할 수 있다.

이병철은 80억 환의 추징금을 선고받고, 보유하고 있던 상업은행 주식 33퍼센트와 조흥은행 주식 55퍼센트도 국가에 헌납하기로 했다. 이때 '사업가' 이병철의 기지가 빛을 발했다. 다시 박정희를 만난 그는 벌금 대신 공장을 건설하여 그 주식을 정부에 내놓는 방안을 제시했다. 결국 그의 제안은 받아들여져 '투자명령'이라는 특정 기업의 특정 분야 진출을 명하는 듣도 보도 못한 괴이한 법령이 공포되었다. 그래서 짓게 된 것이 울산의 비료공장이다.

1927년 일본질소비료의 대표 노구치 시타가우野口遵가 함경남도 함흥군咸興郡 운전면雲田面에 조선질소비료를 설립하였다. 그러나 남북이 분단되자 북한은 남한에 대한 비료 공급을 중단하였다. 때문에 비료는 거의 전량을 수입에 의존할 수밖에 없었다. 1950년대

1966년 명동 신세계백화점 앞 육교 개통식. 1963년 동화백화점을 인수한 삼성은 상호를 '신세계'로 변경하고, 1969년 본격적인 직영백화점 체제를 출범시켰다(국가기록원).

우리나라가 원조자금으로 구입한 수입 품목 중 가장 많은 비용이 들었던 것이 바로 비료였다. 이승만 정부는 미국 국제협력처(ICA)의 자금으로 맥그로-하이드로카본 컨소시엄과 계약하여 충주에 비료공장을 건설하기로 했다. 그렇게 건설된 것이 1961년 완공된 충주비료공장이다.

이병철이 비료 국산화를 목표로 비료공장 건설에 착수한 것은 충주비료공장이 완공되기 전이다. 그러나 4·19혁명 이후 그는 부정축재자로 검찰에 소환당했고, 삼성의 6개 업체에 50여 억 환이 추징되면서 차질을 빚었다. 여기에다 이듬해 5·16쿠데타가 발발하면서 다시 부정축재자로 낙인찍히는 바람에 비료공장 건설은 수포로 돌아갔다.

1961년 8월 16일, 이병철은 정부와 기업 간의 의견을 조정하는 지금의 전경련 전신인 '한국경제인협회' 초대 회장으로 취임하였다. 그는 울산공업단지 건설을 주도했고, 이어 쿠데타 세력의 투자명령으로 다시 비료공장 건설에 나섰다.

이병철은 세계 최대 규모의 비료공장을 지을 생각이었다. 당시 단일 공장으로 세계 최대의 비료공장은 연 18만 톤을 생산하는 일본 공장이었다. 그런데 그는 33만 톤을 생산할 수 있는 공장 건설을 구상했다. "앞으로 10년만 지나면 33만 톤도 오히려 모자랄 것이다." 1964년 8월 20일 이병철은 비료공장 건설을 위해 일본의 미쓰이물산으로부터 4,390만 달러의 차관을 도입했다. 한국의 민간 차관으로는 대한민국 정부 수립 후 첫 번째 성과였다.

1964년 8월 27일, 이병철은 '한국비료공업'을 설립하고 공장 건설에 착수했다. 그런데 공장의 완공을 눈앞에 둔 1966년 9월 16일, 저 유명한 '사카린 밀수 사건'이 터졌다. 한국비료가 사카린의 원료인 OTSA 2,259포대를 건설자재로 위장하여 수입하려다 부산세관에 발각되어 1,059포대를 압수당하고 벌금 2천만 원을 부과당한 것이다.

당시 삼성에 차관을 빌려 준 미쓰이물산은 삼성이 건설 중인 비료공장에 들어갈 기계를 사 준 것에 대한 감사의 표시로 이병철에게 1백만 달러를 제공했다. 그런데 외환관리법상 1백만 달러나 되는 거금을 반입하는 것은 불가능했다. 이병철은 박정희와 상의하여 사카린 원료인 OSTA를 받아 처분한 뒤 3분의 1은 정치자금, 나머지는 한국비료공장의 건설과 운영 자금으로 충당하기로 했다. 그런데 한국 비료 업무 담당 이일섭李逸燮 상무가 OSTA를 인공감미료 제조업체인 금북화학에 대량으로 팔다가 세관에 적발된 것이다.

처음에는 사카린 원료를 압수당하고 벌금을 부과받는 선에서 끝날 것 같았다. 그런데《경남일보》가 이 사실을 보도하고, 며칠 후《경향신문》울

산지국의 기자가 이를 기사
화시키면서 세상에 알려지
게 되었다. 사카린 밀수사건
과 관련한 대정부 질의 도중
국회의원 김두한이 국무총
리 정일권과 부총리 장기영
에게 탑골공원 공중화장실
에서 퍼온 오물을 투척하는

'삼성밀수', 일 삼정과 공모. 1966년 10월 5일자 《동아일보》 1면.

일이 벌어지고(국회오물투척사건), 대구에서 열린 '재벌기업 삼성 밀수규탄
대회'에서 잡지 《사상계》를 이끌던 장준하가 "박정희야말로 밀수 왕초"
라고 했다가 대통령 명예훼손으로 구속되기도 했다. 사카린 밀수사건으
로 대한민국 전체가 혼란에 빠진 가운데 민심은 삼성에 등을 돌렸다.

결국 1966년 9월 22일, 이병철은 기자회견을 열어 지난 10여 년간 공을
들인 한국비료를 국가에 헌납하겠다고 밝혔다. 경영 일선에서도 잠시 물
러날 수밖에 없었다. 비록 이병철 사후지만 한국비료는 결국 삼성의 품으
로 돌아왔다. 1994년 한국비료 민영화 방침에 따른 공개입찰에서 삼성에
인수된 한국비료는 '삼성정밀화학'으로 이름을 바꾸어 오늘날에 이르고
있다.

이병철이 빼앗긴 것은 한국비료만이 아니었다. 1964년 대구대학교를
인수했지만 1966년 이를 정부에 넘겨주었다. 말이 헌납이지 빼앗긴 것이
나 다름없었다. 뒤에서 다시 언급하겠지만, 여기에도 골치 아픈 사연이 숨
겨져 있다. 이때 이병철의 차남 이창희李昌熙가 아버지의 비리 사실을 청

와대에 투서한 사건이 있었다. 당시 제3공화국의 실세였던 중앙정보부장 이후락은 이 사건을 무마해 주는 대가로 대구대학교를 넘기라고 요구했다. 박정희가 대통령 퇴임 후 총장을 할 대학교가 필요하다는 구실이었다. 대구대학교는 청구대학교와 통합하여 지금의 영남대학교가 되었다.

이승만정권 시절 자유당이 이병철에게 고향인 의령에서 국회의원에 출마할 것을 권하기도 했다. 하지만 그는 정치에 뜻이 없음을 밝히고 공천을 받아들이지 않았다. 그랬던 그가 4·19혁명과 5·16쿠데타를 겪은 후 정치 입문을 심각하게 고민하기도 했다고 한다. 4·19혁명 후 부정축재자로 지목되고, 5·16쿠데타 후에는 박정희에게 한국비료와 대구대학교까지 헌납해야 했으니 그런 생각이 들 만도 하다. 그러나 그는 정치 대신에 이미 기반을 마련해 놓은 언론을 선택했다. 아마도 사카린 밀수사건을 계기로 언론의 위력을 실감하였기 때문일 것이다.

1927년 2월 16일 경성방송국京城放送局 이름으로 첫 라디오방송이 전파를 탄 이래, 1956년 5월 12일 한국 최초의 TV 방송국이자 한국 최초의 민영 상업방송인 HLKZ-TV가 세계에서 열다섯 번째, 아시아에서 네 번째로 텔레비전 방송을 내보냈다. 5년 후인 1961년 10월 HLKZ-TV는 문을 닫고, 12월 31일 지금의 한국방송공사(KBS)의 전신인 서울텔레비전방송국이 방송 송출을 시작했다. 이어 1962년 김규환金圭煥이 라디오서울, 김용우金用雨가 TV방송국 허가를 얻었지만, 자금이 부족했던 두 사람은 사업을 이병철에게 넘겼다.

이병철은 사돈인 럭키의 창업가 구인회와 50 대 50으로 공동출자하여 1964년 5월 9일 라디오서울, 12월 7일 동양텔레비전 방송을 개국했다.

1966년 4월에는 서울FM을 인수하여 '동양FM'을 개국, AM과 FM의 전파 매체를 갖추게 되었다. 그는 내처 7월 16일 라디오와 텔레비전을 합병하여 '동양방송'을 발족시켰다.

방송국 설립에 앞선 1965년 9월 22일에는 《중앙일보中央日報》를 창설했다. 《중앙일보》 창간 이후 신문용지의 안정적 확보를 위해 새한제지를 인수하여 '전주제지'로 이름을 바꾸었다. 이로써 삼성의 종합매스컴 체제가 만들어졌다. 정치에 대한 불신이 계기가 되었을 테지만, 정치에 직접 관여하는 대신에 언론을 통해 영향력을 행사하는 길을 선택한 것이다.

삼성반도체의 흑자를 못 보고…

흔히 삼성의 재도약은 전자산업 진출부터로 이야기된다. 사카린 밀수사건으로 경영에서 물러난 지 1년 3개월 만인 1968년 2월, 이병철은 경영 일선에 복귀하였다. 복귀와 동시에 삼성물산에 개발부를 설치하여 전자산업에 대한 신규 투자 문제를 검토하게 했다.

이병철은 그전부터 전자산업 진출을 염두에 두고 있었다. 1965년 5월, 그는 전자산업 진출을 위해 '텔레비전과 라디오 공장 건설 기획서'를 작성하게 했다. 하지만 당시에는 한국비료 공장 건설에 전력을 기울이느라 우선순위에서 밀렸다. 경영에서 물러나 있으면서 이병철은 국민소득이 신장하면서 라디오, 텔레비전 등 내구 소비재 수요가 확대되는 추세를 지켜보았다. 그런 가운데 1967년, 박정희는 삼성이 조선·자동차·전자공업 중 하나를 맡아 줄 것을 요청했다. 더 이상 전자산업 진출을 늦출 이유가 없어진 것이다.

1969년 1월 13일, 삼성전자가 설립되었다. 삼성의 전자산업 진출 소식에 가장 강하게 반발한 회사는 이미 가전제품을 생산하고 있던 사돈 구인회가 운영하고 있던 금성사였다. 자연히 두 사람의 관계는 서먹해졌다. 기존 전자업체들의 모임인 '한국전자공업협동조합' 산하 59개 업체도 삼성의 전자시장 참여를 반대하는 건의서를 정부에 제출했다. 삼성에게 국내 전자시장을 내줄 것을 두려워한 것이다. 여러 업체의 강한 반대에 부딪치자, 정부는 국내 판매는 제한하고 전량 수출한다는 조건을 내걸고 삼성전자 설립 허가를 내주었다.

1969년 12월, 이병철은 일본의 산요三洋전기와 스미토모住友상사를 참여시켜 '삼성산요전기'를 설립했다. 이어 1970년 1월 일본NEC와 제휴하여 진공관과 브라운관 부품 등을 생산하는 삼성NEC, 1973년 8월에는 튜너·고압트렌스·전압컨덴서 등을 생산하는 '삼성산요파트'를 설립했다. 삼성산요전기는 1973년 3월 삼성전자에 흡수되고, 삼성산요파트는 1987년 '삼성전기'로 이름을 바꾸었다. 삼성NEC는 1974년 '삼성전관'으로 상호

1969년 삼성전자 수원단지 조성 모습. '산요'는 당시 삼성의 제휴사였다.

를 바꾸어 오늘날의 '삼성SDS'가 되었다.

삼성전자는 1970년 5월부터 트랜지스터라디오와 전자부품 생산을 시작하여, 1971년 1월 흑백텔레비전 5백 대를 파나마에 수출했다. 하지

만 품질 불량이 많아 고전했다. 1973년에는 미국의 코닝글라스Corning Glass Company와 합작하여 브라운관을 생산하는 '삼성코닝'을 설립하였다. 텔레비전 부품 중 부가가치가 가장 높은 브라운관을 생산하게 되면서 삼성전자에서 생산하는 텔레비전은 가격 면에서 국내 경쟁사들보다 유리한 입장에 설 수 있었다. 1973년 마침내 국내 시판이 허용되면서 삼성전자는 흑자를 내기 시작했다.

당시의 텔레비전은 전원을 켜면 한참 있어야 브라운관에 화면이 나타났다. 예열이 필요했기 때문이다. 그런데 1975년 삼성전자는 예열이 필요 없어 절전이 가능한 '이코노 텔레비전'을 생산했다. 순간수상瞬間受像 방식의 브라운관을 적용한 이 모델은, 네덜란드와 일본에 이어 세계에서 세 번째로 독자 개발에 성공한 것이었다.

1976년 6월 삼성전자는 국내 최초로 컬러텔레비전 생산에 성공했고, 1977년 4월부터는 컬러텔레비전을 해외로 수출하기 시작했다. 1978년에는 흑백텔레비전 2백만 대를 생산해 연간 생산에서 세계 최고 기록을 수립했다. 그리고 1979년 5월, 미국과 일본, 네덜란드에 이어 세계에서 네 번째로 VTRVideo Tape Recorder 생산에 성공했다. 삼성전자는 이 기세를 몰아 8월 국내 최초로 고주파로 가열하는 조리기구인 전자레인지를 생산·판매하였다.

이병철은 이처럼 전자산

'세계에서 3번째 한국에서 첫 번째.' 순간수상 방식의 '이코노 텔레비전' 신문 광고.

업을 성장시키는 한편으로 사업 다각화를 꾀했다. 1972년 가을, 박정희 정부는 서울 장충동에 있는 국빈 전용 숙소인 영빈관迎賓館을 삼성이 인수하여 외국 귀빈들이 방문할 때 머물 수 있는 호텔을 지어 줄 것을 요구했다. 이병철은 이를 받아들여, 자신이 자주 묵던 일본의 오오쿠라大倉호텔과 제휴를 맺고 일본에서 차관을 받아 호텔을 짓기로 했다. 그러나 호텔 건축을 추진하던 1973년 8월 일어난 '김대중 납치사건'으로 일본의 차관이 중단되는 바람에 차관 도입처를 미국으로 바꾸어야 했다. 1973년 10월 17일 '1차석유파동' 때에는 공사가 아예 중단되기도 했다. 우여곡절 끝에 1979년 3월 8일 신라호텔이 완공되었다.

1973년에는 종합광고회사인 '제일기획'도 설립했다. 이와 함께 그는 삼성의 업종 구성을 과감하게 개편하여 중공업의 비중을 높이는 방안을 검토하게 했다. 이해 삼성전자가 흑자를 내기 시작하여 전자산업의 기초는 닦았다고 판단하고 중공업에 뛰어들 생각을 했던 것이다. 이듬해 3월, 비서실에 중공업사업부가 설치되었다.

1983년 삼성반도체 공장을 시찰한 전두환 대통령. 그 옆에 이병철의 3남 이건희가 보인다.

중공업 분야에서 이병철이 제일 먼저 관심을 가진 분야는 조선업이었다. 세계 최대 조선소 건설을 구상한 그는 일본의 IHI와 합작하기로 합의했다. 하지만 1973년 10월 발발한 4차 중동전쟁으로 인한

석유파동이 장기화되면서 조선 업계의 신규 발주가 끊기고 주문 취소 사태가 잇달았다. 결국 사업 목표를 '선 기계공업, 후 조선'으로 수정해야 했다. 그런데 당시 한국중공업이 경상남도 죽도에 건설 중이던 중형급 조선소가 석유파동의 영향으로 진퇴양난에 빠지자, 정부가 삼성에 인수를 강하게 의뢰해 왔다. 1977년 4월 이병철은 조선소를 인수했고, 1979년 9월 완공된 이 조선소가 바로 지금의 '삼성중공업 거제조선소'이다.

이병철은 1974년 7월 10일 삼성석유화학공업, 8월 5일에는 삼성중공업을 설립하였다. 중동 건설특수가 일어나자, 1977년 2월 삼성종합건설을 설립하여 다른 기업에 비해 늦었지만 건설업에도 진출했다. 1977년 8월에는 방위산업 진출을 위해 삼성정밀공업을 설립했다. 그는 남베트남이 패전하는 것을 보고 충격을 받아 방위산업 진출을 결정했다고 한다. 내처 핵연료 재처리공장을 설립하여 핵무기를 만들 생각도 했지만, 여러 나라의 이해관계가 복잡하게 얽혀 포기하고, 1977년 8월 삼성정밀을 설립하여 항공기 산업부터 시작하였다. 이후 삼성정밀은 미놀타Minolta와 제휴하여 카메라, 세이코Seiko와 합작하여 시계 등 다양한 분야로 진출하였다.

3남 이건희李健熙가 이병철에게 반도체 분야 진출을 건의한 것은 1974년이었다. 1977년 12월 이병철은 아들의 건의를 받아들여 파산 위기에 놓인 한국반도체를 인수하고, 1980년 3월 '삼성반도체'로 회사 이름을 바꾸고 삼성전자에 합병시켰다. 하지만 당시 이병철은 고민이 깊었다고 한다. 반도체는 돈을 먹어치우는 산업이라는 의미에서 '금식충金食蟲산업'이라 불릴 정도로 초기 투자비가 많이 들고, 교체 주기도 짧아 조금만 뒤처져도 제품이 쓸모없어졌기 때문이었다.

1983년 3월, 고민을 거듭하던 이병철은 드디어 반도체 분야 진출을 선언했다. 10월에는 삼성전자 내에 반도체와 컴퓨터사업팀을 조직하였다. 1984년 5월 17일, 삼성반도체통신 기흥공장 준공식이 열렸다. 미국과 일본에 이어 세계에서 세 번째로 초대규모 집적회로 생산공장이 완성된 것이다.

1980년대 당시 반도체는 기술 개발은 미국이 앞서고, 대량생산은 일본이 우세한 상황이었다. 이병철은 일본이 할 수 있다면 우리도 가능하다고 생각했다. 1983년 2월, 그는 64KD램 개발에 착수한다고 발표했다. 미국과 일본의 전문가들은 모두 비웃었지만, 1983년 11월 삼성은 세계에서 세 번째로 64KD램 개발에 성공했다. 기흥에 건설 중인 반도체공장이 아직 완공되지도 않은 때였다. 삼성의 기술력은 계속 발전하여 1984년 10월에는 독자적으로 256KD램을 개발했다. 이에 자신감을 얻은 이병철은 세계적인 컴퓨터회사인 미국의 휴렛팩커드사와 합자하여 '삼성휴렛팩커드'를 설립하였다.

삼성은 반도체 개발에 성공했지만 1987년까지 적자를 내고 있었다. 사람들은 삼성이 반도체에 매달리다 망할 것이라고 이야기했다. 하지만 이병철은 적자는 걱정 말고 기술자 양성과 신기술 및 신제품 개발에만 매진할 것을 주문했다. 1986년 5월에 폐암 선고를 받은 후에는 공식 행사에 일절 모습을 드러내지 않던 그가, 1987년 8월 기흥 반도체공장 3라인 기공식에는 참석한 것만 봐도 이 신산업에 거는 기대가 얼마나 컸는지를 알 수 있다. 이것이 공식 석상에서 목격된 그의 마지막 모습이었다. 그는 반도체가 미래 산업의 근간이 될 것이라고 믿었다.

80을 앞둔 이병철에게는 이미 죽음의 그림자가 짙게 드리워져 있었다. 1976년 그는 위암 판정을 받고, 9월 13일 일본에서 위암 수술을 받았다. 다행히 초기여서 수술은 성공했다. 위암 수술 후에는 40년 넘게 즐긴 담배까지 끊었다. 그런데 1987년 9월 폐암이 발견되었다. 캐나다로 건너가 방사선 동위원소 치료를 받았지만 차도가 없었다. 결국 그해 11월 19일, 그는 78세의 나이로 숨을 거두었다.

적자만 내던 삼성반도체가 흑자로 돌아선 것은 이병철이 세상을 떠난 다음 해인 1988년이었다. 흑자 규모는 지금까지의 적자를 모두 만회하고도 남을 정도였다. 비록 그는 삼성이 반도체로 흑자를 내는 모습은 보지 못했지만, 반도체 분야 진출로 오늘날의 삼성을 만드는 토대를 마련했다.

3남 이건희가 후계자가 된 사연

이병철은 이맹희·이창희·이건희 등 세 명의 아들과 이인희李仁熙·이숙희李順熙·이순희李順熙·이덕희李德熙·이명희李明熙 등 다섯 명의 딸을 두었다. 이중 이덕희는 이병철이 삼성 창업 초기 대구에서 요정을 드나들다 알게 된 기녀 박소저朴小姐와의 사이에서 낳은 딸이다. 그 외 일본에서 구라다倉田라는 여성과의 혼외관계에서 아들 야스테루泰輝와 딸 게이코惠子를 두었다.

모든 부모가 그렇듯이 이병철의 자식 사랑은 대단했다. 한국전쟁이 한창이던 1951년, 이병철은 장남 이맹희의 군 입대를 막기 위해 일본으로 밀항시켜 도쿄대학교에 입학시켰다. 이듬해에는 이승만정권의 허가를 받아 차남 이창희까지 일본으로 보내 와세다대학교에 입학시켰다. 이창희는 우리나라 해외 유학생 1호이다. 이건희 역시 40일간의 훈련만 받고 병역을 면제받았다. 요즘 중시되는 노블레스 오블리주의 관점에서 보면 아쉬운 대목이다.

처음 이병철은 장남 이맹희를 후계자로 생각했다고 한다. 미국 미시간 주립대학교에서 박사학위를 받은 이맹희를 자신이 대주주로 있는 한일은행 말단 직원으로 취직시켜 창구 업무부터 보게 했다. 이어 안국화재 총무부장을 거쳐 지금의 그룹 부회장직에 해당하는 부사장으로 승진시켜 경영을 맡겼다. 1966년 사카린 밀수사건 이후 이병철은 경영 일선에서 물러났을 때에는 이맹희가 잠시 삼성을 책임지기도 했다. 이병철은 '삼성기획위원회'를 두어 이맹희를 돕도록 했고, 다시 '5인위원회'를 만들어 핵심적 역할을 담당토록 하였다. 하지만 그의 눈에 젊은 이맹희는 위태롭게 비쳐졌고, 결국 그는 다시 경영 일선에 복귀했다. 복귀 후 3남 이건희를 가까이 두면서, 이맹희는 점차 후계자 자리에서 밀려나기 시작했다.

차남 이창희는 사카린 밀수사건의 모든 법적 책임을 떠안은 공이 있었다. 이창희는 징역 5년형을 언도받았지만, 6개월 복역 후 병보석으로 풀려났다. 그러나 밀수사건을 책임진 그에게 돌아오는 것은 아무것도 없었다. 내부적으로는 제일모직과 제일제당의 부사장직을 맡았지만, 이병철은 차남의 능력을 인정하지 않았다. 절망에 빠진 이창희는 1969년 청와대에 투서하는 극단적인 선택을 하였다.

이창희의 투서에는 삼성의 조직적인 경제범죄에 대한 내용이 담겨 있었다. '외화 밀반출'에 관한 내용도 포함되어 있었는데, 이는 당시로서는 특히 엄중한 처벌이 따르는 범죄였다. 투서 속에는 이병철이 영원히 삼성에서 손을 떼야 한다는 내용도 있었다. 이 투서는 당시 육군 중령이던 전두환이 청와대 경호실장 박종규를 통해 대통령 박정희에게 전달하였다. 그러나 박정희는 "자식이 아버지를 모함하고 고발한다는 것은 천륜에 어긋나는 일이다. 이 사건을 묵살하라."고 지시하여 결국 아무 일도 일어나지 않고 지나갔다.

투서사건을 알게 된 이병철은 진노했고, 투서를 한 이창희를 삼성에서 추방했다. 그런데 그는 이 사건에 이맹희도 관계가 있다고 생각했다. 청와대에 투서를 전달한 전두환이 이맹희와 각별한 친분이 있었기 때문이다. 이후 그는 장남과 차남에 대한 정을 거두었다.

1971년 이병철은 3남인 이건희에게 그룹을 맡긴다는 유언장을 작성했다. "장남 맹희는 경영에 뜻이 없고 차남 창희는 많은 기업을 하기 싫어한다. 3남 건희는 처음에 사양하다가 맡아 보겠다는 뜻을 가졌다. 삼성그룹의 후계자는 건희로 정한 만큼 건희를 중심으로 삼성을 이끌어 갈 것"이라는 내용이었다. 1976년 9월 이병철은 위암 수술을 받으러 일본으로 떠나기 전 "앞으로 삼성그룹은 건희가 이끌어 가도록 하겠다"고 선언하였다. 이 말을 전해들은 이맹희는 상당한 충격을 받았다고 한다. 그리고 1987년 12월, 이건희가 삼성그룹의 회장으로 취임했다.

이병철은 비록 삼성그룹을 3남 이건희에게 물려주었지만 분가 원칙을 지켜 친족 간에 일어날 수 있는 갈등을 미연에 방지하려 했다. 그룹 경영권 경쟁에서 밀려난 이맹희는 제일제당 경영에만 관여했고, 그조차도 큰 흥미를 보이지 않았다. 제일제당은 1993년 삼성그룹에서 분리되었고,

2015년 우정사업본부에서 한국경제의 성장을
이끈 주역으로 선정하여 발간한 기념우표.

2002년에는 이름을 CJ로 바꿔 지금에 이르고 있다.

차남 이창희는 투서 사건 이후 오랫동안 미국에 체류하다 부친과 화해했다. 이창희는 새한미디어를 경영하다가 1991년 백혈병으로 세상을 떠났다. 이창희 사후 삼성가의 가족회의에서 제일합섬을 이창희 몫으로 물려주었고, 1997년 제일합섬은 새한미디어와 함께 새한그룹으로 편성되었다. 그러나 2000년 새한그룹이 부도를 맞아 공중분해되면서, 이창희의 자제들도 불운해졌다. 이창희의 아들 이재찬李在燦은 2010년 투신자살했는데, 이병철의 손자이자 이건희의 조카인 그는 사망 직전까지 경제적으로 넉넉치 못했다고 한다.

장녀 이인희는 의사인 조운해趙雲海와 혼인하였고, 전주제지의 대주주로 있다가 1991년 삼성에서 독립하여 한솔그룹을 형성했다. 5녀 이명희는 정재은鄭在恩과 혼인한 후 1991년 삼성에서 분가하여 지금의 신세계그룹이 되었다. 나머지 세 딸은 출가 후 기업 경영에는 관여하지 않고 있다. 이숙희는 LG 구인회 회장의 3남 구자학, 이순희는 서강대학교 교수 김규金圭, 이덕희는 경남의 대지주 가문의 이종기李鍾基와 혼인하였다.

지금의 삼성을 만든 '도쿄 구상'

'독일병정'이라는 별명이 말해 주듯이 이병철은 아침 6시 기상, 정확한 시간 출근, 오후 6시 퇴근, 저녁 8시 목욕, 밤 10시 취침의 규칙적인 생활을 철저하게 지켰다. 이러한 성격은 기업 운영에도 그대로 반영되었다. 그래서 한번 눈 밖에 난 사람은 절대로 다시 기용하지 않았다. 반대로 한번 믿은 사람은 끝까지 믿었다. 이병철은 "사람을 의심하면 쓰지 말고, 사람을 썼으면 의심하지 말라〔疑人莫用 用人勿疑〕"는 《명심보감》의 글귀를 즐겨 사용했다. 한국비료를 국가에 헌납한 직후 그는 도장을 한 간부 사원에게 맡겼다가 삼성 재산의 3분의 1을 빼앗길 뻔한 일이 있었다. 물론 대부분의 재산은 되찾았고, 그 일이 있은 후에도 신뢰에 대한 믿음은 바뀌지 않았다.

우수한 인재가 기업 경쟁력의 원천이라는 이병철의 생각은 확고했다. 1957년부터 개인 기업으로는 처음으로 공채를 통해 인재를 채용했는데, 공채 면접에 직접 참여했다. 그는 예의 바르면서도 의욕 있고 분명한 사람을 선호했다. 지원서의 학력란은 접어서 출신 학교가 주는 편견도 배제하려고 노력했다. 1968년 삼성비서실에서 대졸 출신의 전문 여비서를 공채로 선발했는데, 여비서를 공개경쟁으로 채용한 것도 처음이었다. 이렇게 채용한 사원들에 대한 투자를 아끼지 않았음은 물론이다. "나는 일생을 통해서 인생의 80퍼센트를 인재를 모으고 기르고 육성하는 데 보냈다."

메모광이었던 이병철은 사업 구상 단계에서 철저한 계획을 수립하고 자기 능력 이상의 모험은 하지 않는 꼼꼼함을 보였다. 사장단이나 간부들이 외국에 나갈 때 반드시 두 대의 비행기에 나눠 탄 것도 만일의 사고에 대비하기 위함이었다. 위험 요소를 가급적 줄이는 방어적인 경영이 그의 스타일이었다.

그러나 세계 최고라는 '제일', 세상의 중심이라는 '중앙'을 회사 이름으로 즐겨 내세운 것으로 보아 최고의 제품을 만드는 최고의 기업이 되겠다는 의지만큼은 대단했던 것 같다. 삼성 특유의 '일류주의'가 바로 여기에서 비롯되었다. 그가 생각한 제일은 단지 국내 제일이 아니었다. 제일모직은 30여 년간 국내 최고의 품질을 인정받았지만, 세계 최고를 추구한 끝에 양모 1그램을 1백 미터로 늘린 100수 복지를 이탈리아·일본에 이어 세계 세 번째로 생산하고, 이어 세계 최초로 130수 복지 개발에 성공했다. 그랬기에 지금의 대상그룹에서 생산한 조미료 '미원味元'을 제일제당의 '미풍味豊'이 따라잡지 못한 것을 평생의 한으로 여겼다고 한다.

이병철은 어떤 상황에서도 무리는 하지 않았다. 오히려 안전제일주의에 가까웠다. "돌다리도 두드려 보고 건넌다"는 속담을 뛰어넘어, 돌다리도 두드리고 건너는 사람을 본 후 안전하다는 확신이 설 때 건널 정도였다. 그래서인지 사카린 밀수사건으로 한국비료를 빼앗긴 후에는 철저히 남이 검증한 사업을 뒤쫓았다. 또, 투자 규모가 방대한 중공업 등에는 상대적으로 소극적이었다. 그래서 "소비재로 커 온 기업"이라는 비판을 받기도 했다.

안전제일주의자였던 이병철의 경영론은 간단했다. "첫째, 남이 다 만드는 물건을 누가 싸게 만드느냐. 둘째, 값은 같되 얼마나 품질을 좋게 만드느냐. 셋째, 좋은 품질을 누가 남보다 앞서 만들어 내느냐." 단순하지만 제조업의 핵심을 담고 있다.

같은 원리로 기업을 통해 국가와 인류에 공헌하고 봉사하는 '사업보국', '인재제일', '합리추구'를 경영 이념으로 내세웠다. 이에 따라 사업을 선택할 때에도 첫째, 국가적으로 필요한 것인가, 둘째, 국민에게 도움이 되는가, 셋째, 세계시장에서 경쟁할 수 있는가라는 세 가지 기준으로 결정했다고 한다.

이병철은 1964년 삼성장학회를 설립하여 어려운 환경에서 공부하는 대학생들에게 장학금을

대구 삼성창조캠퍼스 내 호암 이병철 선생상.

지급하기 시작했고, 1965년에는 삼성문화재단을 설립하여 사회 공익에 기여하고자 했다. 이를 위해 10억 원 상당의 주식과 부산시 용호동의 임야 10만여 평을 출연했다. 1971년에는 자신의 재산 180억 원 중 60억 원을 삼성문화재단에 추가로 출연하였다. 삼성문화재단은 연구기관과 학자들에게 연구자금을 지원했다. 1971년부터는 삼성문화문고를 간행하기도 했다. 앞서 언급했던 대구대학교 외에 1965년 성균관대학교도 인수하였다. 1979년 성균관대학교의 이공대 캠퍼스를 수원으로 옮길 때 학생들이 반발하자 경영을 포기했다. 하지만 이병철 사후인 1996년 삼성은 다시 성균관대학교를 인수하였다.

'중앙개발'은 이병철이 국토를 효율적으로 개발해야겠다는 생각에서 설립한 회사로, 그는 이 회사를 통해 1969년 4월 아산 현충사의 조경을 맡아 국가에 헌납한 다음 용인자연농원 조성에 나섰다. 용인 일대의 토지를 매입하여 농원을 조성하려 했으나, 원하는 땅을 산림청에서 팔려고 하지 않았다. 그는 국무총리 김종필을 통해 이 문제를 풀 해법을 찾아냈다. 산림

청이 소유하고 있는 땅의 2배 가량을 사서 정부에 주고, 대신에 자신이 원하는 땅을 손에 넣을 수 있었다. 그렇게 만들어진 것이 1976년 4월 개장한 국내 최초의 가족공원인 '용인자연농원'이다. 이와 함께 이병철은 해외에 밀반출되거나 국내에 방치된 문화재들을 사들였다. 그가 수집한 문화재들은 1982년 4월 개관한 국내 최초의 사립박물관인 '호암미술관'에 소장·전시되고 있다.

이병철은 1959년부터 30여 년간 '도쿄 구상'이라는 것을 했다. 매년 초 도쿄에 체류하면서 새로운 사업, 기술 도입, 인사 문제 등을 구상하는 것이다. 구체적으로는 일본 매체에 귀를 기울이고, 일본의 경제 관련 기자와 경제학자, 기업가들을 초대하여 그들의 의견을 듣는 형식이었다. 삼성의 보험·제지·합섬·전자·석유화학·중공업 등의 진출은 모두 '도쿄구상'을 통해 나온 것이었다. 왜 하필 도쿄였을까?

해방 이후 우리나라의 기업 활동 대부분이 일본의 자본과 기술 지원 등으로 이루어졌다. 이병철이 왕성하게 활약하던 시기에 일본은 우리나라보다 선진국이었다. 그래서 그는 "일본이 한국 경제의 모델이며, 일본을 배우면 틀림없다."고 말하곤 했다. 그가 강조했던 사업을 통해 나라에 보답한다는 '사업보국'도 일본의 마쓰시타전기산업의 창업가 마쓰시타 고노스케松下幸之助의 산업보국에서 유래했을 가능성이 높다.

'삼성'이란 회사명도 그렇다. 일본의 유명 기업 이름에는 '三'이 들어가는 경우가 많다. 이 책에 등장하는 미쓰이三井·미쓰비시三菱·미쓰코시三越·미나카이三中井·산요三洋 등의 일본 기업명에 '三'이 들어간다. 이에 대해 '三'은 세 발 달린 솥처럼 쓰러지지 않는다는 특징 때문에 사업가들이 좋아하는 숫자일 뿐이라는 주장도 있다. 그러나 이병철의 여러 행적이나 성향상 삼성이라는 기업명이 일본과 무관하다고 할 수는 없을 것 같다.

이병철은 일본에서 유학 생활을 했던 만큼 문화적으로나 언어적으로 일본 생활에 불편함이 없었을 것이다. 일본 따라 하기로 일관한 삼성은 훗날 모든 면에서 일본을 뛰어넘은 사례가 될 수도 있다. 하지만 이병철이 마산에서 처음 사업을 시작할 때 조선식산은행의 융자를 받아 자본금을 마련했듯이, 창업 초기에 지나치게 일본에 의지했다는 느낌은 지우기 어렵다. 조선식산은행은 일제강점기 조선인에 대한 가혹한 착취와 약탈로 조선총독부의 산업 정책을 뒷받침했던 곳이다.

1958년 이병철은 한국경제재건연구소를 설립했다. 물론 경제 발전 전략 수립을 위해서는 경제인과 정치인이 협력하는 모습이 필요하지만, 이기붕李起鵬과 같은 자유당 실력자가 이 연구소에 참여한 것은 어떻게 이해해야 할까? 이병철이 자유당에 6,400만 환을 준 혐의로 기소된 사실은 또 어떻게 받아들여야 하는 것일까? 이러한 모습은 이후에도 목격된다.

5·16쿠데타 이후 군사정권은 한국경제인연합회를 조직했는데, 이병철은 1961년 8월 16일 창립총회에서 초대 회장에 선임되었다. 한국경제인연합회는 군정의 1차경제개발계획에 대응하기 위한 경제인의 조직체로, 경제계의 대정부 창구 역할을 담당하였다. 실제로 이병철은 정치권과의 돈독한 유대 관계를 토대로 융자나 외화를 배정받을 수 있었다.

이병철은 평소 돈놀이는 기업가가 할 사업이 아니라고 말했다. 그러나 어려움에 빠진 동방생명과 안국화재를 인수했다. 이 같은 모순을 드러내는 또 다른 예가 삼성의 '무노조 경영'이다. 그는 스스로를 '선량한 자본가'

로 생각했다. 따라서 노동자와 자본가 간의 적대적 관계는 삼성 내에서는 존재할 수 없다고 여겼다. 선량한 자본가라는 말이 성립할 수 있는지 여부는 차치하고, 노조가 적대적 관계에서만 필요한 것인지 의문이 들지 않을 수 없다.

이병철은 동업자들과도 불편하게 헤어졌다. 삼성물산 설립 때 조홍제에게 투자를 받고 함께 회사를 이끌었지만, 삼성이 재계 1위에 오르자 조홍제에게 동업 청산을 요구했다. 처음에는 조홍제의 지분대로 제일제당을 주기로 약속했지만, 결국 부실기업으로 은행관리를 받고 있던 한국다이야와 한일나이론의 주식 3분의 1만 주고 관계를 정리했다.

이병철은 사돈 사이인 럭키그룹의 구인회와도 불편한 사이가 되었다. 함께 라디오서울과 동양TV를 설립했지만 두 그룹 사이에 알력이 심해지면서 동업을 청산했다. 이때 이병철은 라디오서울을 가지고, 동양TV는 구인회에게 넘기기로 했다. 그러나 결국 삼성이 TV와 라디오를 모두 가져갔다. 투자금도 처음에 구인회가 투자한 금액만 딱 돌려주었다.

사람들이 그를 가리켜 '돈병철'이라 한 데에는 돈이 많다는 뜻 외에 돈만 안다는 비하도 담겨 있었을 것이다. 실제로 그는 절대로 손해 보지 않는 모습을 보였다. 중간쯤 가는 기업이라도 허물이 될 수 있을 텐데, 삼성은 국내 제일의 글로벌 기업이 아닌가.

9
현대그룹 정주영

부유한 노동자를 자처한 '왕회장'

　현대그룹을 창업한 아산峨山 정주영鄭周泳의 성공신화는 국내뿐 아니라
세계에서도 주목 받는다. 여러 대학교에서 '정주영 창업론' 같은 강의가 개
설되고 있을 정도이다. 그는 기업가이면서 정당을 창당했고, 대통령선거
에 출마했다. 뿐만 아니라 남북경제협력 등 남북한 평화를 위해 노력한 독
특한 삶을 살았던 인물이다.

네 번의 가출 끝에 이룬 쌀가게 '경일상회'

　정주영은 1915년 11월 25일 강원도 통천군通川郡 송전면松田面 아산리
에서 아버지 정봉식鄭捧植과 어머니 한은실韓成實 사이의 6남 2녀 중 장
남으로 태어났다. 1921년 여섯 살 때부터 서당을 다니면서 할아버지에게
《천자문》·《동몽선습》·《소학》·《대학》·《논어》·《맹자》·《십팔사략》·
《자치통감》 등을 익혔다. 3년간 서당을 다닌 후 송전공립보통학교에 입학
하였다. 보통학교 시절, 그는 습자習字와 창가唱歌 외에 다른 과목은 만점

이어서 성적은 줄곧 상위권이었다.

1975년 경희대학교는 정주영에게 명예공학박사를 수여했다. 1976년 충남대학교에서 명예경제학박사, 1982년 조지워싱턴대학교에서 명예경영학박사, 1985년 5월 연세대학교에서 명예경제학박사, 1986년 이화여자대학교에서 명예문학박사, 1990년 서강대학교에서 명예정치학박사, 1995년 고려대학교에서 명예철학박사와 존스홉킨스대학교에서 명예인문학박사, 2000년 한국체육대학교에서 명예이학박사 등 생전에 그가 받은 명예박사학위만 8개에 이른다. 1994년 《아시아위크》는 그를 아시아 발전에 공헌한 5대 기업인 중 한 사람으로 선정하였고, 1996년에는 노벨경제학상 후보로 추천되기도 했다. 그러나 정주영의 공식 학력은 초등학교 졸업이 전부였다.

초등학교 시절 정주영의 꿈은 선생님이 되는 것이었다. 그러나 농사꾼이었던 정주영의 아버지 정봉식은 맏아들도 자신의 뒤를 이어 농사짓기를 원했다. 아버지는 열 살 무렵부터 아들에게 농사일을 가르쳤다. 하지만 정주영은 농부가 되는 것을 거부했다. 《동아일보》를 보며 세상과 소통했던 그는, 이광수의 소설 《흙》의 주인공 허숭과 같은 변호사를 꿈꾸기도 했다. 실제로 그는 서울로 올라온 후 법학 공부를 하여 시험에 응시했지만 낙방하였다.

정주영은 《동아일보》에서 함경북도 청진에 제철소와 항구를 만드는 공사가 있다는 기사를 읽었다. 이 기사를 본 후 그는 첫 번째 가출을 감행했다. 그의 나이 16세였다. 청진으로 가는 길에 원산 근처에 있는 철도 공사장에서 막노동을 하며 버텼으나, 두 달 만에 아버지가 찾아와 고향으로 돌아올 수밖에 없었다.

첫 번째 가출을 했을 때 그의 아버지는 정
주영에게 집안의 장손인 만큼 진실한 농부로
고향을 지켜야 할 책임이 있다고 말했다. 하
지만 꿈 많은 소년의 눈에 농사는 노력과 시
간 대비 성과가 너무 적은 일로 비쳤다. 정주
영은 이듬해 두 번째 가출을 감행했다. 이번

젊은 시절의 정주영.

에는 경성으로 향했는데, 도중에 일자리를 준다는 어떤 어른의 말에 속아
함께 금강산으로 갔다가 여비만 대신 내주고 일자리는 얻지 못하는 일종
의 취업 사기를 당했다. 다시 경성으로 향하다 친척 집에 들른 그는, 미리
그의 아버지 부탁을 받은 친척 손에 이끌려 다시 집으로 되돌아왔다.

정주영은 세 번째로 집을 나왔다. 이번에는 아버지가 소를 판 돈 40원
과 삼촌이 송아지를 팔아 아버지에게 맡겨 둔 30원 등 70원을 훔쳐 다시
경성으로 향했다. 그 돈으로 경성실전부기학원京城實專簿記學院 속성과에
들어가 경리 일을 배우다가 두 달 만에 다시 아버지에게 끌려 고향으로 돌
아왔다.

1933년 정주영은 친구 오인보吳仁輔와 함께 네 번째 가출을 감행했다.
가출 후 인천에서 부두 하역과 막노동을 하다가 경성으로 올라왔다. 고려
대학교의 전신인 보성전문학교 교사 신축 공사장에서 막노동을 하다가,
동양제과의 전신인 풍전엿공장에서 심부름꾼으로 일하기도 했다. 그러다
가 서울 중구 인현동에 있는 쌀가게 복흥상회復興商會의 배달원으로 취직
했다.

미곡상으로 돈을 번 정주영은 1939년 고향으로 돌아와 변중석과 혼인하였다.

복흥상회에서 일하면서 정주영은 변호사가 되겠다는 꿈을 가지고 밤이면 열심히 공부를 하였다. 낮에는 몸을 사리지 않고 열심히 일하여 여섯 달 만에 장부 정리를 맡을 정도로 신임을 얻었다. 부기학원을 다니며 회계를 공부해 둔 것이 이때 큰 도움이 되었을 것이다.

복흥상회의 주인은 차소뚝이란 여성이었다. 그녀는 남편이 세상을 떠나자 시아주버니인 이경성에게 가게 관리를 맡겼다. 그런데 이경성의 외아들은 술과 여자에 빠져 있었다. 아들에게 실망한 이경성은 정주영에게 쌀가게 인수를 제안했다. 정주영과 관련한 많은 문헌들이 이때 이경성이 아무 조건 없이 쌀가게를 물려준 것으로 설명하고 있지만, 정주영은 사글세로 쌀가게를 인수한 듯하다.

1938년 1월, 정주영은 24세의 나이로 쌀가게를 열었다. 서울[京]에서 제일[一]가겠다는 포부에서 가게 이름을 '경일상회'로 정했다. 이경성에게 쌀 공급선과 단골손님 등을 모두 물려받은 덕에 경일상회는 크게 번창했다. 그런데 정주영이 미곡상으로 막 성공할 무렵에 중일전쟁이 발발했다 (1937). 엎친 데 덮친 격으로 1939년 12월에는 조선총독부가 미곡통제령을 내려 쌀 배급제를 실시했다. 경일상회는 문을 닫을 수밖에 없었다. 정주영은 고향으로 와서 그동안 번 돈으로 아버님께 논 2천 평을 사 드리고 변중석邊仲錫과 혼인하였다.

자동차 수리공장을 뺏기고 목숨을 얻다

1940년 경성으로 돌아온 정주영은 자동차 수리공장인 '아도서비스'를
인수하였다. 아도서비스는 'Afterlife Service'의 일본식 발음이다. 그가 쌀가
게를 할 때 단골손님이었던 경성서비스공장 직공 이을학李乙學의 권유로
이 공장을 인수했다. 총 인수비 3,500원 중 그의 돈은 500원뿐이었고 나머
지는 모두 빌린 것이었다.

자동차 수리공장 운영은 시작부터 난관에 부딪혔다. 한 직공의 부주의
로 개업 25일 만에 공장과 수리할 자동차까지 모두 불타는 사고를 당했던
것이다. 그러나 정주영은 낙심하지 않고 아도서비스를 인수할 때 3천 원
을 빌려 준 오윤근吳潤根에게 다시 3,500원을 빌렸다. 그 돈으로 신설동에
서 대장간을 빌려 무허가로 자동차 수리공장을 시작했다.

그런데 대장관을 관할하는 동대문경찰서에서 정주영에게 무허가 공장
의 폐업을 지시했다. 그는 매일 아침 동대문경찰서 보안계장 곤도近藤의
집을 찾아가 사정을 했다. 낮에는 경찰이 정주영을 찾아오고, 아침에는 정
주영이 곤도를 찾아가는 일이 날마다 반복되었다. 결국 그의 열성에 지친
곤도는 정주영에게 외부에서 공장이 보이지 않게 울타리를 친 후 영업을
하라고 허락해 주었다.

당시 자동차 수리공장들은 일부러 시간을 늘려 잡아 수리비를 많이 청
구하였다. 이런 관행을 뒤집어 정주영은 빨리 수리하는 대신에 돈을 더 받

는 방식으로 공장을 운영했다. 자동차를 탈 정도의 부유층이면 비용이 더 들더라도 수리를 빨리 해 주기를 원할 것이라고 생각했기 때문이다. 그의 예상은 적중하여 3년 만에 빌린 돈을 모두 갚을 정도로 공장 운영은 순조로웠다.

1941년 태평양전쟁을 일으킨 일제는 1942년 5월 '기업정비령'을 공포하였다. 민족기업을 억압하여 강제 청산시키거나 일본 공장에 흡수·병합시킬 목적이었다. 이에 따라 1943년 정주영의 자동차 수리공장도 일진공작소日進工作所에 강제합병되었다.

정주영은 자동차 수리공장을 빼앗겼을 뿐 아니라 강제징용에 끌려갈 처지에 놓였다. 그는 징용에 끌려가지 않기 위해 보광광업주식회사保光鑛業株式會社와 광석을 운반하는 하청 계약을 맺었다. 군수 광산에서 일하면 징용이 면제되었기 때문이다. 그는 트럭 30대를 사서 황해도 홍동광산汸洞鑛山에서 진남포제련소로 광석을 운반하는 일을 하였다. 사업은 잘되었지만 1945년 5월, 그는 트럭을 모두 넘기고 광산을 떠났다. 그를 시기하는 사람들을 견디기 힘들었기 때문이다. 그런데 석 달 후 일제가 항복하면서 북한 지역에 진주한 소련군이 광산에서 일하던 인부들을 전쟁포로로 간주하여 모두 끌고 가 버렸다. 정주영으로서는 천우신조天佑神助였다.

'불도저' 식으로 밀어붙인 경부고속도로

정주영 관련 연구들에는 대부분 언급이 없지만, 해방이 되자 정주영은 제당공장에 취직한 적이 있다. 앞에서 살펴본 김연수·조홍제·이병철 등이 설탕 제조를 한 것을 보면, 정주영도 제당업의 가능성을 본 것이 아닐까 생각한다. 그러나 그는 남 밑에서 일할 사람이 아니었다.

1940년대 후반 현대자동차공업사 직원들과 함께

1946년 4월, 정주영은 미군정청으로부터 적산 부지인 서울 초동에 2백여 평의 땅을 불하받아 '현대자동차공업사'를 열었다. 처음에는 미군 병기창에 가서 자동차 엔진을 바꾸어 다는 일을 했다. 이후 일제 고물차를 개조하거나 1.5톤 트럭을 2.5톤으로 개조하는 등의 일을 했다. 그러던 어느 날, 자동차 수리 대금을 받으러 관청에 갔던 그는 건설업자들이 자동차 수리비와는 비교할 수 없는 돈을 받아 가는 것을 보았다. 1947년 5월 25일, 그는 현대자동차공업사 건물 안에 '현대토건사' 간판을 내걸었다.

1950년 1월, 정주영은 현대토건사와 현대자동차공업사를 합병하여 '현대건설'을 설립했다. 회사 규모도 확대하고 체제 정비를 할 필요성을 느꼈기 때문이다. 하지만 몇 달도 지나지 않아 한국전쟁이 발발하여 피난길에 오를 수밖에 없었다.

부산에서 피난 중이던 정주영은 1950년 7월 '현대상운'을 설립하여 외자 창고대행업을 시작했다. 이와 함께 세 척의 배를 구입하여 해운업도 개시했다. 그런데 이때 그에게 뜻밖의 행운이 찾아왔다. 정주영은 전쟁 전에 미군 부대의 건축공사를 여러 차례 맡은 바 있는데, 전쟁 중에 미군의 건축 공사를 독점할 수 있는 기회를 얻은 것이다. 당시《동아일보》기자였던 정주영의 동생 정인영鄭仁永이 한국전쟁 발발 후 부산에서 미군 공병대 통역으로 취업했다. 이때 정인영이 형에게 미군이 필요로 하는 공사를 소개해 주었던 것이다.

건설업에서 정주영의 능력이 인정받게 된 계기는 1952년 12월, 미국 대통령 아이젠하워의 방한 때였다. 미군은 아이젠하워의 숙소로 결정된 운현궁의 화장실과 난방 공사를 서둘러 진행했다. 이때 정주영은 이 공사를 2주 안에 완료해 냈다. 그러자 미군은 그에게 부산 UN군 묘역에 잔디를 입혀 달라는 공사를 추가로 발주했다. 때는 추운 겨울이었다. 엄동설한에 푸른 잔디를 구한다는 것은 불가능한 일이었다. 하지만 정주영은 낙동강 인근에 있는 보리밭에서 보리 포기를 떠서 묘역을 푸르게 단장하는 수완을 발휘했다. 이를 본 미군은 크게 놀랐고, 이 일을 계기로 그는 미8군의 건설 수주 대부분을 맡을 수 있었다.

한국전쟁이 끝나자 정부는 대대적으로 전후 복구공사를 시작했다. 1953년 정주영은 대구와 거창을 잇는 다리인 고령교 복구공사를 맡게 되었다. 당시 정부가 발주한 최대 규모의 공사였다. 그는 의욕적으로 임했지만, 장비 부족과 낙동강 토질에 대한 무지 등으로 난관에 봉착했다. 무엇보다 전후에 찾아온 엄청난 인플레이션이란 복병이 그를 기다리고 있었다.

당시 이승만 정부로서는 전쟁 비용 조달과 전후 복구를 위해 화폐를 발행할 수밖에 없었다. 그 결과 통화량이 폭발적으로 증가했다. 인플레이션을 수습하기 위해 정부는 1953년 2월, 100환을 1원으로 하는 통화개혁을 단행했지만 물가는 쉽사리 잡히지 않았다. 정주영은 부산의 자동차 수리공장을 처분하고, 현대상운이

1958년 5월 한강대교 복구 준공 개통식.

소유한 선박을 매각하여 현대건설에 합병하는 방식으로 이 위기를 타개하려 했다. 그래도 부족한 돈은 동생 정세영鄭世永과 매제 김영주金永柱의 집을 팔아 약속대로 공사를 마쳤다. 계약한 공사대금이 5,478만 환이었는데, 적자가 6,500만 환이었다. 그러나 이 손해는 헛되지 않았다. 이 일로 신용이 높아진 현대건설은 정부에서 추진한 전후 복구사업을 맡으며 다시 재기의 발판을 마련하게 된다.

1957년 9월, 정주영은 당시로서는 최대 규모의 공사인 한강인도교(한강대교) 공사를 수주하는 데 성공했다. 당시 내무부장관은 조흥토건, 재무부장관은 홍화공작소를 이 공사를 맡을 건설사로 밀고 있었다. 예산 집행이 1년이나 연기되었지만 어느 쪽도 양보하지 않자 정부는 경쟁 입찰에 부쳤다. 그러자 홍화공작소가 1천 원을 적어 공사를 낙찰 받았다. 하지만 내무부장관이 1천 원의 입찰가를 써 낸 것은 입찰 의사가 없는 것이며, 이 같은 기부공사는 받아들일 수 없다고 하면서 공사가 어부지리로 현대에 넘어오게 되었다.

한강인도교 공사를 1년 만에 마친 현대는 국내 5대 건설업체에 오를 정

도로 성장했다. 이후 현대건설은 1958년 오산 공군기지 활주로 공사, 이듬해에는 당시 건국 이래 최대 규모 공사라는 인천항 제1도크 복구공사를 성공적으로 완수하며 1960년 국내 도급 순위 1위의 건설업체로 우뚝 섰다.

정주영이 시멘트 사업에 눈을 돌린 것은 이 무렵이다. 우리나라 최초의 시멘트공장은 일제강점기인 1919년 일본의 오노다小野田시멘트가 평양에 설립한 공장이다. 오노다시멘트는 1937년 3월 삼척에도 시멘트공장을 설립했다. 해방 후 생산이 중단되었던 삼척시멘트공장은 1953년 국제연합한국재건단(UNKRA)의 지원으로 보수공사를 벌여, 1957년 동양시멘트로 재탄생했다. 같은 해 국제연합한국재건단의 지원으로 문경에도 시멘트공장이 설립되었으나, 전후 복구가 한창이던 때라 여전히 시멘트가 부족했다. 건설 공사를 맡았던 정주영은 이 점을 간파하고 1958년부터 시멘트공장 건설을 시도했다. 그러나 독과점을 유지하려던 기존 업체들의 방해로 뜻을 이루지 못했다. 그러던 중 1961년 5·16쿠데타가 발발했다. 국토건설사업에 주력한 군부 세력은 시멘트가 부족해지자 시멘트공장 준공을 허가해 주었다. 1964년 7월, 그렇게 해서 준공된 것이 현대시멘트 단양공장이다.

이 와중에도 현대건설의 신화는 계속 이어져, 1965년에는 태국의 파타니─나라티왓 고속도로 공사를 수주했다. 국내 건설업계 최초의

1964년 박정희 대통령이 참석한 현대시멘트 단양공장 준공식.

해외 진출이었다. 공사 금액 522만 달러는 당시 현대건설의 한 해 매출액보다 많은 액수였다. 정주영은 이 공사에 전력을 기울였다. 한 번도 해 보지 않은 해외 공사, 그것도 아직 국내에도 없는 고속도로 공사를 한다는 것은 큰 부담이었다. 실제로 국내와는 다른 기후와 토질 등으로 현대건설은 300만 달러의 막대한 적자를 보았다. 하지만 1년 후 맡게 된 경부고속도로 공사와, 이후 본격화된 현대건설의 해외 진출로 볼 때 정주영에게는 잃은 것보다 얻은 것이 더 많은 공사였다고 할 수 있다. 현대건설은 1966년에는 베트남으로 진출하여 캄란 군사기지 건설과 메콩강 준설공사를 수주하였다.

정주영 특유의 돌파력과 추진력이 유감없이 발휘된 일 중 하나가 소양강댐 건설 공사이다. 1967년 소양강댐 건설 때에는 일본의 댐 전문가들에 맞서 공법을 변경시켰다. 당시 일본의 토목회사 니혼교에이日本共榮가 소양강댐 공사를 맡았는데, 애초에는 콘크리트와 철근을 이용한 중력重力댐으로 건설하려 했다. 그런데 당시 우리나라는 제철공장이 없어 철근을 수입에 의존했고, 시멘트도 부족한 형편이었다. 따라서 중력댐을 건설하게 되면 엄청난 기자재 값이 일본으로 돌아가게 되어 있었다. 정주영은 소양감댐을 흙·모래·자갈을 이용한 사력砂礫댐으로 건설할 것을 제안했다. 니혼교에이, 수자원개발공사, 건설부 관계자들 모두가 이 제안에 반대했지만, 결국 박정희의 지시로 소양강댐은 사력댐으로 건설하게 되었다. 그 결과, 공사비의 30퍼센트 정도를 절감할 수 있었다. 정주영은 훗날 자서전에서 소양강댐 건설을 가장 기억나는 공사 중 하나로 회고했다.

그러나 정주영이 평생 가장 큰 자랑으로 여긴 공사는 뭐니뭐니 해도 경

1970년 7월 7일 경부고속도로 개통식.

부고속도로 건설이다. 현대 외에 15개 건설사와 육군 건설공병단 3개 대대가 참여한 경부고속도로 건설공사에서 현대건설은 서울－오산 105킬로미터, 대전－옥천 28킬로미터 등 133

킬로미터의 공사를 맡았다. 1968년 2월 1일 기공식을 한 이래 정주영은 공사 현장에서 숙식을 하며 고속도로 공사에 매달렸다. 그 결과, 착공 2년 5개월 만인 1970년 7월 7일 길이 428킬로미터, 305개의 다리, 12개의 터널, 19개의 나들목을 갖춘 경부고속도로를 완공했다.

이웃 국가 일본도 비슷한 시기인 1969년 5월 도쿄에서 고마키小牧까지 346.7킬로미터의 도메이東名고속도로를 개통했다. 그런데 도메이고속도로는 킬로미터당 7억 원의 공사비가 든 반면, 경부고속도로는 약 1억 원의 공사비만 썼다. 공사 기간도 일본은 7년이나 걸린 반면에 우리는 2년 5개월 만에 완성했다. 가장 빨리 가장 저렴한 비용으로 고속도로를 건설한 것이다. 그러나 준공 첫날부터 거의 매일같이 보수공사가 끊이지 않는, 1970년 완공 이래 보수공사 비용이 원 공사비의 열 배를 넘어서고 있는 경부고속도로를 보면, 박정희의 '빨리빨리'와 정주영의 '불도저'식 밀어붙이기가 과연 최선이었나 하는 의구심이 들지 않을 수 없다.

건설업 성공에 이어 조선업도 밀어붙이다

1973년 10월 6일 발발한 아랍 국가들과 이스라엘 간의 전쟁은 16일 석유전쟁으로 확대되면서 1차 석유파동이 일어났다. 현대건설은 1차 석유파동 이후 중동 건설시장에 뛰어들었다. 중동 건설에 도전한 업체는 현대가 처음이 아니었다. 석유 가격이 인상되면서 중동의 산유국에 달러가 모였고, 중동에서는 이 돈으로 경제 건설이 한창이었다. 우리나라의 경우 1973년 삼환기업, 1974년 동아건설 등이 중동에 진출했는데, 정주영 역시 중동 시장의 중요성을 깨달았던 것이다.

정주영이 중동 시장 진출을 선언하자 많은 사람들이 반대했다. 특히 현대의 2인자라 할 수 있는 동생 정인영의 반대가 무척 심했다. 당시 우리나라는 중동에 대해 무지했고, 중동 지역 건설은 선진국들이 이미 독점하고 있었기 때문이다. 정주영은 건설 장비와 발전 설비 등을 만드는 현대양행에 중동 진출을 반대하는 사람들을 모았고, 현대양행을 떼어 그룹에서 분리시켰다. 그에게 불가능이란 단어는 없었던 것이다.

현대건설은 1975년 바레인의 아수리Asry조선소 건설공사를 따낸 데 이어, 1976년에는 사우디아라비아 쥬베일산업항 공사를 수주했다. 쥬베일산업항 공사 입찰 시 현대는 보증금도 없었다. 바레인 국립은행이 사우디아라비아의 국립 상업은행에 소개를 해 주어 2천만 달러의 입찰 보증금을 마련했고, 8억 7천만 달러로 입찰 서류를 작성했다. 그런데 입찰에 나선 전갑원田甲源 상무는 가격이 너무 싸다는 생각에 "걸프만에 빠져 죽을 각오로" 6천만 달러를 더 얹어 9억 3,114만 달러를 적어 냈다. 미국의 브라운

앤 루트사가 9억 444만 달러를 적어 내어 낙찰된 듯했지만, 그것은 해양유 조선 정박시설에 국한된 가격이어서 결국 공사는 현대에 낙찰되었다.

현대건설이 쥬베일산업항 공사를 낙찰 받자, 경쟁 업체들은 현대가 외항 유조선 정박시설 건설 경험이 없다는 이유로 음해하기 시작했다. 그러자 사우디아라비아 정부가 계약을 미루기 시작했다. 정주영은 외항 유조선 정박시설을 브라운 앤 루트사에 하청을 주고서야 정식 계약을 체결할 수 있었다.

쥬베일산업항 공사의 건설 가격 9억 3천만 달러는 당시 우리나라 예산의 30퍼센트에 달하는 어마어마한 금액이었다. 2억 달러의 착수금이 국내로 입금되었을 때, 외환은행장 김봉은金奉殷이 직접 국제전화로 정주영에게 건국 이후 최고의 외환보유액을 기록하게 되었음을 알려 줄 정도였다. 이 공사로 현대는 매출액에서 한국 제1의 기업으로 올라섰다.

쥬베일산업항 공사에는 바다 한가운데에 30만 톤급 유조선 네 척이 동시에 접안할 수 있는 해상유조선정박시설Open Sea Tanker Terminal(OSTT) 건설이 포함되어 있었다. 이 공사에서 정주영은 시간과 비용을 절감하기 위해 현장에서 만들어야 할 모든 기자재를 현대조선에서 만들어 대형 바지선에 실어 걸프만까지 옮겨 세계를 놀라게 했다.

쥬베일산업항 공사를 통해 현대는 경제적 이익만 얻었던 것이 아니다. 당시 세계 극소수 기업의 독점 분야였던 해상구조물 시공 기술을 습득했을 뿐만 아니라, 이 공사를 성공적으로 마치면서 현대의 시공 능력이 인정되어 사우디아라비아의 라스알가르항만공사와 알코바 및 젯다의 대단위 주택공사 등을 맡을 수 있게 되었다. 또 쿠웨이트 슈아이바항 확장 공사,

아랍에미리트의 두바이 발전소, 이라크의 바스라 하수처리 공사 등 대형 공사를 연이어 수주할 수 있었다. 이를 통해 현대는 51억 6천 4백만 달러의 외화를 벌어들였다.

1973년 3월 현대조선소 시업식.

1970년대에 정주영은 주로 건설업을 통해 현대를 성장시켰지만, 건설업에서 연이어 대박을 터뜨리며 조선업에도 욕심을 내기 시작했다. 1971년 9월 그는 조선소 건설을 결심했다. 박정희 대통령의 강한 권유도 있었지만, 조선업은 그가 오래 전부터 관심을 갖던 업종이었다. 현대건설에 기계와 전기 계통 기술자들이 많았기 때문에 이들을 활용해 배를 만드는 것이 건설 현장에 나가 돈을 버는 것보다 안전하다고 판단했던 것이다. 이번에도 주위 사람들은 반대했지만, 그는 "철판 잘라 용접하고 엔진 올려놓고 하는 일"이라며 불도저처럼 조선소 건설을 밀어붙였다.

조선소 건설에는 약 8천만 달러가 들었다. 정주영은 일본에서 돈을 빌리려 했지만 여의치 않자 영국으로 갔다. 그는 런던의 조선회사 A&P애플도어에 사업계획서와 추천서를 의뢰했다. 영국 은행에서 돈을 빌리려면 사업계획서와 추천서가 있어야 했기 때문이다. 그러나 A&P애플도어는 정주영의 제안에 의구심을 품었다. 당시 우리나라의 선박 연간 건조량은 세계시장의 1퍼센트에도 미치지 못했고, 우리나라가 만든 가장 큰 배는 1만

7천 톤급에 불과했기 때문이다.

정주영은 롱바톰Charles Longbottom A&P애플도어 회장을 직접 만났다. 그리고 그 자리에서 한국의 5백 원권 지폐를 주머니에서 꺼내 보여 주었다. 그 지폐에는 거북선이 그려져 있었다. 정주영은 우리나라는 16세기에 이미 철갑선을 만든 능력 있는 국가임을 설명했다. 이 말에 감동한 롱바톰은 바클레이즈은행 부총재를 소개해 주었고, 바클레이즈은행 부총재는 사업 계획서를 영국수출보증기구(ECGD)로 보내 주었다. 영국수출보증기구에서는 배를 살 사람이 있다면 돈을 빌려 주겠다고 하였다.

정주영은 전 세계 해운회사를 돌아다니며 배를 사 달라고 요청했다. 하지만 아직 조선소도 건설되지 않았는데 배를 사겠다는 해운회사는 없었다. 그때 그리스의 거물 해운업자 리바노스George Livanos가 조선소가 들어설 백사장 사진만 보고 26만 톤급 배 두 척을 주문해 주었다. 정주영의 열정에 감동되었던 것이다. 정주영은 사업을 하면서 강하게 밀어붙여 '불도저', 국내외를 물불을 가리지 않고 뛰어다닌다고 해서 '돈키호테'라는 별명이 있었다. 그런데 이 일로 대동강 물을 팔아먹은 봉이 김선달에 빗대어 '정선달'이라는 별명이 하나 더 생겼다.

1972년 3월, 현대는 건조 능력 70만 톤에 도크 2기를 갖춘 조선소 기공식을 거행하였다. 선박 건조 기한을 맞추기 위해 조선소 건설과 선박 건조를 병행하여, 1974년 6월 조선소 완공과 함께 진수식도 가질 수 있었다. 조선소 건설과 선박 건조가 동시에 진행된 것은 세계 조선 역사상 최초의 일이었다.

1970년 현대건설 내부의 조선사업부로 시작한 현대조선은, 1973년 12

월 현대건설에서 분리되었다. 이후 현대조선소는 종합중공업회사인 '현대중공업'으로 확대 개편되었고, 1983년에는 조선 수주와 생산 실적 모두 세계 1위를 차지하는 기염을 토했다.

1973년 1차 석유파동으로 전 세계의 조선업은 불황에 빠졌으나, 정주영은 새로운 부문 진출로 위기를 타개해 나갔다. 해약으로 팔리지 않은 유조선 세 척으로 1976년 '아세아상선'을 설립하여 아예 해운업에 진출한 것이다. 이로써 우리가 쓰는 기름을 우리가 수송할 수 있게 되어 원유 운반비를 절감할 수 있었을 뿐만 아니라, 현대중공업의 경영 위기를 해소할 수 있었다. 아세아상선은 1980년 국내 최초로 라틴아메리카 항로를 개설하는 등 발전을 거듭하여 지금의 '현대상선'이 되었다.

또 하나의 신화, '국민자동차' 포니

정주영과 현대의 진정한 도약은 '포니Pony'에서 시작되었다고 할 수 있다. 1976년 우리나라 최초의 승용차 독자 모델 '포니'가 탄생했다. 포니는 세계에서 16번째, 아시아에서는 일본에 이어 두 번째 고유 모델로, 국산화율이 90퍼센트에 달했다.

우리 역사에서 최초로 자신의 자동차를 가졌던 인물은 대한제국의 황제 고종이다. 1903년 탁지부度支部 대신大臣 이용익李容翊이 고종의 즉위 40주년을 기념하는 칭경예식稱慶禮式을 위해 주한미국공사 알렌Herace Newton Allen을 통해 미국에서 2인승 오픈카를 들여왔던 것이다. 그러나 이 자동차는 타는 사람 없이 궁궐에 방치되었다. 현재 남아 있는 가장 오래된 차는 순종과 순정효황후의 어차御車이다. 순종의 어차는 미국의 제너럴모터스에서 제작한 1903년형 8기통 캐딜락이고, 순정효황후의 어차는 영국 다임러사의 1909년형 4기통 차량이다. 이 차들은 대한제국에서 특별 주문한 것이다.

우리나라의 자동차산업은 일제강점기에 시작되었다. 1937년 일본의 이스즈ISUZU가 부평에 자동차회사를 설립하고, 1939년에는 도요타가 원효로, 닛산이 서대문에 자동차 조립공장을 세워 전선에 투입할 군용차를 조립했다. 우리 힘으로 자동차를 생산하기 시작한 것은, 1955년 8월 4기통 1,323cc 휘발유 엔진과 3단 수동변속기의 '시발始發자동차'가 시초이다. 시발자동차를 제작한 국제공업사는 최무성·최혜성·최순성 3형제가 설립한 자동차 정비 및 개조공장으로, 미군이 사용하던 지프의 엔진과 변속기 등에 드럼통을 펴서 만든 차체를 씌워 시발자동차를 만들었다.

1962년에는 재일교포 박노정이 새나라자동차를 설립하였다. 새나라자동차는 닛산의 블루버드 모델의 부품을 수입하여 '새나라'라는 이름의 자동차를 조립·생산했다. 2,770대의 자동차를 생산한 새나라자동차는 외화사정의 악화, 중앙정보부가 닛산 자동차를 불법반입한 뒤 시가의 2배 이상으로 판매하여 거액의 폭리를 취한 새나라자동차사건 등으로 1965년 8월 김창원金昌源의 신진자동차에 넘어갔다.

신진자동차는 1963년 11월 미군이 버린 지프를 재생하여 우리나라 최초의 세단형 승용차인 '신성호新星湖'를 생산했다. 이어 신진자동차는 1966년 도요타와 기술제휴하여 '코로나Corona'를 조립·생산하였다. 이에 앞서 일본에서 삼화제작소三和製作所를 설립하여 볼트와 너트를 생산하다

귀국한 김철호金喆浩는, 기아자
동차를 설립하고 일본의 마쓰다
자동차와 기술제휴로 1962년 삼
륜차인 'K-360'을 생산하였다.

1968년 현대자동차에서 생산한 '코티나'.

　1967년 12월, 정주영은 '현대
자동차'를 설립하여 자동차산업
에 진출했다. 앞에서 살펴본 바와 같이 이미 신진과 기아에서 자동차를 생
산하고 있었지만, 외국의 부품을 조립하는 수준에 불과했던 만큼 가능성
이 있다고 생각했다. 정주영은 현대 21퍼센트, 미국의 포드자동차 79퍼센
트 비율로 합작을 했다. 울산에 현대자동차공장을 건설하여 1968년 '코티
나Cortina'를 생산했다. '코티나'는 영국에서 판매 2위를 기록할 정도로 인기
있는 차였지만, 비포장도로가 많은 국내 사정에는 적합하지 않았다. 때문
에 '코피나'·'고치나'·'골치나' 등으로 불리며 '똥차'라는 오명을 얻었고, 이
는 경영 압박으로 이어졌다.

　포드사와의 1차 계약 기간 이후 현대는 50 대 50으로 합작 비율을 높이
면서 포드에 엔진 기술 이전을 요구했다. 하지만 포드는 현대의 요구를 받
아들이지 않았다. 포드는 한국을 단순히 부품 생산기지로 편입시켜 한국
과 아시아시장에 진출하려 했던 것이다.

　1973년 1월, 정주영은 포드와의 합작을 포기하고 현대 단독으로 고유
모델 자동차 개발에 나섰다. 일본의 미쓰비시와 엔진 계약을 맺고, 영국
레이랜드자동차(BLMC)의 부사장을 지낸 조지 턴블George Turnbull을 기술 책
임자로 영입했다. 이탈리아의 조즈제토 주지아Giorgetto Giugiaro에게는 디자

1976년 출시된 한국 최초의 독자 모델 자동차 '포니'.

인을 맡겨, 자동차 선진 기술을 국내에서 효과적으로 조달하는 자립형 생산 전략을 수립하였다.

1974년 11월 이탈리아 토리노모터쇼에서 처음 공개된 현대자동차의 '포니'는, 1년여 만인 1976년 1월 드디어 국내 출시되었다. 4기통, 1239cc, 80마력을 갖춘 한국 최초의 독자 모델이었다. 포니는 시판 첫해인 1976년에만 1만 726대가 판매되는 등 선풍적인 인기를 끌었다. 국내 승용차 부문 시장점유율 43.5퍼센트라는 놀라운 결과였다. 포니가 생산되면서 자가용족이 늘어나 '마이카My Car'라는 신조어가 등장하였다.

현대가 포니를 생산하기 시작하자 미국 정부는 압력을 행사하기 시작했다. 1977년 5월 주한 미국대사 스나이더Richard Lee Sneider는 정주영에게 현대가 자동차 조립 생산을 한다면 동남아시아 시장 확보와 중동 건설에서 미국이 정부 차원에서 지원하겠지만, 독자 모델을 개발할 경우 미국과 한국에서 어려움을 겪을 것이라며 위협했다. 하지만 정주영은 흔들리지 않았다. 그는 자신이 실패한다 해도 후대에 가서 우리나라 자동차산업이 자리 잡을 수 있다면 보람으로 삼을 것이라며 미국 정부의 제안을 거절했다.

미국의 압박은 이후에도 계속되었다. 1980년 우리 정부가 외채원리금 상환 부담으로 산업구조조정 자금 2억 달러를 차입할 때, 국제부흥개발은행(IBRD)이 내건 조건이 바로 자동차산업에 대한 정부의 정책적 지원 금지였다. 1979년 12·12쿠데타로 정권을 장악한 전두환 등 신군부 세력은 5·18민주화운동을 군사력으로 억압한 후 국가보위비상대책위원회(국보위)를 설치했다. 국보위는 현대자동차를 GM에 넘기는 방안을 마련했다. 이에 정주영은 강하게 반대했다. 이때 만일 정주영이 미국이나 신군부 세력의 제안을 받아들였다면 오늘날 세계 5위의 자동차 생산국 타이틀은 어려웠을 것이다.

처음에 자동차공장을 설립하면서 정주영은 생산 능력을 5만 대로 설정했다. 당시 국내 자동차 등록 대수는 17만 대에 불과했다. 이로 보아 그는 처음부터 내수뿐 아니라 수출까지 염두에 두었음이 분명하다. 1976년 6월 현대자동차는 에콰도르에 포니 6대를 수출했다. 이것이 우리나라 최초의 자동차 수출이다. 1983년 1월에는 캐나다 현지에 법인을 설립하여 포니 2를 수출하였다. 4월에는 미국에 현지법인을 설립하면서 적극적으로 미국 시장 진출을 꾀하였다. 그 결과 1987년 현대가 생산한 자동차 '엑셀'은 일본의 도요타·닛산·혼다 등을 제치고 미국 수입 소형차 시장에서 판매 1위를 달성하였다.

포니를 성공적으로 출시한 1976년, 정주영은 박정희의 요청으로 군수산업에도 관여했다. 박정희는 정주영에게 탱크를 만들어 달라고 했고, 그는 이를 받아들였다. 그러자 박정희는 기관차 제작까지 현대에 맡겼다. 그리하여 7월에 '현대차량'을 설립하고 창원기계공업단지에 탱크와 기관차 공장을 건설하였다.

정주영이 반도체 시장에 뛰어든 것도 이 무렵이다. 그는 1978년 '현대중전기'를 설립하면서 전자산업의 타당성을 검토하기 시작했다. 1983년에는 '현대전자'를 설립하고 경기도 이천에 대규모 공장을 설립했다. 1988년 2월 '현대미디어시스템'을 설립하여 소프트웨어와 하드웨어 산업에 참여했고, 7월에는 '현대로보트산업'을 설립하여 공장자동화사업에 진출하고, 1989년 5월 '현대정보통신'을 설립하였다. 지금은 SK하이닉스로 바뀌었지만, 현대전자는 1999년 반도체 D램 분야에서 세계 1위에 올라서기도 했다.

저 유명한 서산 간척공사는 1982년에 시작되었다. 토목공사 역사상 유례를 찾아보기 힘든 도전으로 이야기되지만, 사실 이 공사는 중동 건설이 사양길을 걸으면서 건설 현장의 중장비와 중동 파견 근로자들을 놀릴 수 없어 마련한 매우 현실적인 방편이었다. 무엇보다 정주영이 간척공사를 결심했던 결정적인 이유는 '국토는 넓을수록 좋다'는 평소의 소신 때문이었다. 그 결과 여의도의 33배 넓이인 4천 7백만 평을 새로 국토 면적에 추가시켰다.

서산 간척공사에서 정주영은 또 하나의 신화를 남겼다. 서산방조제 공사 때 물막이를 위해 바윗돌을 바다에 투하했지만 강한 조류에 바윗돌이 휩쓸려 가서 속수무책의 상황에 처했다. 모두 망연자실하고 있던 그때, 정주영은 23만 톤 유조선을 가

유조선을 방조제에 가깝게 붙여 가라앉힌 뒤 둑 양편에서 흙과 돌을 퍼부어 방조제를 연결한 '폐유조선 물막이공법'.

라앉혀 파도를 막아 냈다.

이것이 '정주영 공법'으로 불리는 '간척사업 폐유조선 물막이공법'이다. 유조선을 가라앉혀 파도를 막아 냄으로써 계획했던 공사 기간 45개월을 35개월이나 단축했고, 290억 원의 공사비를 절약했다. 물론 밀물과 썰물이라는 자연의 섭리를 어긴 결과 희귀 어종이 멸종하고, 인근 해역의 어획고가 급감하는 대가를 치르기는 했지만 말이다.

"YS를 선택한 국민의 실패"

현대가 승승장구하던 1977년, 정주영은 6대 전경련 회장이 되었다. 그는 전두환 등 신군부 세력이 집권했을 때에도 회장직을 유지하고 있었다. 신군부 세력은 자신들과 같은 군 출신이며 공기업인 포항제철의 대표 박태준을 전경련 회장에 앉히기 위해 정주영에게 전경련 회장직에서 물러나라고 요구했다. 하지만 정주영은 "전경련 회장은 전경련 회원들이 뽑는 것이지 권력이 임명하는 것이 아니다"라며 거절하고, 1987년 2월까진 5선 연임하여 10년간 전경련 회장직을 맡았다. 그래서인지 5공과 6공 시절에 그는 신군부 세력과 잦은 마찰을 빚었다.

1980년 5월 31일, 전두환은 국보위를 설치하고 스스로 상임위원장이 되어 입법·사법·행정의 3권을 장악했다. 국보위는 정주영에게 대우와의 사업 부문 교환, 즉 빅딜을 제안했다. 현대가 대우의 자동차를 받는 대신에 창원중공업을 대우중공업에 넘기라는 것이었다. 처음에 정주영은 국보위의 제안을 거절했으나, 압력을 견디지 못하고 국보위의 제안을 받아들인다. 그런데 결과는 대우의 자동차는 그대로 남고 창원중공업만 대우에 넘어간 꼴이 되었다. 대우자동차의 전신은 앞에서 살펴보았던 신진자동차이다. 신진자동차는 도요타와 결별하고 1972년 GM과 함께 GM코리아를 설립했다. 그러나 1976년 GM코리아가 부도가 나면서 산업은행 관리로 넘어가 '새한자동차'로 이름을 바꾸었다. 김우중은 새한자동차 지분에 참여하면서 자동차 제조를 시작하였다. 따라서 당시 대우자동차는 GM과 합작 형태여서 빅딜 자체가 성사되기 힘든 상태였다. 결국 창원중공업을 넘겨받은 대우는 힘에 부쳐 다시 정부에 돌려주었고, 이를 산업은행과 외환은행이 주주가 되어 '한국중공업'으로 상호를 바꿔 공사화시켰다. 정주영으로서는 기가 찰 노릇이었다. 현대가 낙찰 받은 LNG저장시설 공사가 하루아침에 다른 회사로 바뀌는 경우도 있었다. 나중에 정주영은 신군부가 집권한 5공화국을 "경제논리가 통하지 않은 시대"로 규정했다.

그런데 이듬해인 1981년 3월, 전두환정권은 정주영을 올림픽 유치 민간 추진위원장에 임명했다. 처음 올림픽 유치를 기획한 사람은 박정희정권 때 대통령경호실장이던 박종규였다. 당시 권력의 중심에 있던 '피스톨 박' 박종규는 1974년 육영수 피살사건으로 대통령경호실장에서 물러났다. 이후 박종규는 사격연맹 회장으로 재임하며 1978년 9월 세계사격선수권대회를 개최했다. 세계사격선수권대회는 기념주화와 우표까지 발행될 정도로 큰 관심을 모았다. 그러자 박종규는 이번에는 올림픽을 유치하여 다시 정권 중심에 진입하려는 야심을 품었다. 1979년 2월 대한체육회장이 된 박종규는 올림픽 유치 전문위원회를 만들었다. 이에 맞춰 10월 8일, 정상천 서울시장은 기자회견을 열어 올림픽 개최 의사를 공식적으로 발표했다. 그러나 18일 후 박정희가 피살되면서 올림픽 유치는 중단되었다.

뒤이어 정권을 잡은 전두환은 올림픽 유치를 다시 추진하였다. 전두환의 올림픽 개최 추진은 이토추상사의 상담역 세지마 류조瀬島龍三의 머리에서 나온 것이다. 국보위상임위원장 전두환은 이병철의 소개로 류조와 일본상공회의소 부회장 고토 노보루五島昇를 만나 국내 문제 해결책을 문의했다. 류조는 올림픽을 개최하면 국민의 눈과 귀를 막을 수 있다고 했고, 노보루는 실제로 도쿄올림픽을 통해 일본이 도약할 수 있었다고 설명하였다.

전두환 정부는 1981년 2월 16일 국제올림픽위원회(IOC)에 올림픽 유치 신청을 했다. 하지만 도저히 유치할 자신이 없자, 모든 일을 정주영에게 위임했다. 당시 국무총리 남덕우南悳祐는 올림픽망국론자였고, 경제기획원장관 신병현申秉鉉은 경제적인 이유로 반대했다. IOC 위원 김택수金澤壽조차 한국은 자신과 미국·타이완 등 단 세 표밖에 얻지 못할 것이라고 호언장담했다. 서울에서 올림픽 유치를 하는 것임에도 서울시장 박영수朴英秀는 올림픽 유치위원으로 나서지 않았다. 이들은 우리 정부는 막대한 자금을 투자할 능력이 없으며, 투자가 이루어져도 경제에 심각한 타격을 줄 것으로 우려했다. 무엇보다 일본과의 경쟁에서 승산이 없다고 여겼기 때문에 정부는 정주영에게 "창피만 당하지 말라"고 지시했다.

사실 그때까지 한국은 대형 스포츠 이벤트와 별 인연이 없었다. 1970년 6회 아시안게임을 유치했다가 3,400만 달러의 투자비를 감당하지 못해 개최권을 반납하고 배상금을 지불했다. 때문에 5회 아시안게임을 개최했던 태국이 어쩔 수 없이 6회 아시안게임도 개최하는 파행을 겪었다. 이런 이유로 국제사회도 한국의 올림픽 유치 신청을 부정적 시각으로 바라보고 있었다. 그러나 정주영은 올림픽을 반드시 유치하겠다고 결심했다.

정주영은 현대그룹의 해외 지사와 자신이 회장을 맡고 있는 전경련 조직을 총동원해 전방위로 로비를 벌였다. 일본이 IOC 위원 부부들에게 최고급 시계를 선물할 때 정주영은 위원들에게 꽃바구니를 보냈다. 이것은 큰 감동을 주었다. 그는 새벽부터 밤까지 강행군을 계속했다. 그 결과 1981년 10월 1일, 52 대 27로 일본 나고야를 제치고 서울이 올림픽 개최지로 결정되었다. 대한민국이 아시아에서는 일본에 이어 두 번째, 세계에서 16번째 올림픽 개최국이 된 것이다.

서울올림픽 유치에 결정적 공을 세운 인물은 분명히 정주영이었다. 그러나 이에 대한 정부의 포상은 별로 한 일도 없는 정부 관계자들에게 돌아갔다. 정주영이 나중에 받기로 하고 내놓은 1억 8천만 원의 유치 예산도 올림픽이 끝난 다음까지 돌려받지 못했다. 후에 그는 자서전에서 불편한 심정을 밝혔다. 올림픽이 흑자가 아니었는데도 정부가 올림픽복권 발행으로 거두어들인 국민의 돈을 근거로 흑자 올림픽 운운한 행위도 비판했다.

어쨌거나 올림픽 유치에 기여한 정주영은 1982년 7월부터 1984년 9월

1981년 10월 14일 중앙청에서 열린 올림픽 유치 대표단 환영 리셉션(국가기록원).

까지 2년여간 대한체육회 회장직을 맡았다. 전두환의 강권으로 어쩔 수 없이 맡은 것이다. 아마도 전두환은 그가 대한체육회 회장을 맡으면 많은 돈을 내놓을 것이라고 생각했던 것 같다. 하지만 그

는 회사 돈을 대한체육회에 가져다 쓰지 않았다. 게다가 LA올림픽 선수단 장과 IOC 위원 추천 문제 등 사안마다 청와대와 충돌했다. 그러던 중 아들 정몽준鄭夢準이 울산에서 국회의원 출마하는 것이 문제가 되어 해임당했다. 임명도 해임도 청와대의 일방적 통보로 이루어졌다.

1983년 10월 9일, 버마의 수도 랭군에 있는 아웅산 묘소에서 북한 공작원이 설치한 폭탄이 터져 부총리 서석준徐錫俊, 외무부장관 이범석李範錫 동력자원부장관 서상철徐相喆, 대통령비서실장 함병춘咸秉春, 경제담당 대통령수석비서관 김재익金在益 등 17명이 순직하고 15명이 중경상을 입었다(아웅산 묘소 폭탄테러사건). 간신히 목숨을 건진 전두환은 순직한 이들을 돕겠다며 기업들로부터 기부금 형식의 돈을 받아 일해재단日海財團을 설립했다. 정주영은 기부금뿐 아니라 현대전자 연구소 부지 15만 평까지 일해재단 부지로 빼앗겼다.

노태우의 6공화국이 탄생한 다음에도 정주영의 시련은 끝나지 않았다. 1988년 11월, 그는 국회 5공비리 일해재단 청문회에 증인으로 불려 갔다. 이때의 경험을 그는 자서전에서 "아들 같은 사람들한테 곤욕을 치르면서, 참으로 많은 생각을 했다."라고 회고했다. 또 "5공과 6공은 경제인들에게는 너무도 고통스러운 시대"라고 규정했다.

정주영은 박정희를 한국 경제를 근대화시킨 인물로 높이 평가했다. 그는 가난한 농사꾼의 아들이며, 가난을 극복하려 한 점, '하면 된다'는 소신 등에서 박정희와의 공통점을 찾았다. 조선소 건설도 본인의 의지 외에 박정희의 강력한 권유가 큰 영향을 미쳤다. 그는 자서전에서 현대의 성장은 박정희의 덕이라고 인정했다. 그러나 신군부 세력의 집권은 "경제계의 혼란시대, 나에게는 암흑의 시대"라며, 5·6공 정부에 대해 "우리나라는 지도자 복이 참으로 없는 나라"로 규정했다. 특히 노태우정권에게는 3백억 원의 정치자금을 제공하고도 1990년 세무조사를 당했다. 이후 정주영은 정치 헌금을 중단했고, 노태우는 틈만 있으면 현대를 비난했다.

정주영은 자신의 집안에서 정치인이 나왔으면 하는 바람을 가졌다고 한다. 셋째 동생 정세영에게 국회의원 출마를 타진했다가 부정적인 대답을 듣자, 아들 정몽준의 정계 입문을 기대했다. 그랬던 그는 1992년 1월 1일 가족들을 모아놓고 자신이 직접 정계에 진출하겠노라 선언했다. "6공이 5년 더 집권하면 경제가 다시 일어설 기회가 없을 것 같아서"라는 것이 이유였다. 이는 전두환과 노태우 정부로부터 받은 박해가 정계 입문의 결정적 계기임을 말해 준다.

정주영은 기업인으로 잔뼈가 굵은 사람이었다. 어쩌면 그는 대통령선거에 들어갈 비용은 어차피 노태우 정부에 빼앗길 돈이니, 차라리 그 돈으로 직접 정치를 하는 것이 낫겠다고 판단했을지도 모른다. 즉, 정치 입문에도 특유의 사업가적 계산이 작용했을 것이다. 특히 1989년 방북 후 국내외 언론과 국민들의 호의적 반응에 힘을 얻어 정치 참여와 대선 출마를 결심했을 가능성이 커 보인다.

1992년 1월 10일, 정주영은 창당준비위원회를 결성하고 '통일국민당'을 창당했다. 창당 3개월 만인 3월 24일 치러진 국회의원 선거에서 국민당은 17.3퍼센트를 득표하고, 지역구 24석, 전국구 7석 등 31석을 차지하는 돌풍을 일으켰다. 정주영은 전국구의원으로 국회에 진출했다. 그리고 5월 15일 임시전당대회에서 정주영은 대통령후보로 선출되었다. 그는 '경제살리기'를 내세우며 대통령선거에 뛰어들었다.

정주영이 출마하자 집권 여당의 유력한 대통령후보였던 김영삼은 이를 막기 위해 모든 노력을 기울였다. 정주영의 지지층이 자신과 겹칠 것으로 보고, 정주영의 출마가 결국 김대중에게 유리하게 작용할 것이라고 판단했기 때문이다. 하지만 정주영은 김영삼에게 "머리가 나쁜 사람"이라며 독설을 퍼부으며 굽히지 않았다. 실제로 당시 여당인 민주자유당의 핵심 세력이던 김복동·박태준·박철언·이종찬 등이 김영삼에 반발하여 통일국민당에 입당하면서 선거가 김영삼에게 불리하게 돌아가는 듯 보이기도 했다. 결국 1992년 12월 18일 치러진 대통령선거에서 정주영은 16.1퍼센트인 388만 67표를 얻어 김영삼과 김대중에 이어 3위를 차지했다.

대통령을 꿈꾼 대가는 컸다. 대통령선거 직전인 1992년 12월 4일, 국세청과 은행감독원이 현대그룹을 조사하기 시작했다. 12월 5일 현대중공업의 경리여직원 정윤옥이 현대중공업이 350억 원의 비자금을 조성하여 220억 원을 통일국민당에 전달했다고 폭로했다. 이 일을 계기로 현대 임직원들이 구속되기 시작했다. 대통령선거 직후 정주영은 출국금지 조처를 당했고, 1993년 1월 15일 검찰에 소환되어 수사를 받았다. 그는 결국 1994년 7월 대선법 및 특정경제범죄가중처벌법 위반 혐의로 징역 3년에 집행유예 4년형을 선고 받았다.

정주영의 시련은 현대

1992년 12월 대통령선거 포스터.

의 시련으로 이어졌다. 은행들은 현대의 신규 설비 투자금을 동결시켰다. 이 무렵 김영삼 대통령이 삼성에 자동차산업 진출을 허용한 것도 현대를 견제하기 위한 것이라는 이야기도 전한다. 그래도 정주영은 대선 실패가 "나의 실패가 아니라 YS를 선택했던 국민들의 실패"로 규정하며 굽히지 않았다. 자신의 짧은 정치인생에 대해서도 "후회는 없다"고 말했다.

정주영은 대선 후 새한국당과 합당할 때 약속했던 당 발전기금 2천억 원 조성 약속을 무효화하고, 자신이 만든 통일국민당에서 탈당하고 해체를 사주하였다. 그에게는 대권 도전 역시 또 하나의 비즈니스에 불과했을까.

5백 마리의 소떼를 몰고 판문점을 넘다

대통령선거에서 낙선한 정주영은 남북통일에 모든 것을 걸었다. 그는 실향민이었다. 그의 고향인 강원도 통천군은 분단되면서 북한 땅이 되었다. 그는 평소 "통일이 되면 6~7천 만의 다부지고 지혜로운 인구"를 갖게 된다고 이야기했다. 우리 민족의 무한한 잠재력을 믿고, 통일이야말로 우리 민족이 살 수 있는 희망이라고 여겼다. 통일이 되지 않으면 미국·일본·중국·러시아가 경쟁적으로 한국에 달려들 것이라고 생각했다.

정주영이 남북통일에 대해 처음 언급한 것은 1983년 10월이었다. 인천대학교에서 한 강연에서 그는 남북한의 경제 협력을 주장했다. 분단이 지속되면 북한 경제가 랴오닝성·지린성·헤이룽장성 등 중국의 동북삼성에 편입되어 통일의 필요성과 기운도 사라질 것이라고 우려했다.

올림픽 유치를 위해 활동할 때 정주영은 독일에서 만난 북한 대표에게 북한을 방문하고 싶다는 의사를 전하였다. 1987년과 1988년 북한은 정주영을 초청했지만 그때는 정치적 이유로 방북하지 못했다. 1988년 12월 17일, 정주영은 청와대를 방문하여 노태우 대통령에게 속초에서 금강산을 갈 수 있도록 하고, 철원-내금강-외금강을 연결하여 금강산을 관광특구로 만들 계획을 밝혔다. 이와 함께 자신의 고향인 통천에 자동차 부품공장을 건설하겠다는 뜻을 전달했다.

1989년 1월 23일 정주영은 드디어 북한을 방문했다. 44년 만에 고향 땅에 발을 디딘 것이다. 그는 북한 당국과 금강산 개발을 논의했다. 그는 이 사업이 남북 교류의 물꼬를 트고 통일을 앞당기는 데 기여할 것이라고 확신했다. 그런데 그가 북한에서 "위대한 김일성 장군님"이라고 호칭하는 화면이 TV를 통해 방영되면서 국가보안법 위반 등 그의 친북 행위를 비난하는 여론이 높아졌다. 결국 금강산 개발 논의가 정치 문제로 비화되면서 금강산개발사업은 진전되지 못했다.

1998년 4월, 김대중 정부는 우리 기업들의 북한 내 경제활동을 보장하는 일련의 정책을 발표했다. 그 덕에 정주영은 같은 해 6월 16일 '통일소'라고 이름 지은 소 5백 마리를 몰고 북한을 방문할 수 있었다. 어린 시절에 소를 판 돈을 들고 가출했으니 이제 소를 몰고 고향으로 돌아간다는 의미였다. 이를 두고 프랑스의 세계적 비평가 기 소르망은 '20세기 마지막 전위 예술'이라고 극찬했다.

1992년 대통령선거 당시에 정주영은 남한 경제력 건설→ 북한 포용 → 경제적 단일시장권 형성→ 정치 통일을 대북정책 공약으로 삼았다. 그는 통일은 민간 경제교류를 통해 이루어져야 한다고 생각했다. 1998년 10월

1998년 6월 16일 정주영 명예회장의 1차 방북을 기념해 발행된 공중전화카드.

27일, 정주영은 다시 소 501마리를 몰고 북한으로 향했다. 이전 5백 마리를 합치면 1천 1마리다. 1천이 아닌 1천 1마리를 북으로 보낸 것은 남북 경제 협력의 시작, 남북통일의 첫걸음이라는 상징적 의미가 있었다. 이때 정주영은 민간 기업인으로는 최초로 북한의 김정일 국방위원장을 만나 금강산관광사업을 성사시켰다. 1998년 11월 18일, 드디어 한국의 '현대 금강호'가 1,418명의 관광객을 태우고 12시간의 항해 끝에 북한 장전항에 도착했다. 50여 년간 끊어졌던 남과 북의 뱃길이 다시 이어진 것이다.

정주영은 남쪽 기업과 북한의 근로자들 모두에게 도움이 되는 사업을 구상했다. 그것이 바로 '개성공단開城工團'이었다. 개성공단은 그가 세상을 떠난 지 2년이 지난 2003년 6월에 착공식을 가졌고, 2005년에 업체 입주가 시작되었다. 정주영이 개성공단사업을 성사시킨 것은 2000년 6월 북한 방문 때이다. 원래 북한은 신의주공단 개발을 현대에 맡기려 하였다. 신의주는 중국과 국경을 접하고 있어 물품 반출이 쉬울 것이라는 이유에서였다. 그러나 정주영은 중국과 겹치는 품목이 많을 테니 오히려 중국과 국경을 접한 것이 단점이 된다고 여겼다. 그는 공단에서 생산된 제품을 인천이나 부산 등을 통해 수출할 생각으로 해주나 남포에 공단을 건설하려 했다. 그런데 김정일이 파격적으로 개성을 제안하여 성사된 것이다.

1980년대 후반 한국 경제는 지가 상승과 고금리, 사회간접자본투자 부진, 물류비 급증 등으로 위기 국면에 접어들고 있었다. 정주영은 소련과 중국에서의 자원 조달, 생산기지 이전과 현지 노동력 사용, 가스관이나 송유관의 남북 연결 등으로 남북을 축으로 한 동북아경제공동체 건설을 꿈꾸었다. 이는 한국경제의 새로운 전기가 될 터였다. 개성공단 설립이 확정되면서 그의 꿈이 어느 정도 가시화되는 듯했다. 그러나 이후 남북 관계가 경색되면서 금강산관광사업은 중지되고, 개성공단도 폐쇄되었다. 현대건설의 하향세를 대북사업과 연관지어 해석하는 시각도 있다. 하지만 2018년 4월 27일 남과 북의 정치지도자가 판문점에서 만나 얼싸안는 역사적인 장면 뒤에는 정주영이라는 한 기업인의 꿈과 열정이 배어 있음을 부인하기 어렵다.

정주영은 총 여덟 차례 북한을 방문하여 남북 농구경기 개최, 서해안 공단개발사업 합의, '류경정주영체육관 건립 등의 성과를 거두었다. 그는 통일의 최우선 과제는 한민족경제생활권 형성이라고 생각했다. 통일이 이루어지면 인구가 5천만 명에서 7천만 명이 되고, 영토는 2배 늘어나며, 중국이라는 큰 시장을 갖게 되고, 시베리아에서 자원을 가져올 수 있다고 한 그의 주장을 두고 이제 허황되다고 할 사람은 별로 없을 것이다.

정주영은 정치에 참여하면서 정당 이름에 '통일'을 넣을 정도로 통일을 바랐다. 비록 그의 대북사업은 현대건설의 재무구조를 악화시키고, 그가 후계자로 지명한 현대아산 회장 정몽헌鄭夢憲이 대북 불법송금 사건 관련 조사를 받던 도중 2003년 8월 4일 현대계동사옥 12층에서 투신자살하는 비극을 낳기도 했지만, 통일을 향한 그의 노력은 언젠가 재평가될 것이다.

정주영식 '해보기나 했어'의 딜레마

1977년 무역진흥확대회의에서 중동 진출 성과에 대한 보고가 있었다. 이 자리에서 박정희 대통령은 정주영에게 중동에서 성공을 거둔 이유가 어디에 있는지 물었다. 정주영은 "현대가 잘하는 것은 우리나라 근로자가 열심히 일하고 성실히 일한다는 뜻이다. 전적으로 근로자의 공"이라고 답했다. "현대는 나와 기능공들, 그리고 모든 임직원들이 함께 이룬 것이다. 근본적으로 우리는 다 같은 동지라야 하며, 인간적인 차등감을 느끼게 하는 우매한 행동을 해서는 안 된다."

정주영은 자신은 노동으로 재화를 생산하는, "성공한 기업가가 아니라 단지 부유한 노동자"라고 말했다. 어려서부터 농사에 막노동, 쌀 배달 등을 전전한 개인적 경험이 그에게 노동자 의식을 심어 주었는지는 알 수 없다. 다만, 과거의 고생한 경험이 그에게 노동자에 대한 강한 연민을 갖게 하지 않았을까 추정할 수 있다. 그래서인지 우리나라의 다른 기업인들과 달리 정주영은 노사분규를 민주화로 나아가는 과도기 양상으로 여겼다. "노동조합이 설립되는 것은 시대의 변화에 따라 필연적인 것"이며, "노동조합이 안 되도록 밀어붙이는 회사는 시대를 역행하는 것"이라고 보았다. 1977년 쥬베일산업항 건설 현장에서 노사분규가 일어나자 직접 노동자들과 담판을 벌여 2시간 만에 사태를 수습하고, 1987년 울산 현대조선소에서 쟁의가 발생하자 4시간에 걸쳐 노동자들과 대화를 나눈 일 등은 이 같은 공감 의식을 드러낸 일화들이 아니었을까.

정주영은 민간 자본의 토양이 되어 부가가치 창출의 원동력이 될 수 있는 기간산업에 많은 투자를 하였다. 자동차, 건설업, 중공업 및 제철 등이 그것이다. 그는 기업이 국가와 국민을 잘살게 할 수 있어야 한다고 생각했던 것이다. 그러면서 기업가로서는 특이하게 인수합병을 꺼렸다. 실제로 1978년 적자기업이던 국영 인천제철과 대한알루미늄을 공개입찰 경쟁으로 인수할 때까지는 다른 기업을 인수합병하지 않았다. "타인이 피땀 흘려 이룩한 결과물을 헐하게 취득하는 데 따른 미안함" 때문이라고 했다.

정주영은 스스로 양심적 기업인임을 자부했다. 그는 국민들이 기업에 대해 부정적 인식을 가지게 된 원인은 떳떳하지 못한 정권의 필요에 의해 기업이 속죄양 노릇을 했기 때문으로 여겼다. 그는 업종의 선택과 투자 여부 결정, 가격 산정 등을 기업이 독자적으로 판단하는 '민간주도형 경제'를 주장했다. 또, 저금리정책을 펼쳐야 우리 기업이 세계시장에서 경쟁력을 갖출 수 있다고 생각했다. 하지만 우리나라 역대 정부는 기업활동을 간섭하는 정부주도형 경제를 추구했고, 금리 역시 다른 나라보다 비쌌기 때문에 그가 직접 정치를 하려고 하지 않았을까.

정주영은 업계 최초로 노동자들에게 점심을 제공했다. 그 이유는 "도시락도 못 가지고 출근해 점심을 굶는 기능공들이 안쓰러워서"였다. 1969년 한국지역사회학교 후원회장을 맡아 지역사회학교 돕기운동에 참여한 그는 이듬해부터 직접 인재 양성에 나섰다. 1970년 3월 울산공과대학, 1973년 3월 울산공업전문학교 등을 설립하여 공업 부문의 우수 기능인 양성을 꾀하였다. 또 1978년 현대중학교와 현대공업고등학교, 1981년 현대여자고등학교, 1984년 현대여자중학교와 현대고등학교 등을 설립하였다.

1977년 7월 1일 정주영은 현대건설의 개인 주식 50퍼센트를 내놓아 '아산사회복지사업재단' 설립을 발표하고, 매년 50억 원의 배당 이익금으로 사회복지사업을 하도록 했다. 기업의 사회적 책임을 실천한 최초의 대기업 사례이다. 아산복지재단은 보성·인제·보령·영덕 등에 종합병원을 설립해 농어촌 주민들도 의료 혜택을 받을 수 있도록 하였다. 1989년에는 이 지방병원들을 총괄 지원하기 위해 서울중앙병원을 설립하였다. 서울중앙병원은 2002년 4월 '서울아산병원'으로 이름을 바꿔 현재에 이르고 있다. 그 외에도 사회복지 지원, 학술 연구 지원, 장학사업 등을 실시했다.

아산복지재단의 설립을 두고는 다른 해석도 존재한다. 1972년 12월 박정희 정부가 기업공개를 의무화하고 공개 법인에 각종 특혜를 주는 '기업공개촉진법'을 제정했으나 기업공개가 이루어지지 않자, 1974년 5월에 다시 '기업공개와 건전한 기업풍토 조성에 대한 특별지시 5개 조항'과 1975년 8월 '기업공개 보완시책'을 발표하였다. 그러나 정주영은 정부의 정책에 정면으로 반발했다. 그는 "기업공개를 하게 되면 이윤은 일부 가진 자들에게 돌아가게 되고 기업 이윤의 사회 환원이라는 큰 뜻을 이루기 어렵게 된다."며 기업공개를 거부했다. 그 대신에 아산복지재단을 설립했던 것이다.

그러나 기업공개란 단순한 자본 공개가 아닌 기업 경영 정보를 공개하는 것이다. 또 주식이 상장됨으로써 일반인들의 투자를 유도하고 공정거래 질서 확립과 기업의 업무 개선 및 경영 합리화 등을 도모할 수 있다고 알려져 있다. 물론 경제 개발이 한창이던 1970년대의 상황을 감안하더라도, 기업공개가 부자들을 위한 것이라는 정주영의 주장이 설득력을 얻기 어려운 이유이다.

이승만정권기 정주영은 대동공업의 이용범李龍範, 조흥토건의 황의성, 극동건설 김용산金用山, 삼부토건의 조정구趙鼎九 등과 함께 '자유당 5인조' 또는 '건설 5인조'로 불리며 정부 발주 공사를 독점하다시피 했다. 5인조는 정부 발주 공사를 수주하면 공사금의 30퍼센트는 정치자금으로 납부하고, 20퍼센트는 이익금을 분배하고, 남은 50퍼센트로 공사를 했다고 한다. 그가 기업공개에 거부감을 드러낸 이유가 여기에 있을 수도 있다.

1960년대 말 현대건설은 경부고속도로 공사를 맡으면서 공사 대금의 일부를 한강의 공유수면(공공의 이익에 제공되는 국가나 공공 단체 소유의 바다, 강, 하천의 수면)으로 받아, 이곳을 매립한 후 이곳에 각종 건설 장비를 보관했다. 그러다가 1976년 '한국도시개발'이라는 회사를 설립하여 공유수면에 아파트를 짓기 시작했다. 이것이 바로 압구정동 현대아파트이다. 압구정동 현대아파트는 1,512가구를 건설키로 했는데, 952가구는 현대의 무주택 사원에게 분양하는 조건으로 공사 허가를 받았다. 그런데 사원들에게 분양된 것은 291가구에 불과했고, 나머지는 공직자·국회의원·언론인·현대 임원의 친인척 등에게 분양되었다(압구정동 현대아파트 특혜분양 사건). 이때 한국도시개발의 대표였던 차남 정몽구鄭夢九가 구속되었지만, 정주영이 배후에 있었음은 분명한 사실이다. 그가 정치권 및 언론권과 밀착돼 있었음을 짐작할 수 있다.

1962년 정주영의 네 번째 동생 정신영鄭信永이 독일에서 유학 중 사망했다. 동생의 죽음을 안타까워하던 정주영은 1977년 9월, 정신영이 회원으로 있던 관훈클럽에 '신영연구기금'을 출연하여 언론인들의 연구 활동 등을 도왔다. 앞에서 살펴보았듯이 정주영은 신문을 보며 세상과 소통했다.

1953년 6월에는 동생 정인영과 '모던 타임스'라는 시사 주간지를 발행하기도 했다. 《모던 타임스》는 현대건설이 고령교 복구공사로 경영이 악화됐을 때 몇 달 만에 폐간되었지만, 1991년에는 《문화일보》의 창간을 후원하는 등 정주영은 언론에 관심이 없지 않았다.

정주영의 성공신화는 "시련은 있어도 실패는 없다"는 그의 자서전 제목처럼 그의 굽힘 없는 의지와 노력의 소산이었다. 그가 인천에서 부두노동자로 일하며 합숙소에서 지낼 때의 일화는 유명하다. 합숙소에서 잠을 자는데 빈대 때문에 잠을 잘 수 없자 그는 탁자 위에서 잠을 잤다. 그런데 빈대가 탁자 다리를 타고 올라와 물었다. 그래서 이번엔 물을 담은 양재기 속에 탁자 다리를 담가 놓자, 빈대가 벽을 타고 천장으로 올라와 몸으로 떨어졌다. 그는 이 빈대를 보고 무슨 일이든 중도에 절대 포기하지 않고 노력한다면 이룰 수 없는 것이 없다는 교훈을 얻었다. 그는 "된다는 확신 90퍼센트, 반드시 되게 할 수 있다는 자신감 10퍼센트 외에 안 될 수도 있다는 불안은 단 1퍼센트도 갖지 않는" 강한 자신감으로 모든 일을 추진했다.

경부고속도로 공사 중 최고의 난코스는 당제터널 공사였다. 흙을 파기만 하면 천장이 무너져 13차례 붕괴 사고에 10여 명이 숨졌다. 기한 내에 공사를 마칠 수 있을지 미지수였다. 정주영은 단양시멘트공장의 일반 시멘트 생산을 중단시키고, 보통 시멘트보다 스무 배 빨리 굳는 조강시멘트를 생산케 하였다. 그리고 전국의 현대건설 공사를 모두 중지시키고 현대건설의 트럭을 전부 동원하여 시멘트를 운반한 후, 굴을 파자마자 조강시멘트를 발라 천장이 무너지지 않도록 하여 터널공사를 마무리 지었다. "해

보기나 했어?" 불도저처럼 밀어붙인 그의 뚝심은 누구도 따를 수 없었다. 그는 난관에 부딪히면 그것을 극복해 가는 과정을 즐겼던 인물이라고 할 수 있다.

1970년대 중반 중동 국가들이 오일달러로 사회간접시설을 지을 때였다. 대통령 박정희는 정부 관리들을 중동에 보내어 할 수 있는 일이 있는지 알아보도록 했다. 2주간 중동을 다녀 온 관리들은 낮에는 너무 더워 일을 할 수 없고, 물이 없어 공사를 할 수 없다고 보고했다. 반면 정주영은 중동은 비가 오지 않아 1년 내내 공사를 할 수 있고, 모래가 지천으로 널려 있어 자재 조달을 걱정할 필요가 없고, 물은 바다에서 실어 오면 된다고 했다. 다만 낮에는 너무 더우니 낮에 천막 치고 자고, 밤에 일하면 된다고 보고했다.

정주영의 검소함과 부지런함은 대기업 총수로서는 유별날 정도였다. 담배는 배가 부른 것도 아닌데 연기로 날려 버릴 수 없다며 피우지 않았고, 이면지 사용은 기본에다 와이셔츠도 소매와 목 부분을 고쳐서 입었다. 구두 굽에 징을 박아 닳는 것을 늦추었고, 그래도 닳으면 뒤축을 갈아 10년 이상을 신었다. 여기에 또 얼마나 부지런했던지 함께하는 직원들이 많이 힘들었을 것이다. 새벽 3시에 일어나 5시까지 해외에서 들어온 팩스를 검토하고 신문을 읽은 후 오전 7시 30분에 출근해서 업무를 시작했다. 초등학교 졸업이 학력의 전부인 사람이 단어장을 만들어 독학으로 공부하여 의사소통에 지장

정주영이 신던 구두. 아산기념전시실 소장.

이 없을 정도로 영어를 잘했다. 해외 출장을 갈 때는 꼭 책을 가지고 다니며 읽었고, 다 읽은 후에는 독후감을 작성했다. 특히 나폴레옹과 징기스칸 위인전은 책이 너덜너덜해지도록 반복해서 읽었다 한다.

1997년 숭실대학교는 '정주영 창업론'을 정식 과목으로 개설하였다. 서울대학교와 울산대학교에서도 그의 기업가정신을 탐구하는 강좌를 열었다. 국내에서만 그런 것이 아니다. 1977년 정주영은 영국 여왕으로부터 대영제국 커맨더 훈장(CBE), 1979년 세네갈공화국 공로훈장, 1982년 AAAamerican Academy of Achievement의 골든 플레이트장과 자이레 국가훈장, 1983년 타이완으로부터 경성훈장, 1985년 룩셈부르크로부터 월계관장, 1988년 노르웨이 왕실 최고 공로훈장 등을 수상했다. 2000년에는 요르단 후세인 왕 평화상을 수상했고, 2001년에는 러시아 푸틴 대통령으로부터 친선훈장을 받았다.

통일이 되면 북녘 고향 땅에서 살고 싶다던 정주영은 2001년 3월 22일 86세의 나이로 세상을 떠났다. 2006년 11월 세계적인 주간지《타임》은 그를 '아시아의 영웅'으로 선정하였다.

6남 1녀의 장남으로 아버지와 같은 존재였던 정주영이 세상을 떠난 뒤, 현대그룹은 여러 갈래로 나뉘었다. 1970년 둘째 동생 정순영鄭順永이 현대건설에서 떨어져 나온 현대시멘트를 맡으면서 성우그룹으로 성장했다. 1977년에는 셋째 동생 정인영이 현대건설의 중동 진출을 반대하다가 현대양행으로 분가하여 한라그룹으로 성장했다. '포니 정'으로 불린 넷째 동생 정세영은 현대자동차 경영권을 놓고 조카인 정몽구와 대립하다가 1999년 현대에서 독립해 현대산업개발로 건설에서 자리를 굳혔다. 막내 동생 정상영鄭相永은 다른 형들과 달리 독자적으로 KCC그룹을 일구었다.

정주영은 8남 1녀를 두었는데, 아들 정몽필鄭夢弼·정몽구·정몽근鄭夢根과 딸 정경희는 본처인 변중석과의 사이에서 낳았다. 반면 정몽우鄭夢禹·정몽헌·정몽준·정몽윤鄭夢允·정몽일鄭夢一은 혼외관계로 낳은 아들들이다. 딸을 두었는지는 알 수 없지만 입적시킨 경우는 없다.

정주영은 기업의 세습 경영에 부정적이었는데, 장남 정몽필이 교통사고로 사망한 후 아들들에게 경영수업을 시킬 결심을 했다고 한다. 정몽필이 경부고속도로에서 교통사고를 당한 것은 1982년 4월 29일이다. 그런데 2년 후인 1984년 부산대학교 특강에서 "기업주들이 2세들에게 경영권을 물려주고 있는 사실은 기업윤리상 도저히 납득이 가지 않는 처사가 아닐 수 없다."고 말했다. 다른 것은 몰라도 적어도 기업 세습 문제에서는 말과 행동이 일치하지 않은 것이다.

정주영이 경영 일선에서 물러나면서 현대는 정몽구·정몽헌 두 형제의 공동회장 체제로 운영되었지만 두 사람 간 불화가 이어졌다. 그러자 2000년 5월 31일, 정주영은 정몽구·정몽헌과 함께 3부자 퇴진이라는 경영개선계획을 발표하였다. '왕자의 난'으로 불린 형제 간 갈등은 결국 정주영 사후 6개 그룹의 계열 분리로 이어졌다. 정몽헌이 현대를 계승하고, 정몽구가 현대자동차·기아자동차·현대서비스 등

정주영 형제 사진. 좌측부터 정세영, 정인영, 정상영, 정주영, 정희영, 정순영, 정신영.

자동차 전문 그룹, 정몽준이 현대중공업과 현대미포조선, 정몽근이 현대백화점, 정몽윤은 현대해상화재보험, 정몽일이 현대기업금융 등으로 분가했다.

정몽구가 맡은 현대자동차그룹은 현대자동차·현대모비스·현대제철·현대엔지니어링·현대캐피탈·현대글로비스 등 60여 개의 계열사를 거느리고 있다. 하지만 정몽헌이 이끈 현대그룹은 2001년 유동성 위기를 맞아 현대건설·현대전자·현대투자신탁·현대정유 등이 채권단에게 넘어갔다. 2003년 경영난과 대북 송금과 정치권 비자금 사건 등으로 정몽헌이 스스로 목숨을 끊었다. 정몽헌 사후 부인 현정은玄貞恩이 현대그룹을 이끌고 있지만, KCC그룹과 경영권 분쟁을 겪으면서 현대종합상사가 분리되었다. 2004년에는 푸르덴셜투자증권·푸르덴셜자산운용·현대오토넷·현대투자신탁도 분리되었다. 2006년 현대중공업과 경영권 분쟁을 겪었고, 2016년에는 현대상선이 주채권은행인 산업은행의 자회사가 되면서 현대의 품을 떠났다. 그 결과, 현대그룹은 현대아산·현대엘리베이터·현대UNI·현대투자파트너스·현대경제연구원·현대글로벌·현대무벡스·에이블현대호텔앤리조트·현대종합연수원 등만 남았다.

이처럼 정주영 사후 현대가 쪼개지고 쪼그라든 것은 결국 창업주인 정주영의 책임이라는 분석이 있다. '왕회장'으로 상징되는 독단적 경영, 가부장적 족벌경영 등의 문제가 그의 사후 불거져 그룹 전체에 영향을 미쳤다는 것이다. 그의 밀어붙이기식 경영도 구시대적이라는 비판을 피할 수 없다. 기업을 일으킨 원동력이 양날의 칼이 되어 돌아온 격이다.

10

교보생명 신용호

확고한 철학의 '대산 다이너마이트'

교보생명은 우리나라를 대표하는 보험회사 중 하나이고, 교보생명이 만
든 교보문고는 우리나라를 대표하는 서점이다. 교보생명과 교보문고를
창업한 인물이 바로 대산大山 신용호愼鏞虎이다.

입학을 거절당한 책벌레

신용호는 1917년 8월 11일 아버지 신성언愼聖彦과 어머니 유매순柳每順
사이의 6남 중 5남으로 태어났다. 그가 태어난 곳은 명확하지 않다. 전라
남도 영암군靈巖郡 덕진면德津面 솔안마을에서 태어났다고 알려져 있지만,
전라남도 광주에서 출생하여 얼마 안 되어 솔안마을로 이사를 갔다는 이
야기도 있다. 분명한 것은, 목포로 이사 가기 전 어린 시절 대부분을 솔안
마을에서 보냈다는 사실이다.

신용호의 맏형 신용국愼鏞國은 항일농민운동 주동자로 감옥에 갇혔고,
셋째 형 신용원愼鏞源 역시 일본에서 항일학생운동을 벌이다 투옥되었다.

아버지 신성언도 일본인 지주들의 농민 수탈에 항의하는 소작쟁의를 주동하다 두 차례나 감옥에 다녀온 바 있다. 이후 일본 경찰의 감시가 심해지자 그의 아버지는 목포로 이사했다.

목포에서 신용호는 학교에 입학하려 했지만 취학 연령이 4년이나 지났다는 이유로 입학을 거절당했다. 신용호는 폐병을 앓으며 7세부터 3년간 죽음의 문턱을 넘나들 정도로 몸이 허약했다. 때문에 입학 시기를 놓쳤던 것이다. 그러나 단지 나이가 많다는 이유로 학교에서 입학을 거부하지는 않았을 것이다. 앞서 살펴봤던 금호그룹의 박인천과 효성그룹의 조홍제는 17세에 보통학교에 입학했다. 이로 보아 아버지와 형들의 항일 경력이 신용호의 입학 거절 사유가 아니었을까 추측할 수 있다.

비록 입학은 거절당했지만 신용호는 학업에 대한 꿈을 포기하지 않았다. 집에서 하숙을 하는 어머니를 돕던 그는 보통학교 1학년 교과서로 홀로 공부를 시작했다. 보통학교 과정을 마친 후에는 상업학교 교과서로 중학교 과정도 독학으로 마쳤다. 이어 그는 천 일 동안 열흘에 한 권의 책을 읽어 1백 권 이상을 읽겠다는 '천일독서'를 계획하고, 하루 4시간 이상 잠을 자지 않으며 책을 읽어 나갔다. 그가 나중에 교보문고와 대산문화재단 등 교육과 문화사업에 힘쓰고 일정한 성과를 거둔 것은 이때의 독서 경험이 작용했을 것이다.

중국에서 미곡상으로 성공했으나

'천일독서'를 실천할 만큼 어린 신용호는 책을 좋아하고 문학가가 되고 싶어 했다. 하지만 현실은 돈을 벌어야 했다. 1936년 스무 살이 된 그는 경성으로 가서 자립하려 했으나, 아버지와 어머니 모두 반대했다. 그는 형의 주머니에서 2원을 훔쳐 야간열차를 타고 경성으로 향했다. 경성 친척 어른 집에 머물던 그는, 친척 아저씨 신갑범申甲範을 만나 인생의 전기를 마련한다. 문학평론가이자 독립운동가였던 신갑범을 통해 시인 이육사, 평론가 이원조李源

청년 시절의 신용호.

朝 등과 교유하면서 견문을 넓혀 나갔다. 그러면서 신용호는 중국으로 가서 장사를 해야겠다는 결심을 했다고 한다. 하지만 그가 이육사와 이원조 등을 만난 것은 중국으로 옮겨 간 후의 일이라는 이야기도 전하는 만큼, 이에 대해서는 좀 더 상세한 고찰이 필요하다.

신용호는 중국으로 가기 전 만주에서 중국어를 익히면서 생활비를 벌 계획을 세웠다. 문제는 숙박비와 여비였다. 1백 원이라는 거금이 필요했지만 돈을 마련할 방법이 없었다. 그는 또 다른 친척 아저씨를 찾아가 자신의 실력과 젊음, 그리고 포부를 담보로 돈을 빌려 달라고 청했다. 부유했던 친척 아저씨는 아들의 5학년 교과서로 신용호를 시험해 본 후 그에게 돈을 마련해 주었다.

신용호는 두만강을 건너 신갑범과 만나기로 한 지린성 투먼으로 갔다. 투먼에서 헤이루장성 무단장과 자무쓰 등을 전전하다, 다시 하이라얼로 옮겼다가 다롄으로 향했다. 랴오둥반도의 남쪽 끝에 있는 항만도시 다롄에서 신용호는 후지다상사藤田商社에 취직하여 1개월간 연수를 받았다. 연수 후 그는 후지다상사 사장에게 본사 직할판매부가 거래하지 않는 중소 고객을 대상으로 하는 판매대리점 개설을 제안했다. 자신이 대리점 점장이 되고 판매사원에게 판매 실적에 따라 대금의 일부를 되돌려 주는 비례급 판매사원으로 운영하겠다는 내용이었다. 일종의 리베이트rebate를 도입한 것인데, 당시로서는 획기적인 발상이었다. 사장이 이 제안을 받아들이면서 신용호는 후지다상사 점장으로 사업의 첫발을 내딛었다. 그의 생각은 적중하여 1년여 만에 큰돈을 모을 수 있었다.

중국에서 어느 정도 성공을 거둔 신용호는 1년 6개월 만에 경성으로 돌아와 친척 아저씨께 빌린 돈을 갚았다. 또, 집에 돌아가 부모님을 뵙고 집과 논을 장만할 돈을 드렸다. 그리고 이번에는 가족들의 환송을 받으며 다시 다롄으로 향했다. 2년여 간 후지다상사 점장으로 근무한 신용호는 더 큰 무대로 나가고 싶었다. 1938년 7월, 그는 후지다상사 사장에게 감사의 뜻을 전한 후 다롄을 떠나 베이징을 거쳐 상하이에 도착했다. 상하이에서 양곡 유통 사업을 하기로 결정하고 베이징으로 돌아왔다.

처음 신용호는 여러 가지 양곡을 취급했지만 밀과 수수는 이익이 적어 쌀에만 주력했다. 당시 중국은 지역마다 쌀값이 달랐다. 그는 여러 지역의 소도시를 돌며 쌀을 산 뒤 베이징이나 톈진의 도매상에 넘겨 이윤을 남겼다. 1년가량 트럭 한 대에 운전기사 한 명을 데리고 장사를 하던 그는, 1940년 허베이와 베이징에서 제일가는 회사를 만들겠다는 의미에서 '북일공사北一公社'를 설립했다.

중국의 미곡상들은 대부분 싼 가격에 미곡을 사서 창고에 쌓아 두었다가 비쌀 때 되팔았다. 하지만 신용호는 쌀을 사서 바로 팔고, 이익을 합쳐 더 많은 쌀을 사서 파는 방식으로 이익을 확대시켜 나갔다. 다섯 명의 사원으로 출발한 북일공사는 1년 후 사원 수가 20명이 넘을 정도로 매출과 이익이 늘어났다. 신용호는 중국의 관청과 기관에 쌀을 공급할 계획을 세웠고, 1940년 1월 일본인의 만주 이민을 전담했던 만주척식공사와 양곡 납품계약을 맺는 데 성공했다. 사업은 승승장구하여 1944년에는 창업 이래 최대의 흑자를 올렸다.

1945년 8월 15일 정오, 일제의 쇼와昭和 덴노가 항복을 선언했다. 중국 정부는 일본인들의 재산 반출을 막고자 외국인이 은행에 예치해 둔 예금의 일정 금액 이상을 찾지 못하는 조치를 내렸다. 이로 인해 신용호도 중국의 은행에 맡겨 둔 막대한 돈을 찾을 수 없게 되었다.

일제가 패망하자 중국에 있던 동포들은 귀국을 위해 베이징에 모였고, 3개의 귀국부가 만들어졌다. 신용호는 제2귀국부장을 맡아 교포들의 안전을 책임졌다. 이와 함께 대학생들을 주축으로 교민청년단을 조직케 하여 치안을 맡기고, 교민들의 불안과 궁금증 해소를 위해 '교민보'라는 신문을 발행했다. 이 과정에서 그는 고국으로 가져가기 위해 남겨 둔 돈을 모조리 써야만 했다. 1년 가까이 지난 후 그는 톈진에서 배를 타고 1946년 5월 25일 부산으로 돌아왔다. 고국을 떠날 때와 마찬가지로 빈털터리였다.

출판, 직물, 제철 … 또다시 빈털터리

고국으로 돌아온 신용호는 군산에서 출판사인 '민주문화사'를 설립했다. 국민을 교육하고 문화 발전에 기여하는 사업이 출판이라고 생각했기 때문이다. 그는 첫 번째 책으로 《여운형 선생 투쟁사》를 출간했다. 이 책은 18쇄까지 찍을 정도로 많이 팔렸다. 하지만 큰 이익을 얻지는 못했다. 서점에서 책을 외상으로 가져다가 판매 후 한 달에 한 번씩 대금을 지불했는데, 서점에서 대금 지불을 제대로 하지 않았던 것이다. 결국 출판사 문을 닫을 수밖에 없었다.

민주문화사 실패 후 신용호는 동업자 장씨와 함께 '군산직물'을 인수해 광목을 생산했다. 군산직물이 1년 정도 호황을 누렸을 때 미군정이 미국에서 조면繰綿을 대량으로 수입하여 대형 방직공장에 공급했다. 신용호는 앞으로 소규모 면방직 공장은 어려워질 것으로 판단했다. 그래서 견직물 생산으로 전환하자고 했지만 동업자가 반대했다. 그는 군산직물을 동업자에게 넘기고 익산에서 '한양직물'을 설립해 견직물 생산을 시작했다. 한양직물은 수요를 감당할 수 없을 정도로 호황을 누렸으나, 하필 그때 한국전쟁이 발발했다.

익산에 북한군이 들어오자 신용호는 몸을 피했다. 하지만 한 달쯤 후 익산보안대에 잡혀가 목숨이 위태로운 지경이 되었다. 이때 한양직물 직공들이 구명운동을 벌여 풀려날 수 있었다. 평소 노동자들을 인간적으로 대한 덕분이었다. 보안대에서 풀려난 그는 영암에서 숨어 지내며 시간을 보냈다.

1950년 9월 28일 서울 수복이 이루어지자 익산으로 돌아온 신용호는 한양직물을 다시 가동했다. 그러나 전쟁이 한창 중인 만큼 견직물은 팔리지 않았다. 그는 다시 한 번 실패를 맛보아야만 했다. 신용호는 전쟁 중에는 사람들이 한복보다는 양복과 양장을 많이 입는다는 점에 착안하여 1952년 다시 재기에 나섰다. 서울 영등포에 동아염직을 설립한 것이다. 동아염직에서는 염색사로 다양한 무늬를 넣어 직조하는 일을 했다. 하지만 동아염직 역시 전후 경기침체의 영향에서 벗어나지 못하고 문을 닫아야만 했다.

동아염직 실패 후 사업 구상을 하며 시간을 보내던 신용호는 전후 복구사업이 이루어질 때 철의 수요가 많을 것이라는 생각을 했다. 그는 투자자들을 모아 한국제철을 설립하고 영등포에 국내 최초로 냉간압연시설을 도입했다. 하지만 공장 건설 막바지에 산업은행이 대출 중단을 선언했다. 투자자 중 무소속의 양일동梁一東 의원이 있었는데, 당시 집권당이던 자유당이 한국제철을 야당 회사로 몰아 대출을 중단시켰던 것이다. 1955년 봄, 시운전을 눈앞에 둔 상태에서 한국제철 공사는 중단되었다. 그는 또다시 빈털터리 신세가 되었다.

대한교육보험에서 교육생명보험으로

한국제철 실패한 후 신용호가 관심을 가진 분야는 보험이었다. 우리 역사에서 보험의 형태는 신라시대 보寶의 모습으로 처음 등장했다. 보는 공공사업을 위해 재단을 만들어 자산을 마련한 후 그 기금을 대출하여 이자로 경비를 마련하는 것이었다. 고려시대에는 장학사업을 위한 학보學寶, 불경 간행을 위한 경보經寶, 팔관회 경비를 마련하기 위한 팔관보八關寶, 빈민 구제를 위한 제위보濟危寶, 왕실 재정을 위한 내장택보內庄宅寶와 궁원보宮院寶, 관마를 관리하기 위한 관마보官馬寶 등이 있었다. 조선시대에는 재난에 대비하기 위한 상평보常平寶 등이 있었고, 이후 보는 계契의 형태로 계승되었다.

현대적 의미의 보험은 개항 이후 등장했다. 1880년 동경해상보험東京海上保險 부산대리점이 최초의 근대적 보험회사였으며, 생명보험은 1891년 제국생명보험帝國生命保險 부산대리점이 최초였다. 일제강점기인 1921년 10월에는 한상룡韓相龍이 중심이 되어 조선생명보험을 설립했다. 조선생명은 광복과 함께 영업이 정지되었다. 해방 이후인 1946년 9월 대한생명, 1947년 2월 협동생명과 4월 고려생명, 1950년 1월 흥국생명이 창립되었다. 하지만 한국전쟁이 발발하면서 생명보험업은 유명무실한 상태가 되었다.

1954년 10월 재무부는 생명보험사업의 재개를 지시했고, 12월 제일생명이 설립되었다. 1955년 대한생명, 1956년 고려생명이 재개업을 했고, 1957년 5월 동방생명보험이 개업했다. 흥국생명은 1958년 재개업했지만 휴업 상태에 있다가 1960년 5월 영업을 재개했다. 이 시기에는 보험 상품 역시 단조로워 단체보험·생존보험·양로보험 정도만 있었다.

신용호는 사업 대상으로 생명보험이 아닌 교육보험을 구상했다. 한국전쟁 중에 대학생들에게 병역 연기 또는 면제 혜택을 주면서 대학교에 학생들이 몰렸다. 여기에 전쟁으로 인한 인력 손실이 커 자연스럽게 사회 이동이 활발해질 여건이 만들어졌다. 저마다 좋은 일자리를 차지하려는 경쟁이 치열해졌고, 학력이 인재 선발의 객관적 기준이 되면서 교육열이 높아졌다. 그 결과, 1945년 137만여 명이던 초등학생 수가 1960년에는 360

만여 명으로 두 배 이상 급
증했다. 같은 기간 중학생
은 5만여 명에서 53만여 명,
고등학생은 8만여 명에서
26만여 명, 대학생은 7천여
명에서 10만여 명으로 증가
했다.

1957년 대한교육보험 출범 당시 종로 사옥.

　신용호는 앞으로 경제가
발전하면 교육 수요가 더 늘어날 것으로 예상했다. 그는 우리 역사에 자녀
교육을 위한 '학계學契'가 있었다는 사실에서 교육보험의 성공을 확신했
다. 그가 구상한 교육보험은 생명보험 원리와 청소년 교육을 접목시켜 보
험금을 지급하는 독특한 보험 상품이었다. 많은 사람들은 신용호가 교육
보험을 세계 최초로 개발한 것으로 알고 있지만, 일제강점기 조선생명이
이미 교육보험을 개발·판매한 적이 있다. 신용호는 이를 획기적으로 개선
하여 주력 상품으로 판매했던 것이다.

　1957년 3월 신용호는 보험회사 설립을 위해 창립사무소를 확보하고, 5
월에 발기인대회를 열었다. 하지만 주주 모집이 쉽지 않았다. 뿐만 아니
라 정부에서 보험회사 설립 허가를 내주지 않았다. 그는 재무부장관을 만
나 직접 설득하려 했지만 만날 수 없었다. 그는 6개월 동안 재무부장관 집
앞에서 매일 면담을 신청했고, 결국 김현철金顯哲 장관을 만나 교육보험의
취지를 설명하여 설립 허가를 받을 수 있었다. 그런데 또 하나의 난관이
그를 기다리고 있었다. 당시 보험업은 반드시 생명보험을 명시해야만 했

1958년 8월 대한교육보험 개업식에
서.

던 것이다. 결국 그는 교육보험이라는 이름을 내걸지 못하고 '태양생명보험'이라는 상호로 설립 인가를 받았다.

1958년 6월, 신용호는 태양생명보험을 설립했다. 회사 설립 11일 후에는 재무부 관리들을 설득해서 상호변경 허가를 얻어 냈고, 7월 드디어 '대한교육보험'으로 상호를 변경했다. 이와 함께 진학보험 인가도 얻었다. 진학보험은 자녀가 대학에 합격하면 보험금으로 학자금을 지급하는 보험이었다. 지금은 당연해도 당시로서는 파격적인 상품이었다.

1598년 8월부터 신용호는 본격적으로 영업을 시작했다. 전국의 도청소 재지에 지사를 설치했다. 지사 운영은 지사장이 인력·시설·활동 등을 책임지고 운영하는 총대리점 형태였다. 그가 중국에서 후지다상사에 제안해 큰 성공을 거둔 비례급 판매 형태를 보완한 것이었다. 총대리점은 지금의 보험설계사 제도의 원형이라고 할 수 있다.

대한교육보험은 첫 2년 동안은 실적이 부진하여 큰 어려움에 처하기도 했다. 하지만 "매일 담배 한 갑으로 자녀의 교육을 평생보장"이라는 상징적 구호가 점차 호응을 얻기 시작했다. 진학보험이 고객의 다양한 수요 대처에 미흡하다는 판단 하에 신용호는 1958년 9월 아동보험, 1959년 1월에는 육영보험 등을 개발하였다. 또, 군장병의 단체 저축성 보험인 화랑보험도 개발했다.

1960년 4·19혁명의 혼란 속에서도 대한교육보험은 기존의 진학보험·아동보험·육영보험 등의 취약점을 보완한 교육보험을 인가받았다. 이 교육보험 상품은 초등학교부터 고등학교까지 학교를 졸업할 때마다 보험금을 지급하여 교육비로 쓸 수 있도록 한 것은 물론, 대학에 진학하지 않으면 보험금을 사업 자금으로 쓸 수 있고, 가입자가 사망하면 사망보험금으로도 지급할 수 있는 획기적인 상품이었다. 1964년 11월부터는 10년·15년·20년 만기인 순수 양로보험 형태의 단기양로보험, 1967년에는 고금리를 반영한 특별양로보험 등을 내놓았다. 양로보험은 국민들의 관심 부족으로 실적이 저조했지만, 1967년 8월 내놓은 가정보험은 호조를 보였다.

1961년 5·16쿠데타로 집권한 박정희는 경제 개발에 필요한 재원을 마련하기 위해 1962년 2월 공무원과 국영 기업체 직원의 급여 중 2퍼센트를 강제로 저축케 하는 '국민저축조합법'을 제정하고, 보험회사를 은행과 동등한 저축기관으로 지정했다. 이로써 보험회사도 은행처럼 영업할 수 있게 되었다. 보험사로서는 도약할 수 있는 기회가 아닐 수 없었다.

같은 해 6월 20일 대한교육보험은 전국엽연초조합연합회와 당시 업계 최대 액인 12억 원의 단체보험계약 체결에 성공했다. 이어 11월 해군, 이듬해 3월에는 전국 교육공무원과 국민저축 계약 체결에 성공했다. 여기에 만족하지

1964년 9월 최우수저축기관으로 선정되어 대통령표창을 받는 모습.

않고 신용호는 국내에서 가장 액수가 큰 육군과의 계약을 계획했다.

육군은 전입·전출·전역이 잦고 매년 호봉이 올라 급여 변동이 심한 탓에 그때마다 추가계약을 맺어야만 했다. 이런 문제점 때문에 육군과 계약을 맺은 체신부는 이자 계산이 틀리는 등 업무에 애를 먹고 있었다. 신용호는 육군이 갖는 업무의 번잡함을 해소하고, 보험료를 3분의 1 이하로 낮추며, 제대할 때 보험금과 특별배당금을 지급하는 특종저축보험 상품을 개발했다. 당시 많은 보험사들이 육군과 계약을 맺기 위해 정치권에 선을 대고 있었다. 그런데 신용호는 군인 자녀를 위한 학교 건립을 위한 건축비로 2억 원의 거금을 내놓았다.

신용호의 끈질긴 노력 끝에 1967년 4월, 대한교육보험은 육군과 계약을 체결하는 데 성공했다. 육군과의 계약으로 대한교육보험은 창립 9년 만에 보험업계 정상의 위치에 올랐다. 신용호는 대한교육보험 창업 당시 10년 이내에 회사를 업계 정상 위치에 올려놓고 경영 일선에서 물러나겠다고 결심했다. 그는 이 결심대로 1967년 5월 15일 사장직을 조준호趙俊鎬 부사장에게 넘기고 이사회 회장으로 물러났다.

1970년 3월 25일, 신용호는 '제2의 창사'를 선언했다. 핵심 내용은 경영 부분의 제도 개혁이었다. 개혁의 첫 번째는 예산의 과학적 운용 방법을 창출하기 위해 예산과를 신설하고 예산관리제도를 도입하는 것이었다. 그러면서 간부 사원들을 10개월간 일본에서 전산교육을 받게 한 후 전자계산실을 발족시켜 전산화 작업을 추진했다. 1971년 7월 대한교육보험은 일본과 합작하여 '한국전산'을 설립, 업계 최초로 컴퓨터 시스템을 도입했다.

1975년, 신용호는 회장직에서 물러나고 명예회장에 추대되었다. 그런데 이 무렵, 퇴직금 지급이 사회문제로 대두되고 있었다. 이 문제를 해결하기 위해 대한교육보험은 종업원퇴직적립보험을 개발하여 1977년 12월 업계 최초로 삼양사에 판매하였다.

1970년 3월, 신용호는 '제2의 창사'를 선언했다.

1979년 본사 사옥이 준공될 무렵, 신용호는 직원들에게 자신을 명예회장이 아닌 창립자로 불러 달라고 요청했다. 창립자로서 회사를 보필하겠다는 의지를 피력한 것이다. 그는 건강의 최대의 적이 암이라는 데 주목했다. 그리하여 1980년 12월, 공익성에 무게를 둔 암보험을 개발했다. 현재 생명보험의 대표 상품 중 하나인 암보험도 그의 머리에서 나왔던 것이다.

1993년 12월, 대한교육보험은 서울신탁은행으로부터 대한증권을 인수하여 '교보증권'을 출범시켰다. 1995년에는 장기신용은행 주식 8퍼센트를 인수하여 은행업에도 진출했다. 이로써 대한교육보험은 은행-보험-증권 업무를 유기적으로 연결한 종합금융그룹으로 부상할 수 있게 되었다. 1995년 4월, 대한교육보험은 생명보험까지 총괄한다는 의미에서 '교육생명보험'으로 회사 이름을 바꾸었다.

1997년 12월 3일, 국가부도 위기에 처한 우리나라가 IMF(국제통화기금)로부터 구제금융을 지원받는 양해각서를 체결하면서 나라 전체가 대혼돈에 휩싸였다. 돈을 빌려 간 기업들의 연쇄부도로 채권과 대출 자산 부실이

늘었고, 주가가 폭락했다. 보험 해약도 급증하여 교보생명 역시 큰 타격을 입었다. 신용호는 경영 일선 복귀를 결심했다. 그는 제일 먼저 해약 방지 상담기법을 상담 직원들에게 집중 교육해 계약을 유지하는 데 총력을 기울였다. 이와 함께 악화된 경제 상황을 감안해 업계 최초로 실직자를 위한 보험을 개발했다. 또, 회사 보유 주식을 매도하면서 국공채 중심으로 전환했다. 그 결과 2조 원의 지급 능력을 확보할 수 있었다.

절대 위기 상황에서 임직원들은 신용호에게 다른 회사들처럼 인력 감축을 하자고 건의했다. 하지만 그는 1998~1999년 오히려 신입사원을 6백 명이나 선발했다. 1999년에는 실업자 가정주부들을 생활설계사로 입사시켰다. 그런데 신용호는 1993년 담도암 판정을 받은 상태였다. 병원에서는 치료가 불가능하다며 기운이 있을 때 여행을 다니고 맛있는 음식을 먹으라고 권했다. 그는 암과 싸우며 여생을 보내느니 죽든 살든 결판을 내겠다며 일본에서 암수술을 받았다. 수술 후 2개월간 중환자실에서 지냈지만 결국 그는 암을 이겨냈다. 그런데 8년이 지난 2001년, 암이 간으로 전이되었다. 신용호는 고주파 치료를 받으면서 극도로 쇠약해져, 결국 2003년 9월 1일 86세의 나이로 세상을 떠났다.

서울 중심부에 서점을 연 까닭

신용호는 대한교육보험 창업식 때 직원들에게 "서울에서 가장 좋은 자리에 가장 좋은 사옥을 짓겠다"고 약속했다. 그는 이 약속을 지키기 위해 서울 세종로에 사옥을 짓기로 결심했다. 그리고 부지 매입에만 7년의 시간을 들였다.

신용호가 서울의 중심부에 사옥을 건설하려고 하자, 정부에서는 사옥이 아닌 호텔을 지으라며 융자도 보장하겠다고 제안했다. 하지만 그는 기업 이미지와 호텔업은 맞지 않는다며 거절했다. 사옥이 거의 지어질 무렵, 청와대 경호실이 나서서 22층 건물을 17층으로 낮출 것을 지시했다. 대통령 경호 때문이라고 했지만, 호텔을 지으라는 권유를 거절했기 때문이다. 임직원들은 모두 준공된 건물 중 다섯 층을 잘라 내는 수밖에 방법이 없다고 했지만, 그는 박정희에게 편지를 보내 부당함을 설명하여 사옥을 지켜 냈다.

사옥을 지을 무렵, 경영 일선에서 한 발 물러나 있던 신용호는 우리나라 최초의 책백화점을 만들기로 결심하였다. 어린 시절 '천일독서'를 실천했던 그는 제2차 세계대전의 패전국 독일과 일본이 다시 일어선 것은 높은 독서열 덕분이라고 믿었다. 해방을 맞아 중국에서 귀국 후 첫 사업으로 출판사를 차린 것도 독서를 통해 우리 국민들이 살 길을 찾을 수 있을 것이라고 생각했기 때문이다.

비록 그때 출판업은 실패했지만, 그는 항상 독서인구가 확대되어야 한다고 생각했다. 그의 신념은 교보문고 설립으로 이어졌다. 국민 정신문화 향상에 이바지하고, 가정과 학교

1977년 교보 광화문 사옥 건축 당시의 모습.

와 사회를 연결하는 교육의 현장을 마련하겠다는 목표였다.

서울 중심에 교보 사옥이 들어선다고 하자, 교보생명 빌딩이 준공도 하기 전에 지하 1층에 입점하고 싶다는 청탁이 줄을 이었다. 부동산기획팀은 지하 공간에 고급 식당과 편의시설을 입점시킬 계획을 세웠다. 그러나 신용호는 서점 개설을 지시했다. 교보생명 임직원들은 적자를 볼 것이라며 반대했다. 허가 관청인 재무부도 서점이 손해를 보면 보험회사에 악영향을 미친다며 반대했고, 군소 서점들도 대형 서점의 출현을 반대했다. 하지만 그는 "독자들이 원하는 책과 만날 수 있는 장소를 만들어 주어야겠다."며, 처음에는 적자를 보겠지만 2년 이내 손익분기점을 넘어설 수 있을 것이라고 확신했다.

1980년 12월 24일 승인을 얻은 교보문고는, 1981년 6월 1일 장서량 60만 권 규모로 문을 열었다. 이때 신용호는 교보문고 직원들에게 다음과 같은 지침을 내렸다.

- 모든 고객에게 친절하고 초등학교 학생들에게도 존댓말을 쓸 것
- 한곳에 오래 서서 책을 읽는 것을 절대 제지하지 말고 그냥 둘 것
- 책을 빼보기만 하고 사지 않더라도 눈총 주지 말 것
- 앉아서 노트에 책을 베끼더라도 제지하지 말고 그냥 둘 것
- 간혹 책을 훔쳐 가더라도 도둑 취급하여 절대 망신을 주지 말고 남의 눈에 띄지 않는 곳으로 인도하여 좋은 말로 타이를 것

그는 직원들에게 이 다섯 가지 지침을 실천토록 하였다. 그는 완전 개방

형 서점으로 우리나라 국
민 모두가 누릴 수 있는
'책 천국'을 만들고자 했던
것이다.

'사람은 책을 만들고 책은 사람을 만든다'. 서울 광화문 교
보문고 입구 돌비석에 새겨진 유명한 글귀다.

　교보문고는 책을 판매
만 하는 데 그치지 않았다. 신용호는 팔리지 않아도 좋은 책을 출판해야
한다는 신념으로 1982년 교보문고에 출판부를 만들었다. 1985년부터는
세계 주요 대학의 학술 정보를 취합하여 공급하는 UMI(University Microforms
International)와 유대하여 세계의 주요 학술논문을 국내 학자들에게 공급했
다. 2000년 대구, 2001년 부천, 2002년 부산, 2003년 서울의 강남 등에도
교보문고 지점을 열어 전국 어디에서나 교보문고를 이용할 수 있도록 하
였다.

배우면서 일하고 일하면서 배운 '학력學力'

　1976년 7월, 세계대학총장회의(IAUP)는 교육보험을 개발하여 교육 진
흥에 기여한 공로로 신용호에게 왕관상을 수여했다. 1983년 6월에는 세
계 보험 종사자들과 보험학자들로 구성된 세계보험협회(IIS)가 수여한 세
계보험대상을 수상했다. 1983년 10월 앨라배마대학교는 그를 '보험의 대
스승Insurance Mentor'으로, 1994년 10월에는 최고명예교수로 추대했다. 1996
년 7월 세계보험협회는 그에게 '세계보험전당 월계관상'을 수여하고, '신
용호세계보험학술대상'을 제정하여 그의 공적을 기렸다. 2001년 1월에는

신용호가 1987년 충남 천안에 세운 교보생명 연수원 '계성원'.

아시아 생산성기구(APO)의 '2000년 APO국가상'도 받았다.

1996년 6월 한국경영사학회는 신용호를 기업 경영의 모델적 창업주로 선정하여 창업대상을 수여했다. 같은 해 8월에는 기업 경영인으로는 최초로 문화예술부문 최고훈장인 금관문화훈장을 수상했다. 그의 경영 이념은 교수나 기업인들에게만 인정받은 것이 아니다. 1996년 연세대학교 상경대학 경영학과 학생들은 신용호를 '기업의 사회적 임무를 수행한 가장 존경하는 기업인'으로 선정하여 그에게 제1회 기업윤리대상을 수여했다. 1999년 숭실대학교에서 '신용호의 경제사상과 경영철학', 2000년 순천향대학교에서 '신용호의 기업가정신' 등의 교과목이 개설되었다.

신용호는 교보생명이라는 한국 굴지의 보험회사를 창업한 인물이지만, 앞서 살펴본 대로 수없는 실패를 거듭했다. 민주문화사, 한양직물, 동아염직, 한국제철 등 교보생명 창립 이전에 그가 손을 댔다가 실패한 업종만도 여러 가지다. 교보생명 창립 이후에는 1966년 건설시장에 참여하기 위해 대교산업을 설립했지만, 정부 주택정책의 혼선으로 결국 사업을 접었다. 1973년에는 2월에 신흥목재, 5월 풍국제지, 7월 대한도기 등을 인수했다가 1973년 1차석유파동으로 경영이 악화되어 1977년 5월에 이들 회사를 모두 정리하기도 했다. 이처럼 그는 여러 차례 실패했지만 역경을 이겨 냈다. 그래서 사람들은 신용호의 저력을 '대산 다이너마이트'라고 불렀다. 다이너마이트를 발명한 알프레드 베른하르드 노벨의 칠전팔기七顚八起 정신과 비슷하다고 해서이다.

신용호는 사업에서만 쓴맛을 본 것이 아니다. 1980년 신군부 세력에게 대한교육보험이 가지고 있던 문화방송(MBC) 주식 10만 주를 빼앗겼고, 뒤이어 그가 살던 집을 안전기획부의 안전가옥으로 사용한다는 명목으로 강탈당하듯이 팔 수밖에 없었다.

신용호의 학력에 대해서는 두 가지 이야기가 전한다. 학교를 전혀 다니지 못했다는 이야기도 있고, 다롄중학교와 베이징대학교를 다녔다는 이야기도 전한다. 아마도 입학은 했지만 학교를 제대로 다니지 못한 듯하다. 즉, 제도권 교육을 거의 받지 못한 것이다. 때문에 그는 이력서 학력난에 '배우면서 일하고, 일하면서 배운다'라고 썼다. 그는 '학력學歷'이 아닌 실천하는 학식인 '학력學力'을 중시했던 것이다.

성공한 사업가 대부분이 그렇듯이 신용호 역시 불필요한 소비를 하지 않았다. 그는 신용카드를 사용하지 않고 반드시 현금으로 계산했다. 신용카드를 쓰면 돈의 가치를 느낄 수 없다는 이유에서였다. 임원들과 골프를 치는 등 사내 모임을 할 때에도 절대 법인카드를 사용하지 못하게 했다. 회사 공금이라는 이유에서였다. 공과 사를 분명히 구분하는 모습은 효성의 창업가 조홍제와 닮은꼴이다.

교보문고 안에 식음 공간을 만들 때 미국의 아이스크림 체인인 베스킨라빈스가 입점하기로 되어 있었다. 그런데 이 사실을 안 신용호는 "돈 좀 벌겠다고 청소년들에게 꼭 외국 것을 먹여야 하느냐?"라며 호통을 쳤고,

교보생명 임직원들이 신용호의 어록을 기록한 비석(계성원 내).

결국 계약이 해지되었다. 그에게는 기업 이윤보다 조국의 미래를 책임질 청소년이 더 중요했던 것이다.

신용호는 "소금이 있어야 간을 먹는다."는 말을 자주 하였다. 기업의 생존은 소금 역할을 하는 우수한 인재 확보에 달렸다는 의미다. 그는 대한교육보험이 성장세를 타던 1964년부터 학생들에게 입학장학금을 주기 시작했다. 1967년 춘천의 제일고등학교 설립 기금으로 1억 5천만 원, 1969년에는 서울 중경학원에 1억 7천만 원을 기부하였다. 인재 양성에 대한 그의 신념은 1971년 지방 인재 양성과 향토문화 발전에 기여할 목적의 '영암장학회' 발족으로 구체화되었다.

1983년 5월부터는 체육꿈나무진흥사업을 시작했다. 우리나라 체육계를 이끌어 갈 어린 선수들의 경기력 향상과 국민체육 진흥에 기여할 목적으로, 특히 비인기종목을 집중 지원하는 이 사업은 그의 생각대로 우리나라 체육진흥에 직접적인 효과를 나타냈다. 체육꿈나무진흥사업을 통해 지원받은 전이경은 1998년 나가노동계올림픽에서 쇼트트랙 5백 미터·1천 미터·3천 미터 계주에서 금메달, 1994년 릴레함메르 동계올림픽에서 쇼트트랙 1천 미터와 3천 미터 계주에서 금메달을 획득했다. 김소희 역시 릴레함메르동계올림픽 쇼트트랙에서 3천 미터 계주 금메달·1천 미터 동메달을 획득했다. 여홍철은 1996년 방콕아시안게임 기계체조 뜀틀에서 금메달, 1998년 애틀란타올림픽에서는 은메달을 획득했다.

1991년 10월, 신용호는 한국 농촌의 경쟁력 강화와 선진국형 복지농촌 전환을 지원하기 위해 '대산농촌문화재단'을 출범시켰다. 문학에도 많은 관심을 갖고 한국문학의 세계화를 목표로 '대산문화재단'을 설립하였다. 1992년 12월 설립된 대산문화재단은 창작문화 창달, 민족문화 진흥, 국제 교류 증진 등을 지원하는 사업을 펼치고 있다. 1997년 4월에는 환경 개선과 환경 교육을 위해 '교보생명교육문화재단'을 설립하기도 했다.

신용호는 지도자에게는 타조형과 독수리형의 두 가지 유형이 있다고 말했다. 타조는 지상에서 가장 빠른 동물이지만 앞에 낭떠러지가 있어도 마냥 달리므로 지혜롭지 못하다. 반면 독수리는 하늘 높이 떠서 세상을 바로 보기 때문에 높고 멀리 깊게 보는 안목이 있다. 그가 중시했던 리더십은 바로 독수리형 지도자였다. 이와 함께 그가 강조한 것이 신념이다. "맨손 가락으로 생나무를 뚫는다." 그가 생전에 자주 했다는 이 말은 어떤 어려움에도 목표를 설정하고 끊임없이 노력했던 그의 모습을 단적으로 표현한다 하겠다.

11

한진그룹 조중훈

'월남재벌'의 사업은 타이밍

대한항공은 아시아나와 함께 우리나라를 대표하는 양대 국적 항공사이다. 대한항공의 창업가로 평생 '수송외길'을 외치며 오늘날의 한진그룹을 일군 인물이 바로 조중훈趙重勳이다.

자동차 수리공장을 차린 2등기관사

조중훈은 1920년 2월 11일 서울시 미근동에서 아버지 조명희趙命熙와 어머니 태천즙太天楫 사이의 4남 4녀 중 둘째로 태어났다. 어릴 때 이름은 정석靜石이었다. 어질러 놓고 놀기를 좋아하는 그에게 동動과 정靜이 조화를 이룬 사람이 되라는 뜻이었다. 그는 후에 '정석'을 호로 삼았다.

1934년 조중훈은 미동보통학교를 마치고, 지금의 휘문중학교의 전신인 휘문고보에 진학했다. 그는 어렸을 때부터 책 읽기와 기계 만지는 것을 좋아했고, 과학과 수학 성적이 뛰어났다고 한다. 조중훈은 비교적 유복한 생활을 하며 성장했다. 하지만 아버지가 운영하던 직물점이 부도를 맞아 가

정 형편이 어려워지면서 휘문고보 2학년 때 중퇴해야만 했다. 그리고 취업이 잘되는 국비 교육기관인 경상남도 진해에 있던 해원양성소에 입학하였다. 해원양성소는 지금의 한국해양대학교의 전신으로, 조중훈은 이곳의 기관과를 졸업한 후 선박 기술을 더 배우려고 일본으로 건너갔다.

조중훈은 고베에 있는 후지무라藤村조선소에 취직하여 선원 생활을 시작했다. 2년의 수습 기간을 마친 후 일본에서 2등기관사 자격증을 취득하였다. 이후 일본 화물선을 타고 상하이·홍콩·동남아시아 등을 항해하였다. 이때 그는 "지금은 일본 배를 타고 왔지만 언젠간 나의 배, 조선의 배를 타고 오리라."는 결심을 했다고 한다.

1942년 조중훈은 일본에서 저축한 돈으로 보링기계 한 대를 사서 고국으로 돌아왔다. 귀국 후 그는 인천에서 엔진 재생 전문 자동차 수리업체인 '이연공업사理硏工業社'를 설립했다. 1937년 중일전쟁 발발 후 이듬해부터 일제가 휘발유 배급제를 실시하면서, 목탄을 연소시켜 발생하는 가스를 엔진 내에 흡입하여 발동기를 돌리는 목탄자동차의 수가 크게 증가했다. 그러나 목탄자동차는 연소할 때 나오는 카본 때문에 고장이 잦았다. 그 덕에 그의 사업은 순조로웠다.

1943년 태평양전쟁이 막바지로 치달으며 조선총독부는 군수지원체제로 산업시설을 강제 편입시켰다. 조중훈의 이연공업사도 문을 닫을 수밖에 없었다. 뿐만 아니라 강제징집을 면하기 위해 군수품공장인 용산공작창龍山工作廠에서 근무해야 했다. 일제강점기에 자동차 수리공장을 차렸다가 빼앗기고, 징용을 피하기 위해 군수업체에 몸담았던 것은 앞에서 살펴본 정주영과 비슷하다.

미군의 신뢰를 얻어 베트남전 이권을 따내다

광복 직후인 1945년 11월 1일, 조중훈은 인천시 해안동에서 트럭 한 대로 한진상사를 창업했다. '한진'이라는 상호는 "한민족[韓]의 전진[進]"을 의미하는 것으로, 우리 민족의 번영을 위해 이바지하겠다는 포부를 담고 있었다.

해방공간기에 많은 사람들이 무역에 주목하였다. 토지나 기계 같은 별도의 시설이 필요 없고, 고정자산의 투자나 숙련된 노동자도 필요하지 않았기 때문이다. 이때 성한 것이 바로 패망한 일본으로부터 빼앗은 물자를 밀거래하는 정크무역이다. 중국 상인들은 정크Junk라 불리는 무동력선에 화공약품·공산품·생필품 등을 싣고 와 오징어·새우·미역·인삼 등으로 교환해 갔다. 중국 상인들이 들어오는 항구가 바로 인천이었던 만큼 인천에는 많은 물자가 모여들었다. 조중훈은 바로 이 점에 주목하여 인천에서 화물운송업을 시작했던 것이다. 정크무역의 규모가 커지면서 한진상사는 창업 2년 만에 트럭이 10여 대로 늘어날 정도로 비약적으로 성장하였다.

운수업의 가능성을 확인한 조중훈은 교통부로부터 경기도 지역 화물자동차 운송사업 면허를 받았다. 당시 상황에서는 중고 차량을 구입할 수밖에 없었는데, 그는 같은 엔진을 장착한 차만 골라서 구

1950년대 인천에 있던 한진상사 창고.

입했다. 예비 엔진을 확보했다가 문제가 생기면 교체하기 위해서였다. 이처럼 철저한 계획 하에 회사를 운영한 결과, 한진상사는 트럭 30대를 보유할 정도까지 발전할 수 있었다.

사업이 한창 번창하던 때 한국전쟁이 발발하여 한진상사가 소유한 트럭도 모두 국가에 징발당했다. 조중훈은 예금을 찾아 직원들에게 나누어 주었다. 그러나 정작 자신은 피난 갈 기회를 놓쳐 인천 주안에 있는 친척 집에서 숨어 지내야만 했다. 그러다가 1·4후퇴 때 가족들과 함께 부산으로 피난을 떠났다.

1953년 조중훈은 인천으로 돌아왔다. 그러나 한진상사는 흔적조차 남아 있지 않았다. 그는 재기를 위해 그동안 쌓은 신용으로 투자자들로부터 무담보 대출을 받아 다시 운수업을 시작했다. 그는 인천항을 통해 들어오는 미군의 군수품에 주목했다. 하지만 미군과의 계약은 쉽지 않았다. 그는 먼저 미군과 계약한 업체의 하청을 받아 캔맥주 대리 수송을 시작했다. 그러는 한편으로 미군들의 하역을 돕고 고장 난 트럭을 고쳐 주면서 신뢰를 쌓아 나갔다. 그는 운송 중 발생하는 일체의 사고에 대해 한진상사가 변상하겠다는 책임제 수송계약을 미군에게 제안했고, 1956년 11월 1일 드디어 7만 달러의 수송권을 따낼 수 있었다.

1950년 미군 군수품을 수송하던 시절의 조중훈.

한진상사가 미군의 군납을 맡자 주변에서 많은 반발이 있었다. 그는 과당경쟁을 방지하고자 차량을 6대에서 4대로 줄였다. 대신 경기 지역 수송업자들의 차량을 골고루 사용하였다. 수익을 나누어 가지는 방식을 활용하자, 주변 운송업자들도 더 이상 한진상사를 시기하지 않게 되었다.

1956년 그가 임차하여 사용하던 차량의 운전기사가 미군의 겨울 파카를 트럭째 남대문시장에 팔아 버린 사건이 발생했다. 조중훈은 직원 한 명을 남대문시장에 상주시켜 1천 3백 벌의 파카를 모두 사서 미군에게 돌려주었다. 조중훈은 큰 손해를 보았지만, 이 사실이 알려지면서 미군의 신뢰를 얻었다. 이 사건은 훗날 한진의 베트남 진출에 밑거름이 되었다.

1957년 1월 조중훈은 한진상사를 주식회사로 재발족시키고, 5월에는 서울의 반도호텔로 본사를 옮겼다. 효율적이고 신속한 수송을 위해 여러 도시에 사무실과 차고를 마련하여 영업소를 개설하는 등 영업망을 확대시켰다. 그 결과 1958년 미군으로부터 수주한 액수가 전년도의 3배에 달했고, 1960년에는 미군 수주액이 220만 달러에 이를 정도로 사업이 확대되었다.

1961년 조중훈은 주한미군이 사용하던 통근버스 20대를 매입하여 서울-인천에서 우리나라 최초로 좌석버스사업을 시작했다. 1968년 12월 경인고속도로, 이어 1970년 7월 경부고속도로가 개통되자 고속버스도 운영했다. 고속버스 사업은 큰 호황을 누렸고, 한진고속은 고속버스업계의 선두를 차지하였다.

1954년 이승만 정부는 베트남전 참전을 논의했고, 박정희 역시 1961년 11월 워싱턴에서 존 F. 케네디를 만나 베트남전 파병을 언급했지만, 미국은 이를 받아들이지 않았다. 케네디의 뒤를 이어 미국의 대통령에 오른 린든 존슨은 베트남의 공산화를 막기 위해 전쟁 확대를 선언하고 한국에 참전을 요청했다. 그 결과 1964년 9월 22일 한국은 제일이동외과병원과 10명의 태권도 교관, 1965년 3월 16일에는 2천 명의 의료 및 공병부대인 비둘기부대를 파견했다. 이어 미국의 전투 병력 파견 요청이 있자, 박정희 정부는 이를 받아들여 1965년 9월 채명신蔡命新 소장을 사령관으로 하여 청룡부대해병 제2여단 4천여 명, 10월 맹호부대육군 수도사단 1만 3천여 명의 전투부대를 파견하였다.

한국군이 베트남전에 참전하자, 조중훈은 베트남에 관심을 기울이기 시작했다. 1965년 조중훈은 미국으로 향했다. 베트남에서 사업을 하기 위해서는 전쟁의 주도권을 쥐고 있는 미 국방성의 의도를 파악해야 한다고 생각했다. 과거 그는 미군을 상대로 사업을 하면서 미군 장교가 한국 근무를 마치고 미국으로 돌아갈 때면 반드시 자택에서 송별연을 베풀어 주었다. 그런데 미 국방성 장군들 중에는 한국에서 근무한 이들이 많았고, 그들은 조중훈이 베풀어 준 송별연을 기억하고 있었다. 국방성 장성들의 조언을 들은 그는 베트남에서 성공할 수 있다는 확신이 섰다.

1968년 미군의 베트남 군수물자 수송 계약서에 서명하는 모습.

1965년 12월, 조중훈은 정부 요청에 따라 한국용역군납조합 이사장 자격으로 경제시찰단을 구성하여 동남아시아 순방에 나서면서 베트남을 둘러보았다. 1966년 1월부터 그는 미군들과 접촉하면서 베트남 진출

협상에 들어갔다. 미국은 3백만 달러의 쌍방보증금과 75일 내 트럭·바지선·예인선·지게차 등 필요한 모든 장비를 갖출 것을 요구했다. 그는 정부로부터 6백만 달러의 지불보증을 받아 냈다. 3월 10일 드디어 725만 달러의 미군수품의 베트남 수송 계약을 체결했다. 725만 달러는 당시 한국 업체들이 베트남에서 수주한 금액 중 최고액이었다. 이후 미군의 신임을 얻은 한진은 1971년까지 5년 동안 1억 3천만 달러를 벌어들였다. 당시 한국은행이 보유했던 가용외화의 3배에 달하는 거액이었다.

빚투성이 대한항공공사를 인수하여

국내에서 조중훈은 고속버스사업에서 활로를 모색했다. 이와 함께 항공운송업에도 진출하였다. 1960년 8월 15일, 그는 4인승 경비행기 세스나 180 한 대로 에어택시 사업을 시작했다. 그의 예상대로 반응이 좋자 7월 경비행기 한 대를 추가로 구입하고, 8월에는 항공사업 면허를 취득하였다. 11월 '한국항공AK(Air Korea)' 설립 신고서를 내고, 40인승 콘베어240기 한 대를 들여와 서울−부산 간 정기항공노선에 취항시켰다.

우리 역사에서 최초의 민간 항공사 설립은 일제강점기인 1925년 12월 일본인 니시오 사부로西尾三郎가 설립한 조선항공연구소였다. 이듬해 한국인 비행사인 이기연李基演이 경성항공사업사를 설립했다. 1922년 일본 오쿠리小栗비행학교를 졸업한 신용욱愼鏞項은 1930년 조선비행학교를 설립했고, 1936년 10월에는 조선비행학교를 조선항공사업사로 개편하여 경성−이리(익산)−광주 노선을 개설하여 항공운송사업을 시작했다.

그러나 1941년 태평양전쟁이 발발하면서 조선항공사업사의 비행기는 모두 일제에 징발당해 항공운송사업은 중단되었다. 그리고 미군정기 신용욱은 일제의 항공기 수백 대를 헐값으로 불하받아 고철로 팔아 막대한 이익을 얻었다. 이 자금으로 비행기 3대를 들여와 1948년 10월 대한국민항공사 KNA(Korean National Airlines)를 설립했다. 한국항공은 대한국민항공사와 경쟁 구도를 만들며 발전해 가고 있었다. 하지만 당시 비행기를 이용하는 승객이 워낙 적었고, 5·16쿠데타로 집권한 군부 세력이 신용욱을 부정축재자 명단에 올려 신용욱이 한강에 투신자살하는 일이 벌어졌다. 이후 군사정권은 대한국민항공사를 인수하여 국영기업으로 대한항공공사 KAL(Korean Air lines)를 설립했다. 군사정권은 대한항공공사를 전폭 지원하였다. 조중훈은 아쉽지만 항공운수업을 접을 수밖에 없었다.

정부의 전폭적인 지원에도 불구하고 대한항공공사는 경영의 어려움을 겪었다. 그러자 정부는 대한항공공사를 민영화시키기로 결정했다. 두 차례에 걸쳐 공개입찰을 실시했지만 아무도 이에 응하지 않았다. 박정희가 조중훈에게 대한항공공사의 인수를 요청한 것이 이때이다. 당시 대한항공공사는 DC-9제트기 1대와 구형 프로펠러비행기 7대 등 총 8대의 비행기를 보유하고 있었다. 그러나 좌석 수는 4백 석이 채 되지 않았고, 채무만 27억 원이 넘었다. 조중훈은 빚투성이 회사의 인수를 세 차례나 거절했다. 그러나 결국 정부의 제안을 받아들여, 1969년 3월 대한항공공사를 인수하고 '대한항공KAL(Korean Air Lines)'로 상호를 변경했다.

조중훈은 대한항공의 공신력을 높이고 대형 제트여객기 중심의 수송 체계를 구축한다는 차원에서 구형 쌍발프로펠러인 DC-3과 4발프로펠러인

DC-4기를 폐기 처분하고 신형기인 YS-11기 8대를 도입했다. 1969년 7월 서울-포항 노선 신설을 시작으로 국내선 노선 신설에 착수하여, 1971년에는 15개 도시 17개 노선을 매일 49회 이상 왕복 운항하

1969년 대한항공공사 인수식.

는 체제를 갖추었다.

조중훈이 대한항공을 인수할 당시 국제선은 서울-도쿄, 서울-오사카, 부산-후쿠오카 등 3개 노선밖에 없었다. 1969년 10월 2일 대한항공은 베트남으로 향하는 장병과 기술자들을 위해 서울-사이공 노선을 취항했다. 이어 예전에 취항했다가 적자로 중단된 서울-홍콩 노선을 부활시켰다. 이미 취항 중인 노선을 묶어 서울-오사카-타이페이-홍콩 -사이공 -방콕을 잇는 동남아시아 최장 노선을 개척했다. 그리고 미국을 설득하여 비록 화물에 국한된 것이지만 서울-도쿄-로스앤젤레스를 잇는 노선의 취항도 성사시켰다. 1972년 4월, 조중훈은 드디어 서울-도쿄-호놀룰루-로스앤젤레스에 정기 여객기를 취항시키고, 주위의 반대에도 불구하고 점보기인 보잉747을 들여왔다. 그는 미국에 이어 유럽 노선 개발에도 전력을 기울여, 1973년 10월 서울-파리 항로에 화물기를 취항하고 2년 후에는 여객기 취항까지 이루어 냈다.

대한항공이 비약적으로 발전하는 가운데 1973년 10월 중동전쟁이 발발

했다. 1차 석유파동으로 원유 가격이 4배나 뛰어올랐다. 항공유 가격 역시 급등하면서 대한항공은 큰 타격을 입었다. 조중훈은 이를 타개하기 위해 에너지 절약과 시설 및 항공기재, 장비 가동율을 높이는 운동을 전개했다. 그러면서도 비행기 3대를 추가로 구입하였다. 다른 항공사는 연료비 부담을 극복하고자 보유 항공기 수를 축소시키는 판에 그는 오히려 적극적 투자에 나선 것이다. 이와 함께 컴퓨터를 도입하여 국제선 예약 부문에 전산 시스템을 구축했다. 그의 공격적 경영은 대한항공이 역경을 극복할 수 있는 길을 만들어 주었다.

1973년부터 우리나라 건설사들이 대거 중동에 진출하자, 조중훈은 중동 노선 개설에 주력했다. 1975년 바레인 정부로부터 정기 및 부정기편의 임시 운항허가를 취득했고, 이듬해에는 서울―바레인을 연결하는 정기여객 노선을 정식으로 개설했다. 1977년 4월 사우디아라비아, 1978년 7월에는 쿠웨이트 노선을 개설하였다.

1978년 3월, 조중훈은 숙원 사업이던 뉴욕 취항에 성공했다. 그런데 1978년 12월 석유수출국기구(OPEC)가 단계적으로 석유 값을 인상하기로 결정했다. 1979년 1월 이란에서 혁명이 일어나 팔레비 왕조가 무너지고 반미적인 호메이니의 이슬람 원리주의 정권이 들어섰다. 이란은 석유 생산을 대폭 감축시키고 수출을 중단하였다. 그 결과, 다시 한 번 석유 가격이 큰 폭으로 오르면서 한국 경제는 막대한 피해를 입게 되었다(2차 석유파동). 1차 석유파동은 6개월 만에 끝났지만, 2차 석유파동은 2년 이상 장기화되었다. 다시 위기가 찾아온 것이다.

항공유를 아끼려면 비행기 중량을 줄여야 했다. 비행기에 도색을 하면

기체 중량이 100킬로그램 늘어난다. 조중훈은 새로 도입한 점보기에 도색을 하지 않고 기체 꼬리 부분에만 대한항공 마크와 항공기 번호를 새겨 넣었다. 대한항공이 운행한 비행기가 '비키니 점보기'로 불린 이유이다. 그러나 유류비를 줄이려는 온갖 노력에도 불구하고, 1980년 대한항공은 창업이래 최대의 적자를 기록했다.

1983년 5월 5일, 중국민용항공총국의 민항기가 선양동탑공항瀋陽東塔空港을 떠나 상하이 홍차오국제공항으로 가던 중 6명의 무장범에게 공중 납치되어 춘천의 미군 헬기비행장인 캠프 페이지에 불시착하는 일이 벌어졌다(중국 민항기 불시착사건). 당시 한국과 중국은 국교 수립 이전이었지만, 조중훈은 중국 비행기를 점검하고 부품을 교체해 주는 등 배려를 아끼지 않았다. 1986년 서울아시안게임 기간 중에도 중국 민항기가 우리나라에 임시 운항했는데, 이때도 대한항공은 적극 협조하였다. 1988년 서울올림픽 기간 중에는 선수단 수송을 위해 55회에 걸쳐 중국 영공을 통과하기도 했다. 이런 노력으로 대한항공은 1989년 5월 상하이 전세기 운항권을 확보하였다. 1994년부터는 베이징·톈진·선양 등에 정기 노선을 취항하게 되었다.

조중훈은 대한항공의 외적인 확대에만 신경을 쓴 것이 아니었다. 1989년 제주도에 관제탑과 훈련기를 갖춘 기초비행훈련원을 개설하였다.

1983년 5월 중국 민항기 불시착 당시 미군기지 비행장에서.

이로써 대한항공은 자체 활주로와 조종사 양성 기관을 갖춘 세계 유일의 항공사가 되었다.

해운·중공업·건설·호텔 … 뜻하지 않은 은퇴

1966년 조중훈은 베트남 시찰 중 퀴논항에서 미국 화물선이 컨테이너를 하역하는 장면을 목격하였다. 그리고 해상운송의 미래는 컨테이너 수송에 있다고 판단하고, 1967년 7월 대진해운을 설립하였다. 1972년 3천 5백 톤급 컨테이너선을 발주하여 부산-고베 간 항로에 투입했는데, 이것이 우리 해운사상 최초의 컨테이너선 운항이다. 대진해운은 화물 수송보다는 원양어업에 주력했는데, 수산업 실패 등의 여파로 고전하다 결국 해체되었다.

1977년 대통령 박정희는 조중훈에게 해운업에도 주력해 달라고 요구했다. 이미 해상운송에서 한 차례 실패를 맛본 그는, 고민 끝에 1977년 5월 해상운송만을 전문으로 하는 '한진해운'을 설립했다. 1978년 10월, 한진해운은 컨테이너선인 정석호靜石號를 투입하여 중동항로를 개설하였다. 1979년에는 북미서안항로, 1986년에는 북미동안항로를 개설함으로써 한진해운은 우리나라를 대표하는 외항선사가 되었다.

1987년 정부는 다시 조중훈에게 대한선주大韓船洲 인수를 권유했다. 대한선주는 우리나라에서 처음으로 설립된 국영 기업체인 대한해운공사가 민영화된 회사였다. 당시 대한선주는 부도 직전인 상황이어서 주위에서 모두 인수를 만류했다. 그러나 조중훈은 수송산업의 미래를 그리며 대한

선주를 인수하여 한진해운과 합병했다.

대한선주 인수 후 조중훈은 경영 정상화를 위해 노후 선박을 처분하고 신형 선박을 도입하였다. 그 결과, 1990년 한진해운은 세계 10위권의 정기선사 대열에 진입했다. 1995년 2월, 한진해운은 거양해운巨洋海運을 인수하여 곡물이나 광석처럼 포장되지 않은 화물을 운송하는 벌크선 영업을 강화할 토대를 마련하였다. 또 4월에는 한국통신과 합작하여 한국해저통신을 설립하여 국제해저케이블망 사업에도 진출하였다.

해상운송사업을 하면서 조중훈은 성능 좋은 배의 필요성을 절감했다. 그러던 차에 일본에서 인장引張 강도를 높힌 고장력강High Tensile Steel을 개발했다는 소식을 들은 그는, 일본 히타치조선日立造船에 고장력강으로 배를 만들어 줄 것을 주문했다. 1986년 세계 최초로 고장력강으로 만든 컨테이너선 '한진뉴욕호'가 탄생했다. '한진뉴욕호'는 기존 배에 비해 무게는 10퍼센트 이상 가볍고, 적재율은 30퍼센트 이상 높았다. 여기에 자신감을 얻은 그는 아예 직접 배를 만드는 것이 좋겠다고 생각했다.

1937년 7월에 동양척식주식회사는 미쓰비시와 합작으로 부산에 조선중공업을 설립하였다. 일제는 한국의 군수기지화 정책의 일환으로 조선중공업을 설립했던 것이다. 해방 후 신한공사에 편입된

1986년 '한진뉴욕호'.

조선중공업은 1948년 이름을 대한조선공사로 바꾸었다. 대한조선공사는 1950년 국영기업으로 재탄생했다가, 1968년 11월 극동해운의 남궁연南宮鍊에게 불하되어 민영화되었다. 조중훈은 1989년 5월 경영 압박을 받고 있던 대한조선공사를 인수하여 '한진중공업'으로 이름을 바꾸고 조선업에 진출하였다. 한진중공업은 1995년 아시아 최초로 액화천연가스(LNG) 운반선을 건조하여 도약의 발판을 마련하였다.

　조중훈은 운송업으로 기업 활동을 시작했지만, 이미 1960년대부터 사업 분야 다양화를 추진하여 1967년 9월에는 동양화재해상보험을 인수했다. 동양화재해상보험은 일제강점기인 1922년 설립된 우리나라에서 가장 역사가 오래된 보험회사였다. 수송업을 하면서 보험회사를 인수한 것은 베트남에 투입된 인원과 차량, 선박, 장비 등에 대한 보험료를 효율적으로 관리하기 위해서였다.

　1968년에는 한일개발을 설립하여 건설업에도 진출하였다. 이것이 지금의 '한진건설'이다. 한진건설은 한국 건설사로는 최초로 사우디아라비아에 진출하였다. 비록 한일건설이 수주했던 움라지-알와지 간 고속도로 공사는 석유파동으로 큰 적자를 냈으나, 공사를 완벽하게 마무리한 덕에 이후 공사를 수주하는 밑거름이 되었다.

　1974년 2월, 제주 KAL호텔을 개관하여 호텔업에도 진출했다. 4월에는 하와이 호놀룰루에 하와이 KAL리조트호텔을 개관했다. 이것이 우리나라 최초의 해외 호텔 개관이다. 1985년에는 서귀포 KAL호텔도 열었다. 이를 통해 항공운송사업과 호텔사업을 하나로 연계시켜 효율적인 운송사업을 펼쳐 나갔다.

1975년 박정희는 조중훈에게 항공기 생산을 부탁했다. 일제강점기인 1944년 조선항공공업이 설립되어 부산에 공장을 짓고 일본에서 시설을 옮겨 와 항공기 제조에 착수한 바 있다. 앞서 살펴보았듯이 박흥식도 조선비행기공업을 설립하여 비행기 제작을 시도했다. 하지만 미군정은 이 시설들을 해체하였다. 우리 손으로 비행기를 만드는 것은 불가능한 것처럼 여겨졌던 그때, 조중훈은 항공기 제작에 뛰어든 것이다.

대한항공은 미국의 휴즈Hughes와 기술도입 계약을 맺어 헬리콥터 조립 생산을 시작했다. 1977년 국산 헬리콥터 '솔개'를 생산하여 군에 전달했다. 2년 후부터는 민간용 헬리콥터도 생산하기 시작했다. 이어 미군 항공기 정비를 하면서 항공기 생산 기술을 배워 나갔다. 1980년 11월 미국의 방위산업체 노드롭Northrop사와 계약을 맺으면서 전투기 생산 사업을 시작했다. 그리고 2년 후 첫 번째 국산 전투기 '제공호'를 생산하여, 일본과 타이완에 이어 아시아에서는 세 번째 전투기 생산국가가 되었다. 1985년에는 순수 국산 기술만으로 초경량 훈련용 경비행기 '창공' 1·2호, 1988년에는 2인승 '창공' 3호, 1991년에는 국내 최초의 실용항공기인 '창공' 91호를 생산하였다.

조중훈은 박정희 정권 이래 줄곧 권력과 밀접한 관계에 있었다. 하지만 김대중 정권기에는 시련의 연속이었다. 그런 가운데 1999년 4월 중국 상하이 홍차오국제공항에 대한항공기가 추락했다. 이어 대한항공의 화물기도 추락하는 사고가 발생했다. 김대중 대통령은 한진의 족벌경영 문제를 지적했고, 국무회의에서 대한항공 제재 이야기가 오갔다. 결국 1999년 10월 국세청 조사가 이루어졌고, 한진은 5,416억 원의 세금을 추징당했다.

"창업주에게 은퇴란 없다"며 왕성한 활동을 해 온 조중훈이었지만, 이때만큼은 책임을 지고 경영에서 물러나지 않을 수 없었다.

올림픽 유치와 인하학원

기업 활동 외에 조중훈은 민간 외교관으로서 또 육영사업가로서도 많은 활동을 펼쳤다. 한일국교 정상화 이전인 1964년 부총리 겸 경제기획원장관 장기영張基榮은 조중훈에게 외환위기 극복을 위해 일본에서 2천만 달러를 빌려 오는 사절로 나서 줄 것을 부탁했다. 조중훈은 일본으로 가서 다나카 카쿠에이田中角英 대장대신大藏大臣을 설득하여 차관 도입을 성사시켰다. 1969년 계속된 흉년으로 식량난에 시달리자 정부는 일본으로부터 쌀 60만 톤 수입을 추진했는데, 이때에도 그가 결정적 역할을 하였다.

1973년 조중훈은 한·불경제협력위원장을 맡아 한국과 프랑스 간의 민간 외교와 경제 교류에 앞장섰다. 이런 공로가 인정되어 1977년 프랑스 정부로부터 일등보훈국가훈장, 1982년 레종 도뇌르 코망되르훈장, 1990년 레종 도뇌르 그랑 오피시에훈장, 1996년 로르드 나시오날 뒤 메리트훈장 등을 받기도 했다.

1978년 조중훈은 포항제철 건설에 필요한 차관을 주선하고, 오스트리아의 제철·건설·기술용역 진출을 도운 공로로 오스트리아로부터 일등금 조공훈훈장을 받았다. 또 1985년에는 사우디아라비아와 벨기에의 공동 프로젝트를 완수시킨 공로로 벨기에 정부로부터 레오폴드훈장을 수여받았다.

1981년 서울올림픽 개최지 결정 때 조중훈은 막후에서 큰 활약을 했다. 당시 프랑스 및 아프리카·남아메리카 등이 한국의 올림픽 개최를 반대하는 상황이었다. 조중훈은 한불경제협력위원회 한

1973년 한불경제협력회의 위원장으로 활동 당시

국 측 위원장이었고, 대한항공은 프랑스에서 생산한 항공기를 구입한 회사였다. 이러한 인연을 바탕으로 프랑스 IOC 위원 2명의 서울올림픽 지지를 이끌어 냈고, 남아메리카 IOC 위원도 설득하여 마음을 돌려 놓았다. 남아메리카와 아프리카의 저개발 국가 IOC 위원들에게는 부부가 한국에 올 수 있는 왕복 비행기표를 보내고, 아프리카 선수들을 위해서는 특별 전용기 운항을 약속했다. 서울올림픽 개최 뒤에는 정주영과 조중훈 등 경제인들의 노력이 숨어 있었던 것이다.

1983년 프랑스의 프랑수아 미테랑 대통령은 북한의 승인을 추진했다. 그러자 우리나라는 프랑스의 발전설비 제조업체인 알스톰이 맡고 있던 월성원자력발전소의 공사를 즉각 중지시켰다. 이와 함께 대통령 전두환은 조중훈에게 항공기 관련 장비나 부속품을 프랑스로부터 구입하지 말도록 하였다. 조중훈은 곧장 프랑스로 날아갔다. 그리고 북한과 수교를 할 경우 프랑스와의 모든 거래를 끊겠다며 프랑스를 설득하였다. 결국 1983년 6월, 프랑스는 북한 승인을 포기했다.

1992년 조중훈은 몽골에 B727 항공기를 기증하여 몽골과의 경제 교류에 첫발을 내디뎠다. 그리하여 1996년 서울과 몽골의 수도 울란바토르를 잇는 전세편을 취항시켰다. 1997년부터는 '몽골장학프로그램C. H. Cho Scholarship'을 운영하여, 매년 5명씩 몽골 유학생을 추천받아 학비 및 체제비 전액을 제공하여 인하대학교와 한국항공대학교에서 공부할 수 있도록 했다. 이 공로를 인정받아 그는 몽골 최고 훈장인 북극성훈장을 받았다.

조중훈이 인하학원을 인수한 것은 1968년이다. 인하학원은 하와이에 거주하는 동포들의 성금 15만 달러를 바탕으로, 정부 보조금과 민간 기부금 등으로 이승만이 하와이 한국인 이민 50주년 기념사업으로 설립한 것이다. 때문에 명칭도 인천과 하와이를 따서 '인하'로 정한 것이다. 인하학원이 운영난에 처하자, 정부에서 조중훈에게 의사를 물으면서 대한항공이 인수하게 되었다. 조중훈은 학교 주변을 정리하고 교사를 신축하여 1971년 인하공대를 종합대학인 인하대학교로 승격시켰다.

1978년에는 한국항공대학교를 인수하였다. 한국항공대학교는 1952년 정부가 항공 전문 인력 육성을 위해 세운 학교다. 그런데 국가재정이 빈약

1979년 한국항공대 이사장 취임식

하여 지원 부족으로 열악한 환경에 처해 있었다. 박정희는 조중훈에게 한국항공대학교를 제대로 키워 달라고 부탁했다. 조중훈은 항공 전문가를 양성할 계획을 세우고 시설을 확충하는 등 전폭적인 지원을

하여 지금의 한국항공대학교를 만들었다.

1978년 12월에는 정석학원(현 정석인하학원)을 설립했다. 정석고등학교를 지을 때에는 주위의 반대에도 불구하고 돌산을 깎아 학교를 지었다. 학생들에게 호연지기浩然之氣를 키워 주려면 인천 시가지와 바다가 보이는 곳에 학교를 지어야 한다는 이유에서였다. 조중훈은 매주 현장에 나가 공사 과정을 지켜볼 정도로 애정을 보였다. 1987년부터는 제주 지역 중·고·대학생에게 정석장학금을 지급했다. 1991년부터는 21세기한국연구재단을 설립하여 서울과 제주도 지역 고등학생 중 가장 역할을 하는 학생들도 장학금을 받을 수 있도록 하였다.

1988년 조중훈은 대한항공에 국내 최초로 사내 대학인 대한항공산업대학을 설립하고, 2년 과정으로 항공기계과와 항공전자과를 개설했다. 1991년에는 대한항공산업대학을 그룹 전 직원을 대상으로 하는 한진산업대학으로 개편하고, 조선공학과·기계공학과·경영학과·산업공학과 등을 추가로 개설하였다. 어려운 가정 형편으로 대학에 진학하지 못한 사원들을 위해서였다. 그는 한진산업대학의 졸업식에는 반드시 참여했고, 졸업생들은 대졸 학력으로 인정해 주었다.

사회적 물의의 뿌리

조중훈이 기업 활동에서 가장 중요하게 여긴 것은 신용과 창의였다. 한국전쟁 후 황폐한 경제 상황에서도 그는 독일의 고급 승용차인 벤츠를 타고 다녔다. 기업가로서 신뢰감을 주기 위해서였다. 그렇다고 해서 그가 사치스러운 생활을 한 것은 아니었다. 그는 해외 출장을 가도 대한항공 지사의 숙소를 이용했다.

"나는 남이 터를 다져 놓은 사업에 넘나들지 않고 스스로의 창의로 신조로 삼았다." 조중훈은 해외 출장 시에는 반드시 책을 가지고 비행기를 탔으며, 도착할 때쯤이면 두 권 정도의 책을 읽었다고 한다. 창의를 중시한 만큼 경영도 창의적으로 하려 했다. 대표적인 사례가 배에 오른 선원들을 6개월마다 한 달씩 배에서 내려 휴가를 갖도록 하는 승무원 교체 방식이다. 그 결과, 선원들의 업무 능률이 올랐다. 또, 해운업계 최초로 전산 시스템 'HANCOS'를 개발하여 실시간으로 화물을 관리하는 것은 물론, 선박이 어떻게 운항되고 예약이 어떻게 되었는지를 고객들에게 알려 줄 수 있게 되었다. 이 시스템은 큰 호응을 얻었다.

조중훈은 "낚싯대를 여러 개 걸쳐 놓는다고 해서 고기가 다 물리는 것은 아니다. 오히려 실력 있는 낚시꾼은 단 하나의 낚싯대로 승부를 건다."는 말을 자주 했다. 실제로 한진을 창업했을 때 집무실에 수송으로 나라의 은덕에 보답한다는 뜻의 '수송보국輸送報國'이라는 휘호를 걸어 놓고 수송사업에만 전념했다.

앞에서 살펴보았듯이 조중훈은 항공업과 해상운송업에서 한 차례씩 실패를 맛보았다. 하지만 그는 늘상 "처음엔 지더라도 나중에 이기면 된다."고 말했고, 결국 항공업과 해상운송업에서 모두 큰 성공을 거두었다. 특히 1·2차 석유파동을 극복할 때 탁월한 위기관리 능력을 보였다.

조중훈은 "사업은 타이밍"이라는 말을 자주 했다. 한진은 베트남전쟁의 수송을 맡으며 성장했고, 중동 건설 붐이 일자 대한항공 여객기를 중동에 취항시켰다. 세상이 돌아가는 흐름에 초점을 맞추고 적절한 시기에 일을 추진했던 것이다. "사업은 예술"이라는 말도 이 시의적절한 선택과 개척정 신을 가리키는 것이리라.

조중훈은 1972년 타이완 중화학술원에서 명예철학박사학위, 1987년 프랑스 루앙대학교에서 명예경영학박사학위, 1995년 한국해양대학교에서 명예 공학박사학위 등을 수여받았다. 1988년에는 미국의 서던캘리포니아대학교경영대학원으로부터 국제최고경영자상을 받기도 했다.

조중훈의 부모님은 독실한 불교 신자였고, 그 역시 마찬가지였다. 그는 한국전쟁으로 폐허가 된 강원도 오대산 월정사 복원에 적극 나서 적광전 寂光殿을 복원했다. 효창공원 내 원효대사 동상을 헌납하기도 했다.

2002년 11월 17일, 조중훈은 세상을 떠났다. 그는 기업 활동을 하면서 신용과 창의를 강조했고, 민간 외교에서 혁혁한 성과를 거두었다. 때문에 한국 정부는 1981년 10월 그에게 외교훈장 광화장을 수여하였다. 프랑스·오스트리아·벨기에·몽골 외에도 1996년에는 네델란드 정부로 부터 명예훈장, 1998년 독일 연 방정부로부터 십자공로대 훈장을 받았다.

그러나 뛰어난 성과에 도 불구하고 그의 외교 활 동에는 석연치 않은 대목 이 있다. 1976년 현대건설 이 사우디아라비아의 쥬

조중훈의 지원으로 복원된 오대산 월정사 적광전

베일산업항공사에 입찰하자, 프랑스의 건설업체 스피베타놀이 조중훈을 통해 현대의 입찰을 포기시키려 했다. 조중훈은 파리에서 사우디아라비아의 수도 리야드까지 와서 정주영에게 입찰을 포기하고 컨소시엄 형태로 참여할 것을 종용했다. 정주영은 입찰금을 마련할 수 없어 포기해야 할 것 같다고 조중훈을 속였다. 현대건설이 쥬베일산업항 공사 금액으로 받은 돈은 4,600억 원이었다. 이 금액은 그해 우리나라 예산의 절반에 해당하는 거액으로, 이 공사 하나로 우리나라는 건국 이후 최고의 외환보유액을 기록할 수 있었다. 만약 그때 정주영이 조중훈의 제안을 받아들였다면, 우리나라나 현대 입장에서는 엄청난 이익을 눈앞에서 놓쳤을 것이다.

조중훈의 성공 뒤에는 분명 어두운 그림자도 있었다. 미국의 저명한 한국학 연구자 브루스 커밍스Bruce Cumings는 조중훈을 "이승만정권과 미8군의 젖줄을 차지하는 경쟁에서 이긴 승리자"로 평가했다. 이후의 모습도 크게 다르지 않다. 5·16쿠테타 이후 소위 혁명주체 세력이 회의를 연 곳이 바로 그의 집이었다고 한다. 불국사 복원에 힘을 보탠 그는, "박정희 대통령의 만수무강을 빕니다. 한진그룹 조중훈 올림"이라는 글이 새겨진 종을 헌납하였다. 사람들은 이를 '박정희 신종'이라고 불렀다. 본인 입으로도 박정희가 자신을 친동생처럼 아껴 주었다고 말하곤 했다.

1973년 8월 8일 일본에 망명 중이던 김대중이 일본의 그랜드팰리스호텔에서 납치된 사건이 한·일 간 외교 마찰로 번졌을 때이다. 궁지에 몰린 박정희는 김종필을 일본에 보내 총리 다나카 가쿠에이田中角榮에게 사과하고, 재발 방지를 약속하는 친서를 전달했다. 이때 박정희가 김종필을 일본에 보내기 전 찾은 사람이 조중훈이다. 박정희는 조중훈을 통해 가쿠에

이에게 3억 엔을 주고 미리 사건 무마를 부탁했다. 대한항공 인수, 해운업과 방위산업 진출 등의 배후를 의심해 볼 수 있는 장면이다.

조중훈은 전두환정권과도 가까웠다. "지금까지 전 대통령 이외에 다음 대통령이 될 만한 대타를 찾아본 적도 없고, 또 느껴 본 적도 없다. 서슴지 않고 전 대통령에게 한 표를 던지겠다." 1981년 2월 대통령선거인단의 간접선거로 치러질 예정이던 12대 대통령선거를 앞두고 조중훈은 전두환 당시 후보에 대한 지지를 공개 선언했다. 돈도 많이 주었다. 1981년 2억 원, 다음 해에는 3억 원의 새마을성금을 기탁했고, 1985년 4월 전두환이 미국을 방문할 때에도 함께했다. '새마을성금'이란 새마을중앙본부 회장이던 전두환의 동생 전경환이 기업들에게 받아 챙긴 성금 명목의 금품이다.

정치권력과 밀착한 만큼, 노동자들에게는 우호적이지 않았다. 한때 '월남재벌'로 불릴 정도로 베트남전쟁에서 막대한 이익을 얻어 재벌로 부상한 한진이지만, 그 이익을 가져다준 노동자들은 제대로 대우하지 않았다. 1966년 이래 베트남에 파견했던 근로자 4천 명에게 근로기준법에 규정된 법정 수당을 지급하지 않은 것이다. 뿐만 아니라 1인당 375만 원에 이르는 임금도 지급하지 않아 사회적 물의를 일으켰다.

국세청이 처음 종합소득세 과세 대상자 명단을 만든 1969년, 종합소득 1위는 3억 2,246만 원의 조중훈이었다. 그런데 이해 11월 베트남에 파견되었다가 임금을 지급받지 못한 노동자들이 '한진상사 파월기술자 미지불임금 청산투쟁위원회'를 결성하였다. 이들은 3년여간 12건의 임금소송 등 여러 가지 수단과 방안을 강구했지만, 한진상사는 임금을 지불하지 않았다. 1971년 9월 15일, 3백여 명의 노동자들이 체불노임 149억 원의 지불을 요구하며 KAL빌딩에 진입하여 격렬한 시위를 벌였다(KAL빌딩 사건).
이 사건이 일어나자 국회에서는 대재벌의 횡포라는 비판과 함께 특별소위
원회를 구성하기도 했다. 노동자들의 요구에 대해 서울민사지법은 10월
14일 소송을 제기한 11명에게 "각종 수당 등 1,197만 7천 원을 지급하라"
는 판결을 내렸다. 결국 한진은 노동자들의 요구액의 10퍼센트만을 주었
다. 현재 대한항공의 한진그룹 회장 일가에게 쏟아지는 사회적 비난의 뿌
리는 길고 오래된 것이다.

12
한화그룹 김종희

화약 외길 인생 '다이너마이트 김'

한화그룹과 빙그레는 친숙한 기업이지만, 김종희金鍾喜라는 이름은 낯설게 느껴질 것이다. 오늘날 한화와 빙그레를 일군 인물, 그가 바로 스스로를 '화약쟁이'라고 부르며 화약의 진실성을 강조했던 현암玄岩 김종희다.

퇴학과 편입, 조기 졸업

김종희는 1922년 11월 12일 충청남도 천안군天安郡 천안면 부대리富垈里에서 아버지 김재민金在民과 어머니 오명철吳明哲 사이에서 7남 1녀 중 둘째 아들로 태어났다. 하지만 어려서 아들과 딸이 한 명씩 세상을 떠나 6남매가 되었다.

김종희가 살던 부대리에는 영국인 선교사 알프레드 세실 쿠퍼Alfried Cecil Cooper가 설립한 신명학교新明學校가 있었다. 신명학교는 1914년 북일사립학교로 이름이 바뀌었는데, 북일사립학교는 다른 학교보다 월사금이 저렴했다. 그 덕분에 가난한 농사꾼의 아들이었던 김종희도 학교를 다닐 수 있었다. 하지만 아버지가 장사를 하다 큰 손해를 입고 부대리를 떠나면서 학교를 그만두어야만 했다.

부대리를 떠나 대전에서 살던 김종희는 아버지가 사촌인 김봉서金奉瑞의 사금 채취업을 돕기 위해 다시 부대리로 돌아오면서 직산공립보통학교 2학년에 편입했다. 직산공립보통학교를 졸업한 후에는 경기도립상업학교에 응시했지만 합격하지 못했다. 아버지는 그에게 농사지을 것을 권했으나, 그는 아버지가 사 주신 지게를 부수며 공부하겠다는 의지를 보였다. 결국 그는 성환심상소학교成歡尋常小學校 고등과에 입학했다가, 이듬해 그렇게 바라던 경기도립상업학교에 진학할 수 있었다.

김종희는 16대 1의 높은 경쟁률을 뚫고 경기도립상업학교에 합격했다. 경기도립상업학교는 관공서나 금융기관의 취업이 보장되어 전국에서 우수한 인재들이 모이는 학교였기에 그의 자부심은 대단했다. 가정 형편상 경성에서 학교를 다닐 수 없어, 그는 2학년까지 성환에서 기차를 타고 통

경기도립상고 시절의 김종희(위).

학을 해야 했다. 3학년 때에는 하숙을 하다 입주 가정교사 일을 하며 학교를 다녔다. 4학년 때는 당숙이 경성으로 이사를 와서 당숙 댁에서 학교를 다닐 수 있었다.

1940년 11월, 경기도립상업학교 4학년에 재학 중이던 김종희는 일본인 학생 네 명과 조선인 학생 세 명이 싸우는 모습을 목격했다. 그는

숫적으로 열세인 조선인 학생을 도왔다. 그는 이 일로 퇴학 처분을 받았다. 김종희는 학업을 계속하고 싶었지만 사상불온으로 낙인찍힌 그를 받아 주는 학교는 없었다. 일본으로 가려는 그를 붙든 건 친척인 김봉서였다. 김봉서는 원산경찰서장 고이케 쓰루이치小池鶴一에게 김종희의 원산상업학교 편입을 부탁했다. 쓰루이치의 주선으로 그는 원산상업학교 4학년에 편입했다. 1941년 12월 진주만을 기습 공격한 일제는 전시체제에 돌입했고, 그 결과 중등학교 졸업이 앞당겨졌다. 그는 편입한 지 1년여 만에 원산공립상업학교 졸업하였다.

경리사원에서 국내 최초의 화약 전문가로

우리나라를 강점한 일제는 1912년 8월 '총포화약취체령'을 공포하여 화약류 제조를 금지시켰다. 이제 화약은 전부 일본에서 수입해서 사용하라는 것이었다. 1931년 일제는 만주를 식민지화할 계획으로 9월 18일 펑톈의 류타오거우柳條溝에서 자신들이 건설한 남만주철도를 스스로 파괴하고, 이를 중국의 소행이라고 주장하였다(류타오거우 사건). 그리고 철도 보호를 구실로 군사행동을 개시하여 만주를 점령하고, 1932년 만주국을 세웠다(만주사변).

만주 지역에서 군사행동에 돌입한 일제에게 필요한 것은 원활한 화약 공급이었다. 1932년 일제는 '폭약제조취체규칙爆藥製造取締規則'을 공포하여 조선총독부의 허가 하에 화약류 제조를 허락했고, 1935년에는 화약류 전반에 대한 제조를 허가하였다. 그러자 1935년 조선질소화약, 1937년 조선화약제조, 1938년 조선천야淺野카릿트, 1939년 조선유지 등 일본의 화약업체들이 우리나라에 화약공장을 설립하기 시작했다.

1941년 12월 7일, 일제의 진주만 공습으로 태평양전쟁이 발발했다. 전시체제에 들어가면서 일제는 기업 통제정책인 '기업정비령'을 발동했다. 그 결과, 조선질소화약·조선화약제조·조선천야카릿트·조선유지 등의 화약공장이 통폐합되었고, 조선화약공판이 화약류를 독점하게 되었다.

원산상업학교 졸업 후 김종희는 일본 유학을 계획하고 있었다. 그런데 원산상업학교 편입을 주선했던 쓰루이치가 조선화약공판 구매부서에 김종희의 취직 자리를 마련해 주었다. 김종희는 자신의 의지와 관계없이 취업을 하게 된 셈인데, 이를 계기로 화약과 인연을 맺게 된다. 1942년 1월 조선화약공판에 입사한 그는 처음에는 경리 업무를 맡았지만, 1944년 다이너마이트 계장으로 승진하여 화약에 대한 전반적인 지식을 쌓을 수 있었다. 해방 후에는 조선화약공판의 자치위원장에 선임되었다. 조선화약공판의 중역회의는 김종희를 지배인에 임명하고 업무 일체를 인계하였다. 그리하여 1945년 9월 24일부터 김종희 중심의 조선화약공판 체제가 들어서게 되었다.

1945년 9월 6일 우리나라에 들어온 미군은 9일 38선 이남에 군정청을 설치했다. 미군정은 조선화약공판을 적산敵産, 즉 적국의 재산으로 분류했다. 그리고 적산기업의 정상 운영을 위해 지배인을 선정했는데, 김종희가 조선화약공판의 지배인에 선임된 것이다. 그 결과, 그는 38선 이남 31개소 화약고를 실질적으로 운영하게 되었다. 그는 화약의 안정적 공급을 위해 노력했고, 1949년부터 외국 화약류를 수입해 전국의 화약고에 비축하였다. 그런데 한국전쟁이 발발했다.

북한군이 서울에 진입하자 모두 피난을 떠났다. 하지만 김종희는 홍제동에 위치한 화약고에 쌓여 있던 다이너마이트 3천 상자를 지키기 위해 피난을 포기했다. 그리고 북한의 인민위원회에 화약을 신고하면서 화약은 위험한 만큼 전문가가 관리해야 한다고 설명했다.

1950년 9월 15일, 국군과 UN군의 인천상륙작전 성공 후 28일 서울 수복이 이루어졌다. 미군이 서울에 들어오자, 이번에도 김종희는 미군 지휘관에게 화약고를 안전하게 조치해 달라고 부탁하여 다이너마이트를 지켜냈다. 1951년 다시 북한군과 중국군이 서울을 점령하자, 그는 다섯 대의 트럭에 화약 상자를 나눠 싣고 영등포역 부근 대한통운 창고로 운반했다. 그런 뒤에야 가족들과 함께 대구로 피신하였다.

김종희는 대구에서 다시 부산으로 옮겨 영업소를 개설하였다. 그런데 보관 중인 화약이 얼마 되지 않아 조선화약공판은 문을 닫아야 할 처지에 놓였다. 그는 부산에 군수물자가 쌓여 있는 것을 보고 군수용 화약의 관리 용역을 맡아야겠다고 결심하였다. 그는 미8군 병참기지를 찾아가, 미군이 가져온 화약이 제대로 관리되지 못하고 있다면서 자신이 화약 관리를 맡겠다고 제안하였다. 1951년 2월, 그는 미8군 사령부와 '화약관리용역계약'을 체결했다. 우리나라 화약업계에 김·종·희 세 글자를 새기는 순간이었다.

화약에서 방위산업으로 발돋움하다

1952년 이승만 정부는 군비 조달을 위해 국가에 귀속된 적산 기업체들(귀속기업)을 불하하기 시작했고, 6월 조선화약공판 불하 매각이 결정되었다. 조선화약공판의 매각 가격은 김종희가 생각한 것보다 훨씬 높게 책정되었다. 하지만 그는 화약을 절대 포기할 수 없다는 생각으로 입찰하여 조선화약공판의 운영권을 획득하였다. 10월 9일 그는 조선화약공판을 운영할 새로운 회사 법인으로 '한국화약'을 창립했다.

한국화약의 당면 과제는 화약 수입에 필요한 외화를 확보하는 것이었다. 이 문제를 해결하기 위해 1952년 11월 자연방사능을 방출하는 희토류 광물질인 모나자이트를 생산할 수 있는 덕령광산德嶺鑛山을 매입하였다. 모나자이트 수출은 1년 사이 10배 이상 늘어날 정도로 성장했고, 그 결과 순조롭게 화약을 매입할 수 있었다.

이제 김종희는 단순한 화약 판매를 뛰어넘는 화약을 직접 생산하는 기업을 꿈꾸기 시작했다. 그는 우선 원료 구입이 쉽고 제조 공정 역시 비교적 간단한 초산암모니아를 주성분으로 하는 초안폭약 생산을 결심했다. 일본카릿트로부터 화약 생산에 필요한 기술 도입을 약속받았다. 그는 이를 위해 도쿄에 한국화약 연락사무소를 개설하고, 천안에 공장 부지를 조성하는 등 화약공장 건설에 박차를 가했다. 하지만 1953년 제3차 한일회담 결렬 이후 한일 관계가 교착 상태에 빠지면서 일본으로부터의 기술 도입은 불발되었다.

화약 소비는 해방 이후 빠르게 증가하고 있었다. 당시 화약은 주로 광산에서 소비되었다. 광산물이 주요 수출품이었던 만큼 연료 공급을 위해 석탄 증산이 필요했기 때문이다. 그런데 국내에서는 화약을 생산하지 못해 화약은 전적으로 수입에 의존하는 실정이었다.

1959년 7월 한국화약을 방문한 이승만 대통령과 김종희(맨 왼쪽).

1946년 1월, 화약의 자체 생산을 목표로 김봉수金鳳洙와 김재한金在漢 등이 발기하여 조선화약협회가 창설되었다. 그러나 조선화약협회는 아무런 활동을 하지 못했다. 이승만 정부는 화약의 수입 대체를 위해 국내에서 유일하게 화약을 생산할 수 있었던 조선유지의 인천화약공장을 복구시키기로 결정했다. 조선유지 인천화약공장은 일제강점기 일본에 의해 설립되었는데, 해방 이후 국방부 조병창造兵廠으로 이용되다가 한국전쟁으로 파괴되었다. 1953년 정부는 조선유지 인천화약공장을 대한광업협회에 임대하여 복구시키려 했다. 하지만 관리 부실로 폐허 상태인 공장에서 화약 생산은 언감생심이었다. 상공부장관 강성태姜聲邰는 김종희에게 조선유지 인천화약공장의 복구를 부탁했다.

조선유지 인천화약공장을 복구하려면 공장의 설계도가 필요했다. 김종희는 먼저 일본으로 건너가 교토대학교에서 공장 설계도를 구하여 복구작업에 착수했다. 그런 가운데 정부의 방침이 변경되었다. 김종희에게 복구가 아닌 매수를 제안했던 것이다. 정부가 제시한 평가액은 그가 생각한 것보다 훨씬 비쌌다. 하지만 화약의 국산화를 꿈꾸던 김종희는 정부 평가

1950년대 말 한국화약 인천공장.

액을 받아들였다.

1955년 10월 26일, 김종희는 정부와 조선유지 인천화약공장 매수계약을 체결했다. 공장을 복구하면서 초안폭약·도하선·연화煙火·뇌관 등을 출하하여, 수입에 의존하던 화약류를 국산화할 수 있는 자체 생산 능력을 확보하였다. 1956년 5월 'Safety mite'라는 이름의 초안폭약 생산에 성공했고, 5월부터는 전국의 탄광에 공급을 시작했다.

1957년 5월 한국화약은 초화 작업에 성공하여 다이너마이트 생산에 반드시 필요한 니트로그리세린 시험생산에 성공했다. 6월에는 젤라틴다이너마이트 개발에 성공하여 아시아에서는 일본에 이어 두 번째로 다이너마이트 생산국이 되었다. 이듬해에는 젤라틴다이너마이트의 단점을 보안할 수 있는 예감제Mono-Nitro Naphthalene를 개발했다. 뇌관의 기폭약인 뇌홍雷汞의 합성에도 성공해, 1959년 5월부터는 공업용 뇌관을 시판하였다. 이렇게 하여 지금까지 수입에 의존하던 화약을 모두 한국화약에서 생산할 수 있게 되었다.

1959년 일본 정부가 재일교포 북송방침을 발표하자, 한국 정부는 대일 통상 중단 조치로 대응했다. 화약 제조의 기초 원료를 일본에서 수입해 왔던 한국화약으로서는 난감한 상황이었다. 1953년 제3차 한일회담 결렬로 일본 수입길이 막혔을 때에는 중개무역 형식으로 일본에서 화약을 수입했지만, 이번에는 수입선을 미국으로 돌려 난국을 돌파했다.

5·16쿠데타 이후 군사정부가 부정축재 관련 조사를 벌였을 때, 한국화약은 국내 화약을 독점했기 때문에 조사 대상이 되었다. 대부분의 기업 경영자들이 구속된 것과 달리, 한국화약에서는 문제점이 발견되지 않았다. 오히려 김종희의 투명한 경영이 대외적으로 인정받게 되었다. 박정희 정부는 대기업들에게 정부가 추진하는 기간산업 참여를 독려했다. 그 결과, 이병철은 한국비료, 구인회는 한국케이블 등을 창립했음은 앞에서 살펴본 바와 같다. 김종희에게는 볏짚펄프공장 건설을 제안했다. 다른 산업에 비해 명백히 사업성이 떨어졌다. 오랜 고민 끝에 김종희는 박정희의 제안을 거절했다.

김종희가 박정희의 제안을 거절하자, 감찰원에서 한국화약의 화약 원가 계산서 제출을 요구했다. 여기서 문제점이 발견되지 않자, 이번에는 산업은행과 여러 대학교와 대학원, 한국생산성본부 등에서 다시 원가계산서를 조사했다. 하지만 어디에서 조사해도 결과는 마찬가지였다.

물론 5·16쿠데타가 김종희에게 시련만 준 것은 아니었다. 군사정부가 국토개발사업에 착수하면서 화약 소비가 급증했다. 한국화약은 1964년 불꽃놀이에 사용하는 화약인 연화, 1966년 초유폭약(ANFO), 1973년 흑색화약, 1976년 도폭선 등 생산 제품을 다양화하였다.

김종희는 내수뿐 아니라 수출에도 관심을 가져 1961년 8월 미8군과 400톤의 화약 공급 계약을 체결하였다. 1969년에는 베트남에 다이너마이트를 수출하였다. 국내 최초의 국산 화약 수출이었다. 1971년 괌에 초안폭약, 1975년 말레시아 국방성에 화약을 납품했다. 1978년에는 싱가포르에 지사를 설치하고 해외사업부를 신설하여 해외 진출도 적극 모색하였다.

화약을 생산하다 보니 자연스럽게 방위산업에도 관심을 갖게 되었다. 한국화약 인천공장은 1967년 신호탄을 생산하면서 방위산업 분야 진출을 모색했다. 1968년에는 군의 폐탄 분해 작업을 맡았고, 1969년 세열수류탄 細裂手榴彈과 부비트랩을 생산했다. 1971년 11월 방위산업 계획서를 정부에 제출했다. 이어 인천공장에 방위산업용 특수폭약 제조시설을 갖추고, 본사에 방위산업개발본부를 설치하였다. 이런 노력 끝에 1972년 6월, 한국화약은 방위산업체로 지정받았다.

1972년 한국화약 인천공장은 국방과학연구소와 고폭탄류 공동개발에 착수하고, 1974년에는 방위산업의 기초 소재인 면약綿弱, 즉 니트로셀룰로오스를 개발하는 등 방위산업제품의 생산체제를 갖추었다. 1975년 9월 여수에 방위산업 전문 공장을 착공하여 1977년 1월 부분 준공하였다. 그리고 이듬해부터는 공장을 가동하여 방위산업제품 생산을 시작했다.

한국화학과 빙그레의 분리

1961년 8월, 김종희는 한국화약 본사에 기획부를 설치하여 연관 산업 진출을 모색했다. 화약은 새로 수요를 창출하기 어렵기 때문에 기업 성장에 한계가 있었다. 다른 한편으로는 화약 원료 수입에 사용할 외화를 벌고자 1962년부터 수산물 수출을 시작했다.

1964년 1월, 김종희는 우리나라 유일의 베어링 공장인 신한베아링공업을 인수하여 화약 이외의 업종에 진출하였다. 신한베아링은 1937년 일제의 고요光陽베아링이 군수용 베어링을 생산하기 위해 설립했던 회사로, 해방 이후 조병창에서

한국화성공업 진해공장을 방문한 박정희 대통령.

관리하다가, 1953년 민간에 불하되어 신한베아링으로 이름이 바뀌었다. 김종희는 기간산업으로 기계공업이 중요하다고 판단하여 신한베아링을 인수하고, 회사명을 '한국베어링'으로 바꾸었다. 1970년 한국베어링은 일본정공(NSK)과 기술제휴 계약을 체결하고, 이듬해 합작법인인 한국정공을 출범시켜 기계공업 분야에 진출했다.

1965년 김종희는 한국화성공업, 이듬해 7월에는 한국화약의 무역 부문에서 취급했던 업무를 전담하기 위해 태평물산을 설립했다. 태평물산은 1967년 골든벨상사로 이름을 바꾸어 무역 분야 창구 역할을 하였다.

5·16쿠데타 이후 대기업의 은행 지배가 어려워지면서 기업들은 자금 조달원을 찾아 보험업 진출을 시도했다. 1962년 정부는 보험사의 증자와 합병 조치를 주도한 후 보험사의 신규 면허를 내주지 않았다. 그러자 기업들은 보험사를 인수하기 시작했다. 한국화약도 1968년 9월 제일화재해상보험을 인수하여 금융업에 진출했다. 1976년에는 성도증권을 인수하였

다. 성도증권은 이듬해 상호를 '제일증권'으로 변경했다.

1950년대까지만 해도 정유시설이 갖추어지지 않았던 우리나라는 유류 공급을 전적으로 미국에 의존하였다. 그러다가 1962년 제1차경제 개발5개년계획이 추진되면서 석유 수요 증가에 따라 대한석유공사가 설립되었다. 대한석유공사는 미국 걸프사와 합작으로 울산에 정유공장을 건립하여, 1964년 4월부터 1일 3만 5천 배럴의 정유를 생산하기 시작했다. 이 무렵 신한베아링을 인수한 김종희는, 해외 시찰 후 석유화학사업의 가능성에 주목했다.

1964년 11월 김종희는 석유화학 계열 공장을 총망라하는 석유화학사업계획을 경제기획원에 제출했지만, 정부는 시기상조라며 반대했다. 그러나 산업 발전에 따라 석유 수요가 급증하면서 정부가 제2정유공장 건설을 민간 기업에 맡길 움직임을 보였다. 석유화학 분야 진출을 도모하던 김종희로서는 절호의 기회였다.

정부가 제2정유공장 실수요자를 공모하자, 김종희는 '동양석유'라는 이름으로 미국 스켈리Skeiiy사와 협력하여 공모에 응했다. 공장은 경상남도 진해에 건설할 계획이었다. 그는 제2정유공장은 자신에게 돌아올 것으로 자신했다. 하지만 칼텍스가 한국 정부가 제시하는 모든 조건을 받아들이기로 하고, 대통령선거를 앞둔 박정희가 호남 지역 민심을 고려하면서 여수에 공장을 짓기로 한 호남정유가 실수요자로 선정되었다.

이렇게 제2정유공장 실수요자 공모에 실패했지만, 김종희는 석유화학에 대한 꿈을 포기하지 않았다. 그는 석유화학 진출 1단계를 PVC공장 건설로 결정하고, 1965년 8월 '한국화성공업'을 설립했다. 한국화성은 한국화약이 직접투자로 설립한 최초의 자회사로, 1968년 진해에 국내 최초의 PVC공장을 준공했다. 이어서 1968년 1월에는 경인전력개발을 만들고, 같은 해 전기사업 경영허가를 획득했다. 2월에는 인천에 정유공장과 화력발전소 기공식을 거행하고, 11월 미국의 유니온과 합작하여 경인에너지개발을 설립했다. 경인에너지개발은 1970년 '경인에너지'로 이름을 바꾸고 제3정유회사로 결정되었다.

김종희는 1968년 7월 진해에 PVC공장 및 PVC가공공장을 건설하여 9월부터 PVC를 생산했다. 그런데 한국화성 외에도 1966년 6월 대한프라스틱, 1967년 7월 공영화학, 1968년 10월 동양화학, 1969년 5월 우풍화학 등이 PVC를 생산하기 시작했다. 그러면서 PVC레진이 과잉공급되면서 가격이 폭락했다. 그러자 정부는 1972년 10월 PVC를 생산하는 한국화성·대한프라스틱·공영화학·우풍화학·동양화학 등을 한국프라스틱공업으로 합병했다. 김종희는 이 한국프라스틱의 경영권을 인수했다. 그리고 1974년 9월 일본의 닛쇼이와이日商岩井 등과 합작하여 유니온포리마를 설립하고, 천안에 PVC원단공장 건설에 착공했다.

그렇다면 한국화약그룹과 전혀 어울리지 않아 보이는 '빙그레' 상표는 어떻게 만들어졌을까? 원래 김종희는 식품업에 진출할 생각이 없었다. 대일유업을 설립하여 베트남에서 미군을 상대로 아이스크림 장사를 하던 홍순지洪淳芝가 미국의 퍼모스트 메케슨Foremost Mekesson사와 기술 도입을 체결하고 국내에 유제품 가공공장을 건설했다. 그런데 건설 도중 자금 사정이 어려워지자 김종희에게 투자를 요청했다. 김종희는 먹는 장사는 할 수 없다며 거절했다. 그러자 농림장관 김보현金甫炫이 축산 농가를 살리는 길

'퍼모스트' 상표를 '빙그레'로 바꾼다고 알리는
신문 광고.

이라며 김종희를 설득했고, 그렇게 식품업에 진출하게 된 것이다.

대일유업의 경영은 부진했고, 결국 1973년 2월 김종희는 대일유업을 인수하였다. 당시 아이스크림은 설탕물을 얼린 빙과류였다. 하지만 1973년 6월 대일유업이 출시한 '퍼모스트Foremost' 아이스크림은 우유에 딸기·초콜릿·바나나 등을 배합한 유제품이었다. 새로운 아이스크림은 큰 인기를 끌었다. 김종희는 1975년 6월 상표를 '빙그레'로 바꾸었다. '퍼모스트'를 사용하면 상표 사용료를 지불해야 했기 때문이다. 1976년에는 생산설비를 증설하면서 빙그레는 분유·버터·요쿠르트·스낵·사탕 등을 생산하는 종합식품회사로 성장하였다.

건설업 진출도 자의自意가 아니었다. 1973년 서울시의 태평로 재개발 계획으로 한국화약 사옥이 헐리게 되자, 정부는 김종희에게 그곳에 호텔을 지어 달라고 요청했다. 그는 호텔을 지을 바에야 차라리 건설회사를 차리는 편이 낫겠다고 생각했다. 하지만 문제가 있었다. 당시 건설회사 수가 너무 많아 정부에서 더 이상 건설사 신규 면허를 내주지 않았던 것이다. 그는 어쩔 수 없이 동원공업의 토건업 단종면허를 인수하여 9월 상호를 '태평양건설'로 변경하였다.

1973년 12월, 한국화약 본사 사옥을 헐어 낸 자리에서 서울플라자호텔 기공식이 거행되었다. 기공식 다음 날, 호텔 관리를 위해 일본의 종합상사

마루베니丸紅와 합작하여 '태평개발'을 설립했다. 호텔 건축을 위해 건축자재를 검토하는 과정에서 타일 공급이 달린다는 사실을 알게 되자, 1974년에는 김포요업을 설립하였다.

다른 신규 사업 진출도 비슷한 경로로 이루어졌다. 1970년 경인에너지가 우리나라의 제3정유회사로 결정됐지만, 높은 원유 수송비가 원가 부담으로 작용하였다. 김종희는 이 문제를 해결하기 위해 1975년 성운물산을 설립하였다. 이로써 국내 정유사 중 가장 먼저 국적선으로 원유를 수송하게 되었다. 1976년 5월에는 성도증권을 인수하여 금융 분야로 진출했고, 12월에는 고려씨스템산업을 설립했다. 고려씨스템은 1977년 금전등록기(ECR) 생산을 개시하여 국내 최대의 금전등록기 수출회사로 성장했다.

그러나 화약산업에는 언제나 위험이 도사리고 있었다. 1977년 11월 인천역을 출발하여 광주로 향하던 화약열차가 오후 9시 10분경 지금의 익산역인 이리역 구내에서 폭발하였다(이리역 폭발사고). 이 사고로 사망 56명, 중상 293명, 경상 717명의 인명피해 외에 피해액만 당시 금액으로 2억 원에 달했다. 사고 원인은 호송원의 실수였으나, 화약류는 직통 열차로 운송해야 한다는 철도운송규정을 어긴 사실도 드러났다.

이리역 폭발사고로 한국화약의 사장 신현기申鉉奇를 비롯한 간부 6명과 철도청 직원 4명이 구속되었다. 김종희는 피해보상금으로 90억 원을 내놓겠

1977년 11월 일어난 이리역 폭발사고(국가기록원).

다고 약속했다. 이는 그의 전 재산에 해당하는 금액이었다. 사고 직후 한국화약그룹은 끝났다는 시각이 일반적이었다. 그러나 김종희는 쓰러지지 않았다. 1979년 5월 김종희는 경인에너지의 유류 수송과 대일유업의 냉동식품 수송을 담당할 삼희통운을 설립했고, 12월에는 한국프라스틱공업의 주식을 확보하여 경영권을 장악하였다. 당시 미국의 경제잡지 《포춘》이 선정한 세계 5백대 기업 중 393위를 기록할 만큼 한국화약의 힘은 꺾이지 않았다.

회사의 저력이나 건재함과는 별개로 창업주의 건강은 나빠지고 있었다. 김종희는 이른 나이부터 당뇨병을 앓았다. 1980년에는 신장 기능마저 떨어져 한쪽으로는 피를 뽑으면서 다른 한쪽으로는 피를 수혈하는 교환수혈을 해야 할 정도로 건강이 악화되었다. 결국 김종희는 1981년 7월 23일 59세의 나이로 세상을 떠났다. 한국화약의 화약, 한국프라스틱공업·경인에너지·천안 프라스틱가공공장·제삼석유판매·유니온포리마 등의 석유화학, 골든벨상사의 무역, 한국베아링공업의 기계, 제일해상화재해상보험과 제일증권의 금융, 태평양건설·김포요업·태평양엔지니어링 등의 건설, 묵호 수산물 가공 공장과 대일유업의 식품, 고려씨스템산업의 전기전자, 성운물산과 삼희통운의 운수, 서비스 부문의 태평개발 등 그가 일군 기업 및 사업 분야는 그의 사후 장남 김승연金昇淵에게 이어졌으나, 1992년 차남 김호연金昊淵이 분가하면서 빙그레는 한화그룹에서 분리되었다.

화약쟁이가 말한 화약의 '진실성'

김종희가 처음 한국화약을 창업하였을 때는 한국전쟁으로 전국의 산업
시설이 파괴된 탓에 생활에 필요한 물건이면 어느 것이나 수입해서 팔아
도 큰 이득을 볼 수 있는 시기였다. 하지만 폭발물인 화약만큼은 예외였
다. 수입할 때에도 선박에 제한이 있었고, 수입 후에도 반드시 신고를 하
고 허가된 사람에게만 팔아야 했다. 그래서 주위 사람들은 그에게 화약보
다 수입 판매업을 하라고 권하였다. 그럴 때마다 김종희는 말했다. "나는
솔잎을 먹고 살아야 하는 송충이요." 그가 '다이너마이트 김'으로 불린 까
닭이다. 물론 후에 석유화학을 시작으로 다양한 분야로 진출했지만, 이는
국산 화약 생산에 성공한 이후의 일이다. 이런 점에서 그는 한 우물만 판
우직한 인물이었다고 평가할 수 있겠다.

독실한 성공회 신자였던 김종희는 교육에 관심이 많아 1968년 백암문
화재단白巖文化財團을 설립하였다. 문화재단의 이름 '백암'은 형인 김종철
金鍾哲의 호를 딴 것이지만, 자신이 재단 설립자 및 이사장에 취임하여 실
질적으로 장학사업을 주관하였다. 1975년에는 학교법인으로 천안북일학
원을 설립했다. 이름을 '북일'로 한 것은 자신이 어렸을 때 북일사립학교를
다녔기 때문이다. 세실 쿠퍼가 북일학원을 설립하여 육영사업을 펼친 고
마움을 그는 잊지 않았던 것이다.

김종희는 고향인 천안에 대학교를 세우고 싶어 했다. 그러나 당시에는
대학 설립이 제한되어 있었다. 그래서 1976년 천안북일고등학교를 설립
했다. 일류 학생을 키우기 위해서는 시설도 일류여야 한다는 생각에 당시

로선 드물게 교실 바닥을 인조대리석으로 깔고, 화장실에는 수세식 변기를 설치하였다. 교육계에서 신망이 두터운 권혁조를 교장으로 모셔 와 학교 운영에는 일체 관여하지 않겠다고 약속했다. 교사들에 대한 대우도 파격적이었다. 교사들에게 집 한 채씩과 연간 보너스 6백퍼센트, 우수교원 해외연수 등 파격적인 조건을 제시했다. 천안북일고등학교는 2009년 학교 이름을 북일고등학교로 바꾸었다.

김종희의 남다른 스포츠 사랑은 유명하다. 1977년 5월 한국화약그룹 아마추어 복싱팀을 창설했고, 같은 해에 자신이 설립한 천안북일고등학교에 야구부를 창단하였다. 북일고등학교 야구부는 2018년 현재까지 전국대회 우승 28회 준우승 16회를 할 정도로 좋은 성과를 거두고 있다.

김종희는 1967년 그리스 명예총영사에 임명되었고, 1972년 1월 한국과 그리스 간의 우호 증진에 이바지한 공로로 그리스의 최고명예훈장인 금성십자훈장을 수훈했다. 사후인 1981년 10월 정부는 김종희에게 기업인의 최고 영예인 금탑산업훈장을 추서했고, 2009년에는 한국경영사학회의 창업대상을 수여했다.

화약회사 경리 사원으로 시작해서 화약 국산화를 이룬 김종희. 그는 화약은 정직한 장소에서 정직한 시간에 폭발하지 않으면 안 된다며 화약의 진실성을 강조했다. 일평생 화약쟁이를 자처한 그가 추구한 화약의 '진실성'이란 바로 그런 것이었다.

13
선경그룹 최종건

석유에서 섬유까지 … 못다 이룬 꿈

예전에도 그랬지만 지금도 기술자가 창업한다는 것은 쉬운 일이 아니다. 그런데 삼성과 현대·기아자동차에 이어 2018년 재계 서열 3위로 꼽히는 SK의 창업주 담연湛然 최종건崔鍾建은 2년제 실업학교를 졸업한 기술인이다.

괄괄한 성품의 기계과 졸업생

　최종건은 1926년 1월 30일 경기도 수원시水原市 평동坪洞에서 아버지 최학배崔學培와 어머니 이동대李同大 사이의 4남 4녀 중 장남으로 태어났다. 아버지 최학배는 대성상회大成商會를 개업하여 나무장사를 했고, 수원 잠업시장에 볏짚과 왕겨 등을 납품하고 인천 미곡취인소米穀取引所에 쌀을 공급한 당시로서는 부유한 상인이었다.

　한학자인 할아버지 최두혁崔斗赫의 영향으로 최종건은 6세부터 서당에서 한문을 배웠다. 그러나 학문보다는 친구들과 어울려 놀기를 좋아해 공

경기도 수원시 권선구 평동에 있는 최종건 생가.

부에 큰 진전이 없었다. 장난이 심한 그에게 아버지가 매를 들려고 하면, 할아버지는 아이의 호연지기를 꺾는다며 만류했다. 비교적 넉넉한 가정 형편과 할아버지의 사랑 등은 어린 그에게 강한 자신감을 심어 주었던 것 같다.

최종건은 열 살의 나이로 뒤늦게 수원에 있는 신풍심상소학교新豊尋常小學校에 입학하였다. 소학교 시절 그는 축구 선수로 활약하면서 큰 인기를 얻었다. 여전히 그는 친구들과 노는 것을 좋아했고, 언제나 골목대장 역할을 했다고 한다. 그의 리더십을 보여 주는 일화가 있다. 최종건이 소학교 4학년 때 수원경찰서 서장 아들 무라야마村山가 그가 사는 마을 아이를 괴롭힌 일이 있었다. 최종건은 6학년인 무라야마를 때려 눕혔고, 이로 인해 낙제생으로 유급을 당했다.

1942년 소학교를 졸업한 최종건은 고등학교에 진학하라는 아버지의 뜻을 거스르고 경성직업학교 기계과에 입학하였다. 경성직업학교는 2년제 단기 실업학교였다. 2학년 2학기에는 군수품을 만드는 공장인 육군 조병창에서 실습을 하였다. 실습을 마친 후에는 곧바로 조병창에 취직이 되었다. 최종건은 조병창에 출근하려 했지만, 아버지의 권유에 따라 3급 기사 자격증을 가진 기술자 자격으로 선경직물鮮京織物 공무부과에 입사하였다. 아버지 최학배가 선경직물을 지을 때 도급업체였던 후지타藤田건설에

골재와 자재 등을 납품한 것이 인연이 되었다. 선경직물은 일제의 기업인 선만주단鮮滿綢緞(ソンマンジュダン)과 교토직물京都織物이 합작하여 설립한 회사로, 두 회사의 앞글자를 따서 '선경鮮京'이었다.

1944년 8월 조선총독부의 기업정비령으로 선경직물은 조선직물주식회사에 통합되었다. 조선직물은 선경직물을 제2공장으로 개편하면서 공장장으로 스스키 사브로鈴木三廊가 부임했다. 사브로는 최종건의 통솔력과 포용력을 인정해 18세에 불과한 그를 생산부 제2조장으로 발탁하였다.

1941년 태평양전쟁의 개전과 함께 일제 육군성 군무국 군사과는 조선인에 대한 징병제를 검토하기 시작했다. 조선인을 전쟁터로 내몰아 일본인의 인적 소모를 줄이려 한 것이다. 중일전쟁(1937) 발발 후인 1938년 4월 '국가총동원법'과 '육군특별지원병령'을 공포하여 조선에서도 지원병을 모집하기 시작한 일제는, 태평양전쟁이 막바지에 이른 1944년에는 조선인 학병뿐 아니라 일반 민들까지도 전쟁터에 내몰기 위해 징병제를 실시하였다. 열심히 공장 생활을 하던 최종건에게도 군 입대 영장이 나왔다. 그는 징병을 거부하고 만주로 탈출할 궁리를 세웠는데, 며칠 후 해방이 되었다.

일제 귀속재산 선경직물의 재창업

해방공간기의 혼란 속에서 최종건은 공장 종업원들과 마을 청년들을 모아 선경치안대를 조직하였다. 선경직물공장을 지키고 일본인 간부들을 보호하기 위해서였다. 치안대 활동으로 일본인 간부들의 귀환을 돕고 회사를 지켜 냈다. 해방이 되자 일본인들이 자국으로 돌아가면서 임자 없는 재산이 많아졌다. 이러한 재산을 적산 또는 귀속재산이라고 불렀는데, 적산기업의 수가 2,700여 개에 달했다. 1945년 9월 미군정은 '일본의 국·공유재산은 군정당국이 접수'할 것을 발표했고, 12월에는 일본인의 사유재산까지 확대하는 군정법령 33호를 공포하였다. 이로써 일본의 국·공유재산은 물론 사유재산까지 모두 미군정에 귀속되었다. 선경직물공장 역시 적산기업으로 지정되었다가 귀속재산으로 관재청 관리 하에 들어갔다. 미군정은 선경의 주식을 갖고 있던 황청하黃清河와 김덕유를 선경의 관리인으로 임명했다. 그런데 두 사람은 직물에 대해 아는 바가 전혀 없었기 때문에 최종건을 생산부장에 임명했고, 그는 실질적인 공장장 역할을 수행했다.

1949년 최종건은 노순애盧順愛와 혼인하였다. 가장이 된 그는 자신의 사업을 하기로 결심하고 선경직물에 사표를 제출했다. 그리고 퇴직금으로 인견사 장사를 시작했다. 인견사를 직물공장에 납품하고, 직물을 공장도 가격으로 인수하여 동대문시장 포목 도매상에 넘기는 일이었다. 장사가 한창 궤도에 오를 무렵에 한국전쟁이 발발했다. 그는 창고에 보관 중이던 인견사를 포기한 채 아버지를 모시고 피난길에 오를 수밖에 없었다.

아버지의 고향인 경기도 화성 팔탄면 해창리에서 피난 중이던 최종건은 좌익에게 체포되었다. 해방 직후 수원태백문화동지회 부회장, 평동대동청년단 단장, 선경치안대 대장 등 우익단체에서 활동한 것이 이유였다. 죽음의 문턱까지 갔지만, 이종건에 의해 풀려났다. 이종건은 남로당 당원으로 체포된 적이 있었는데, 최종건이 신원보증서를 써 주어 풀려난 적이 있던 사람이었다.

전쟁 중 서울에 보관 중이던 인견사도 기적적으로 되찾을 수 있었다. 최종건은 인견사를 판 돈으로 석유와 비료 등을 판매하는 등 여러 가지 사업을 벌였지만 모두 실패했다. 수원으로 돌아온 그는 아버지의 충고를 받아들여 동광정미소에 취직했다. 그러던 중 전쟁으로 잿더미가 된 선경직물의 불하 소식을 들었다.

최종건은 선경직물을 불하받기 위해 아버지에게 자금을 부탁했다. 그러나 마산에서 피난 생활 중 아버지 돈으로 휘발유장사, 비료장사 등을 하다가 모두 실패한 전력이 있는 아들을 아버지는 믿지 못했다. 그래도 가만히 있을 수 없었던 최종건은, 1953년 3월 정미소를 그만두고 공장을 다시 세우는 일에 나섰다. 그가 선경직물을 다시 세운다는 소문을 듣고 예전에 함께 공장을 다니던 사람들이 모여들기 시작했다. 최종건은 그들과 함께 잿더미가 된 공장을 정리하고 직기를 고치기 시작했다. 5월이 되자 직기 4대가 가공되기 시작했고, 7월에는 20기의 직기를 재조립하는 데 성공했다. 이런 모습을 본 최학배는 아들에게 200만 환의 자금을 지원해 주었다.

1949년 12월 19일, 대한민국 정부는 '귀속재산처리법'을 공포하였다. 큰 규모의 공장은 국유·국영으로 하고, 중소 규모의 공장은 민간인에게 임대 혹은 매각 처분한다는 것이었다. 한국전쟁으로 중단되었던 귀속재산 불하는 1954년부터 재개되었다. 이 무렵 최종건은 관재청으로부터 선경직물의 '귀속재산 매각통지서'를 받았다. 정부가 내놓은 매각 금액은 130만 환으로, 이 금액의 10분의 1만 지불하고 계약하면 10년 분납이 가능했다. 그는 선경직물의 공장 토지 소유자인 차철순의 지가증권으로 매수 계약금

1953년 창립 무렵의 선경직물.

을 마련하였다.

　1953년 8월 1일, 최종건은 선경직물주식회사 주식 50만 주 중 49만 9,800주를 차철순과 공동명의로 매수하여 선경직물을 인수하였다. 그리고 10월 1일, 지가증권 13만 환 전액을 갚고 선경직물 창립을 선포하였다. 본래 '선경'은 선경직물을 만든 일제 기업 선만주단과 교토직물의 회사명에서 한 자씩 가져온 이름이지만, 최종건은 뜻을 달리하여 크게〔京〕 빛난다〔鮮〕는 의미를 이름으로 삼았다.

　최종건은 1954년 7월 선경의 제1공장, 이듬해 7월에는 2공장의 복구를 완성하고, '닭표 안감'을 생산했다. 당시 양복 안감은 재단하기 전 물에 한 번 빨아 다림질하는 것이 일반적이었다. 빨면 안감이 줄어들었기 때문이다. 하지만 '닭표 안감'은 다른 인조견과 달리 빨아도 줄지 않아서 바로 재단해서 쓸 수 있는 획기적인 제품이었다.

　'닭표안감'은 큰 인기를 끌었고, 1955년 산업박람회 인조견 부문에서 최우수상을 받았다. 그 덕분에 외환 배정과 기업육성자금도 융자받을 수 있었다. 1956년 3월 24일, 최종건은 선경직물 매수 대금 잔금을 완납하여 소유권 이전 등기를 완료하였다. 7월에 제3공장을 건설하고, 11월에는 서울시 종로구 연지동에 서울연락사무소를 개설했다.

　그러나 제3공장에서 생산한 인견이 팔리지 않아 어려움을 겪었다. 최종

1950년대 선경직물에서 생산한 '닭표' 안감 마크(왼쪽)와 1960년대 '혼수 1호' 이불감 '봉황새'(오른쪽).

건은 당시 직물업계 최고의 도안사로 꼽히던 조용광을 입사시켜 공장장직을 맡겼다. 삼고초려 이상의 정성스러운 노력으로 성사시킨 스카우트였다. 그는 조용광에게 파격적인 대우를 해주었고, 조용광의 의견을 받아들여 당시 소폭 견직물만 생산하던 것을 대폭 견직물로 바꿔 시장의 호응을 얻었다.

1958년 선경직물이 생산한 이불감 '봉황새'는 큰 호응을 얻었다. '봉황새' 이불감은 신부들의 혼수 1호로 자리 잡았고, 향후 10년 동안 판매 1위의 경이로운 기록을 올렸다. 봉황새 이불감으로 막대한 이익을 얻어 여유자금이 생기자, 최종건은 염색공장을 설립하고 나일론 직물을 설립하는 제4공장도 건설했다.

나일론이 우리나라에 처음 들어온 것은 한국전쟁 때였다. 나일론은 질기고 가벼워 인기를 끌었지만 값이 너무 비쌌다. 모두 밀수품이었기 때문이다. 최종건은 1958년 11월 나일론 원사를 수입하여 나일론 직물인 태피터Teffeta를 생산했다. 태피터는 생산이 수요를 따라잡을 수 없을 정도로 폭발적인 인기를 얻었다.

1959년 6월 11일 일본 적십자와 북한 적십자 간 재일동포 북송계획이 합의되자, 한국 정부는 15일 대일통상을 중단하였다. 그 결과, 원사 수입이 막혀 직물업계가 큰 타격을 입었다. 그런 가운데 9월 16일 태풍 사라가 우리나라에 상륙했다. 나라의 전체 인구가 3천만 명도 안 되던 시절에 태풍으로 인해 사망과 실종 849명, 부상 2,533명, 이재민 37만 3,459명에 달했다. 선박도 9,329척이 파괴되고, 21만 6,325정보의 경작지가 유실되었다.

태풍 사라의 피해로 경기가 위축되면서 선경은 자금난에 허덕이게 되었다. 그런데도 최종건은 폴리에스테르 제품인 테트론Tetron 생산에 돌입했다. 테트론은 지금까지 나온 어떤 제품보다 품질이 뛰어났기 때문에 불황 속에서도 기업을 유지해 나갈 수 있었다. 그는 신제품 개발로 불황을 타개해 나갔던 것이다.

1960년 4·19혁명이 일어났다. 독재 정권을 타도했지만 급격한 정치 변화는 경기 침체로 이어졌다. 원사 구입도 어려워져 선경은 조업 중단의 위기에 처했다. 최종건은 명동의 사채시장에서 돈을 빌렸다. 비싼 이자를 감수하면서도 원사를 구해 공장을 가동시켰다. 어떤 일이 있어도 공장을 놀릴 수 없다는 신념 때문이었다.

한일국교정상화를 위한 회담이 개최되면서 원사 수입이 원활해졌다. 비교적 수월한 조건 아래서도 최종건은 원사 확보에 전력을 기울였다. 그런데 달러의 고정 환율이 인상되기 시작하여 500대 1이던 환율이 1961년 2월에는 1,300대 1까지 올라갔다. 그러나 선경직물은 미리 원사를 확보해 놓은 덕에 원자재 가격 인상의 영향을 덜 받았다. 심지어 엄청난 이득을 얻어 수년간 누적되었던 부채를 일시에 해결할 수 있었다. 끊임없는 자금 난 속에서도 공장 복구와 증설, 기술개발, 원사 확보 등을 게을리하지 않은 덕분이었다.

SK마크와 팔팔이, 워커힐호텔

1961년 1월 30일 최종건은 '선경 5개년 계획'을 발표하여 일관된 섬유 생산체제를 갖추겠다는 목표를 제시하였다. 그런 가운데 5·16쿠데타가 발발했다. 쿠데타로 집권한 군사정부는 밀수품을 강력하게 단속하면서 합성직물 수요가 급증했다. 하지만 원사를 구입할 수 없어 제품 생산에 차질을 빚고 있었다. 1961년 9월, 중앙정보부 서울지부장 이병희李秉禧는 국가재건최고회의 의장 박정희에게 선경을 양심적인 기업인이 이끄는 모범 기업이라고 보고했다. 그러자 박정희는 전격적으로 선경직물을 방문했다. 이 소식이 알려지자 많은 사람들이 최종건에게 돈을 빌려 주겠다고 나서서 자금난이 해결되었다. 1963년 12월 대통령에 취임한 박정희는 이듬해 다시 선경을 방문하였다. 이때 최종건은 영부인 육영수陸英修에게 한복 옷감을 선물하였다. 이 옷감은 '청와대 갑사'로 알려져 크게 유행했다.

1962년 4월 8일, 선경은 국내 최초로 홍콩에 인견 직물을 수출했다. 박정희 정부가 모든 공업을 수출 체제로 전환하고 수출업체에 여러 가지 특혜를 주기 시작한 것은 1964년 6월의 일이다. 이에 앞서 최종건은 지속적인 수출 시장을 개척할 목적으로 적자를 감수하고 수출을 시작한 것이다. 이때 'S·K'라는 마크가 만들어졌다. S·K는 '선경'을 상징하는 것이면서,

1962년 선경직물 증축 준공식에 참석한 최종건(맨 앞 왼쪽)과 최종현 부사장(맨 앞 오른쪽).

'서울Seoul 코리아Korea'라는 의미를 담고 있었다. 1962년 8월 최종건은 선경산업 주식회사를 설립했다. 당시에는 직물 수출을 해야 그만큼의 원사를 수입해 올 수 있는 수출입 연동제가 실시되고 있어 서둘러 수출 시장을 개척해야 했다.

1962년 11월, 최종건은 부친의 장례식 참석을 위해 귀국한 동생 최종현 崔鍾賢을 선경직물 부사장에 임명했다. 당시 최종현은 시카고대학교에서 경제학 박사 과정 중에 있었다. 최종건은 회사의 어려운 사정을 이야기하며 최종현을 설득하였다. 이로써 최종건은 외부 일을 맡고, 최종현이 내부 경영을 책임지는 경영 체제가 만들어졌다.

1963년부터 선경은 내수 생산보다 수출 생산에 중점을 두었다. 그 결과, 1963년 8월 정부가 국가 경제 발전에 공적이 뚜렷한 자를 포상하기 위해 만든 금탑산업훈장의 첫 수상자로 선정되었다. 그러나 최종건은 인견 능직 하나뿐인 수출 상품 품목을 하루빨리 늘려야겠다고 생각했다. 인견 능직만 가지고서는 새로운 시장 개척과 수출량을 늘리는 데 한계가 있었기 때문이다. 신제품 개발이 시급했다.

최종건은 최종현을 일본으로 보내 일본 시장을 조사하게 했다. 당시 일본에서는 폴리에스테르로 짠 크레폰Crepon이 유행하고 있었다. 선경은 즉시 크레폰 개발에 착수했지만 쉽지 않았다. 결국 일본 기술자로부터 기술을 전수받고, 여기에 크레폰 날염捺染 방법까지 개발하여 1964년 3월 크레폰 개발에 성공했다. 8월에는 앙고라Angora도 개발했다. 그 결과는 창업 이래 최대의 호황이었다.

전통적으로 직물업계는 여름이 비수기였다. 최종건은 여름철 불황을 타개할 방법을 모색하다가 조제트Georgette 개발에 착수했다. 조제트는 까실까실한 느낌을 주며 바람이 잘 통해 여름 옷감으로 적격이었기 때문이다. 그러나 마땅히 전수받을 곳이 없었다. 크레폰 생산 기술을 전해 준 일본의 이토추상사는 오스트리아 수출을 선경에 빼앗겨 큰 타격을 입은 상태라 조제트 생산법을 알려 주지 않았다. 결국 직물공장을 직접 견학해 조제트 생산법을 익히는 수밖에 없었다. 당연히 수많은 시행착오가 뒤따랐다. 1965년 11월 드디어 조제트 제직용 가연사假撚絲 생산에 성공했고, 이듬해 5월부터 '깔깔이'라는 이름의 조테트를 본격 생산하였다. 그 결과, 여름철 국내 직물시장까지 석권할 수 있게 되었다.

1966년 6월 15일 최종건은 선경화섬鮮京化纖을 설립하였다. 1968년 12월에는 아세테이트공장을 준공했다. 당시 아세테이트는 사양산업이었지만, 이를 통해 폴리에스테르 원사공장을 건설하려 한 것이다. 실제로 이듬해 2월 폴리에스테르 원사공장을 준공하였다.

최종건은 정부의 외화 자금을 융자받아 1968년 12월과 이듬해 2월 아세테이트공장과 폴리에스터공장을 준공하였다. 이로써 원사 생산 능력이 향상되었고 원사 종류도 다양해졌다. 그래도 수원에 있는 직물공장만으로는 부족하여 1968년 8월 23일 울산직물을 설립하고, 10월에는 기공식

1969년 1월 폴리에스테르 공장을 점검 중인 최종건.

을 거행했다. 이로써 원사 제조업체인 선경합성과 선경화섬, 직물을 생산하는 선경직물과 위산직물, 완제품 생산업체인 해외섬유·선산섬유·울산직물 등으로 이루어진 수직적 기업 결합이 완성되었다. 그 결과, 원자재 공급 시기 및 수량을 직접 통제하게 되면서 관련 비용과 시간을 절약할 수 있게 되었다.

1970년 선경화섬은 담배 필터의 원료인 아세테이트 토우Tow 개발에 성공했다. 당시 아세테이트 토우는 전량 수입에 의존하고 있었다. 따라서 선경화섬의 아세테이트 토우 개발은 연간 150만 달러의 수입대체 효과를 가져 왔다.

1972년 최종건은 서해개발을 설립하여 산림사업에 착수하였다. 그는 산림 개발을 기업이 참여해야 할 사회적 사업으로 생각했고, 산림 개발로 얻어지는 수익 전부를 한국고등교육재단 재원으로 활용할 계획이었다. 1973년 1월 워커힐호텔 인수를 위해 선경개발을 설립하고, 3월에는 상호를 '선경개발주식회사 워커힐'로 변경하였다. 그런데 왜 '워커힐'일까?

1962년 쿠테타로 집권한 박정희 정부는 주한미군의 휴양지 마련과 외화획득을 목적으로 정부 자금으로 종합위락시설을 건축하였다. 호텔 이름 워커힐은 한국전쟁에 참전했다가 전사한 미8군 사령관 월턴 워커Walton Harris Walker 장군을 기리고, 여기에 언덕을 뜻하는 힐Hill을 붙인 것이다. 워커힐호텔 부지의 주인은 대한전선의 창업가 설경동薛卿東이었다. 중앙정보부장 김종필은 설경동을 부정축재자로 몰아 헐값에 땅을 매입하고, 국토교통부로 하여금 공사를 주관토록 하였다. 그러나 자금난에 허덕이자 호텔 건설과 아무 상관없는 정부주금政府株金 5억 3,580만 원을 빌려주었다. 그런데 이 과정에서 중앙정보부가 막대한 자금을 민주공화당 창당 자금으로 유용했다. 뿐만 아니라 교통부와 군에서 여러 장비와 인력까지 마음대로 동원하여 사회적 물의를 일으켰다(워커힐사건).

중앙정보부가 세운 국제관광공사에 의해 운영되던 워커힐호텔은 한진그룹에 매각키로 결정되어 있었다. 한진은 매수 대금의 20년 분할납입을 요구하고 있었다. 그런데 최종건은 내정가격보다 비싼 가격에 일시불로 매입하겠다고 정부에 제안했고, 결국 워커힐호텔은 선경에 매각되었다.

선경직물은 극동건설창고를 인수하여 1974년 2월 상호를 선경창고로 변경해 물류업에도 진출하였다. 하지만 최종건의 더 큰 꿈은 정유회사의 설립이었다. 화학섬유의 원료사업이 바로 정유사업이었기 때문이다.

1970년 위궤양 수술을 받았던 최종건은 워커힐호텔 인수를 마무리 지은 후인 1973년 3월 다시 병원에 입원했다. 진단 결과 폐암이었다. 미국으로 건너가 다시 진단을 받았지만 역시 결과는 같았다. 6개월밖에 살 수 없다는 말을 들었지만, 그는 미국의 병원에 입원한 상태에서도 전화로 업무보고를 받는 등 일을 놓지 않았다. 그러다가 주위의 만류를 뿌리치고 20일 만에 서울로 돌아와 버렸다.

투병 중에도 최종건은 일본의 데이진帝人과 이토추상사로부터 공동투자를 받아 내고 이란을 도입선으로 하여 울산광역시 울주군 온산溫山에 1

일 15만 배럴의 정유공장을 설립키로 합의했다. 이에 따라 1973년 7월 1일 선경석유를 설립하였다. 그러나 창립 기념사는 동생 최종현이 대신 읽었다. 그의 건강이 너무 좋지 않았기 때문이다.

최종건은 삶이 얼마 남지 않은 상태에서 '석유에서 섬유까지' 일관생산 체제를 갖추는 기업을 만들겠다는 자신의 뜻을 마무리 지으려 했다. 하지만 10월 6일, 이집트의 이스라엘 선제공격으로 제4차중동전쟁이 발발하자 OPEC은 석유 가격을 17퍼센트나 올렸다. 세계경제는 생산 위축, 물가 상승, 무역 침체, 수출 감소의 악순환에 빠졌다. 석유가 전혀 생산되지 않는 한국의 경제는 더욱더 심각한 타격을 입었다. 1973년 11월 15일, 최종건은 48세의 나이로 세상을 떠났다. 정유사업에 대한 꿈은 그의 사후로 미루어졌다.

"내 기가 집터보다 더 세니 염려 말라"

최종건이 선경직물을 창업할 당시 우리나라의 섬유업계는 이미 경성방직·태창직물泰昌織物·조선견직朝鮮絹織 등이 주름잡고 있었다. 때문에 그는 "남이 가지고 있는 것으로는 경쟁이 안 된다"며 품질 제일주의의 차별화 전략으로 맞섰다. 후발 주자로선 기술 개발을 통한 신제품 개발밖에 길이 없었다. 1954년 세탁해도 줄지 않는 닭표안감, 1958년 3월 봉황새 이불감과 11월의 나일론 직물 개발, 1959년 3월 대량생산체제 구축, 1959년 12월의 폴리에스테르 테트론 생산, 1963년 크레폰과 이듬해 앙고라 개발, 1965년 11월의 조제트 깔깔이 생산 등이 바로 그것이다. 설비 증설 과정에서 4·19혁명과 5·16군사쿠데타 등의 사회 혼란이 일어나자, 수출을 통해 난관 극복을 시도하였다. 그 결과, 1962년 4월 국내 최초로 인견 직물 수출을 이루어 냈다.

최종건은 자신감이 강한 사람이었다. 1968년 삼청동에 새 집을 마련했을 때 풍수지리를 잘 아는 데이진의 오야 신조大屋晋三 사장 부인이 지형이 사납다며 이사할 것을 권유했다. 실제로 삼청동 집은 화재가 나서 가사도우미가 숨졌고, 여름에는 장마로 큰 물난리를 겪기도 했다. 그랬는데도 그는 이사를 권하는 사람들에게 "내 기가 집터보다 더 세니 염려 말라"고 했다.

최종건을 상징하는 것은 강한 추진력과 뚝심이었다. 하지만 사실 그는 꾀도 많은 사람이었다. 1966년 차관 도입 문제로 일본 정부와 줄다리기를 할 때였다. 일본 정부는 중소기업에 불과한 선경의 상환 능력을 의심하며 차관을 미루고 있었다. 그는 일본의 관계자들을 초청한 후 술집 여주인에게 술자리가 무르익으면 엄지손가락을 들어 보이며 전화가 왔다고 해 달라고 부탁했다. 여주인이 엄지손가락을 들어 보이며 전화가 왔다고 하자, 그는 급한 일이 있다며 잠깐 나갔다 오겠다고 한 후 2시간쯤 자고 나서 술자리에 돌아갔다. 그러고는 저 위에 다녀오느라 늦었다고 둘러댔다. 일본의 관계자는 이 모습을 보고 선경이 청와대로부터 신임을 얻고 있다고 생각하고 차관 문제를 해결해 주었다. 이 일화는 그가 불같은 성격만 가진 인물이 아니었음을 보여 준다.

평소 "의를 앞세우고 이익을 뒤로 하라〔善義而利後者〕"는《순자荀子》의 말을 좋아했던 최종건은 의리를 무엇보다 우선시했다. "의리와 사랑으로

1973년 2월 선경이 후원한 TV 프로그램 〈장학퀴즈〉가 첫 전파를 왔다.

사람을 대하라. 당신을 따르는 수많은 동료가 생길 것이다." 본인의 말대로 그는 여종업원이 혼인하면 혼수품을 챙겨 주고, 재해를 당한 종업원에게는 치료비를 지급했다. 식당에서는 직원들과 똑같이 줄을 서서 식사했고, 같은 근무복을 착용하였다. 본인의 솔선수범으로 구성원들의 자발적 행동을 이끌어 냈던 것이다.

최종건은 "기업을 굴러가게 하는 것은 자금이고, 그 자금을 운용하는 것은 사람"이라고 믿었다. 인재의 중요성에 대한 그의 생각은 1973년 2월 저 유명한 MBC 〈장학퀴즈〉의 탄생으로 이어졌다. 〈장학퀴즈〉는 1997년 1월 12일 EBS로 옮겨 2017년 7월 1일 종영할 때까지 인재 양성에 크게 기여하였다.

성공한 다른 창업가들과 마찬가지로 최종건도 신용을 목숨보다 더 소중히 여겼다. 품질, 납품 기일, 대고객 서비스 등의 약속을 철저히 지켰고, 자금이 모자라 돈을 자주 빌려 썼지만 돈을 갚기로 한 날에는 급전이라도 빌려 원금과 이자까지 정확하게 갚았다.

최종건은 사람 만나는 것을 무척 좋아한 기업인이었다. 1956년 8월에는 아버지의 뒤를 이어 수원시의회 의원에 당선되기도 했다. 1958년 한국직물공업조합연합회 이사로 피선되었고, 1960년 3월에는 수원상공회의소 부회장에 당선되었다. 1963년 한국직물수출조합부이사장을 거쳐, 이듬해에는 한국직물공업협동조합연합회 회장을 맡기도 했다. 1967년 2월 한국직물원사조합 이사장, 7월에는 수원상공회의소 회장에 선출되었다. 그는 활발한 사회 활동을 했지만 늘 신중하게 준비하여, 사람을 만나기 전에는 꼭 미리 그날 말할 내용을 여러 차례 연습했다고 한다.

최종건은 다른 창업가들과는 다르게 기술자 출신이다. 그래서인지 기술 개발에 사활을 걸었고, 이것이 오늘날 SK의 기틀이 되었다.

14
포항제철 박태준

'영일만 신화' 일군 태준이즘

우리나라를 대표하는 철강회사 포스코POSCO (Pohang Iron & Steel Company)는 2002년 포항제철에서 바뀐 이름이다. 세계적인 철강회사 포스코를 창업한 인물이 바로 청암靑巖 박태준朴泰俊이다. '철의 사나이', '철강왕' 등으로 불린 그는 자신의 종교를 '철'이라고 말했던 인물이다.

일본에서 보낸 어린 시절

박태준은 1927년 9월 29일 지금의 부산시 기장군機張郡 장안읍長安邑 임랑리林浪里에서 아버지 박봉관朴奉琯과 어머니 김소순金所純 사이의 장남으로 태어났다. 초년기 그의 집은 경제적으로 어려웠다. 생활고에 시달리던 큰아버지 박봉줄은 일본으로 건너가 일자리를 잡은 뒤 동생 박봉관에게 일본으로 오라는 기별을 보냈다. 1932년 아버지 박봉관은 일본으로 건너갔고, 이듬해 9월 박태준도 어머니와 함께 일본으로 향했다. 그렇게 일본 시즈오카靜岡현의 아다미熱海에서 가족들과 함께 어린 시절을 보냈다.

1939년 초등학교 시절의 박태준과 아버지.

1934년 박태준은 다가 심상소학교에 입학했다. 아버지가 치쿠마가와千曲川수력발전소 건설 현장에서 일하게 되면서, 1936년 나가노현의 이야마飯山로 이사했다. 1940년에는 이야마북중학교에 진학했다. 도쿄에 있는 아자부麻布중학교에 합격했지만, 아버지가 반대했기 때문이다.

1941년 제2차 세계대전이 발발하면서 일본은 전시체제로 접어들었다. 중학교 4학년 이던 박태준은 근로봉사에 동원되어 인공철광석을 만드는 닛폰소결철광日本燒結鐵鋼에서 일하게 되었다. 박태준과 철의 첫 번째 인연이었다.

1943년 10월 1일, 일제는 '대학생 징집연기 임시특례법'을 공포했다. 전문학교와 대학교 재학생에게 부여해 준 징집 연기 혜택을 이공계와 사범학교 학생에게만 준다는 내용이었다. 박태준은 강제징집을 피하기 위해 와세다대학교 공대를 목표로 열심히 공부했고, 1945년 와세다대학교 기계공학과에 입학하였다.

박정희가 박태준을 쿠데타 명단에서 뺀 이유

해방을 맞이하자 박태준은 가족들과 함께 고국으로 돌아왔다. 그는 학업을 계속하고 싶었지만 해방공간기의 혼란 속에서 진학할 만한 학교가 없었다. 1948년 그는 부산 국방경비대에 자원했고, 이곳에서 훈련 중 지금의 육군사관학교의 전신인 조선경비사관학교 6기생으로 선발되었다. 이때 조선경비사관학교에서 탄도학 강의를 맡고 있던 박정희를 처음 만났다.

남조선경비사관학교에서 단기 과정을 마친 박태준은 1948년 8월 10일 육군 제1여단 제1연대 소대장에 부임했다. 1949년 1월 수도여단으로 배속된 그는 3월 중위로 진급했다. 12월에는 대위로 진급하면서 7사단 1연대 2대대 소속으로 경기도 포천에 배치되었다.

1950년 6월 25일 한국전쟁이 발발하자 박태준은 의정부에서 북한군과 전투를 벌였다. 그러나 역부족이었다. 국군이 북한군에게 밀리면서 그 역시 남쪽으로 후퇴할 수밖에 없었다. 전세가 역전되면서 10월 14일 그가 지휘하는 부대는 원산까지 진격했고, 다음 날 소령으로 진급했다. 이어 청진까지 진격했던 그는 중국군이 개입하면서 남하하던 중 맹장염 수술을 받고 흥남에서 배로 강릉의 병원에 옮겨졌다. 퇴원 후 그는 속초 1군단 사령부에 배속되었다. 그는 자원하여 최전선인 화천으로 옮겨 갔고, 화천수력발전소 방어를 위한 중국군과의 교전을 지휘하기도 했다.

1953년 5사단 작전참모로 지리산에 있는 빨치산 토벌작전을 수행한 후, 박태준은 육군대학 5기생으로 입

육군대학 시절의 박태준(앞줄 가운데).

육사 재직 시절의 박태준, 장옥자 부부.

교하였다. 1954년 6월 박태준은 육군대학을 수석으로 졸업하고, 육군사관학교 교무처장에 임명되었다. 육사 교무처장으로 있으면서 진해에서 서울의 태릉으로 캠퍼스를 이전하는 계획을 수립했고, 12월 20일 이화여자대학교 정치외교학과를 졸업한 장옥자張玉子와 혼인하였다.

1955년 대령으로 진급한 박태준은 문교부를 설득하여 육사 11기생부터 생도들이 학사 학위를 받을 수 있도록 하였다. 이듬해 1월에는 국방대학에 입교했다. 국방대학에서의 교육과정을 마친 후 그는 국방대학 국가정책 수립담당 제2과정 책임교수로 임명되었다. 11월에는 국방부 인사과장으로 부임했다가, 1957년 10월 25사단 참모장으로 자리를 옮겼다. 이듬해 7월에는 71연대장에 임명되었다. 1959년 육군본부 인사처리과장에 부임했고, 8월 도미시찰단 단장 자격으로 1개월간 미국을 둘러보았다.

1960년 2월 박태준은 부산군수기지사령관 박정희의 인사참모로 부임했다. 하지만 두 사람이 함께한 시간은 6개월이 채 되지 않았다. 박정희는 1960년 5월 8일 쿠데타를 일으킬 계획을 세웠다. 그런데 4·19혁명이 일어나자 쿠데타 계획을 보류하고, 5월 2일 육군 참모총장 송요찬宋堯讚에게 부정선거와 군 부패에 대한 책임을 지고 용퇴하라는 서한을 보냈다. 5월 8일 육사8기생을 중심으로 군을 정화하자는 정군운동整軍運動이 펼쳐졌고, 박정희는 이들과 긴밀한 관계를 맺었다. 박정희는 정군운동에 동조한 것이 문제가 되어 1960년 7월 광주 1관구 사령관으로 좌천되었다.

박정희가 광주로 좌천되자 박태준은 9월부터 이듬해 1월까지 미국의 육군부관학교로 연수를 떠났다. 이곳에서 그는 경영관리를 배웠는데, 이때의 공부는 훗날 그가 기업을 운영하는 데 큰 도움을 주었을 것이다. 연수를 마친 후 그는 귀국하여 육군본부 경력관리기구 위원으로 임명되었다.

5·16쿠데타 때 박정희는 박태준을 쿠데타 명단에서 제외했다. 쿠데타 후 박정희는 박태준에게 자신이 쿠데타에 실패할 경우 처자식을 보살펴 달라고 부탁하기 위해 명단에 이름을 올리지 않았다고 말했다. 그만큼 박정희는 박태준을 아꼈다.

미국 유학을 가로막은 대한중석 사장직

쿠데타에 성공한 박정희는 박태준을 국가재건최고회의 의장비서실장에 임명하였다. 1961년 8월 준장으로 진급한 박태준은, 9월 재정경제위원회 상공담당 최고위원에 임명되었다. 12월에는 구라파통상사절단장을 맡아 유럽의 여러 나라들을 방문하였다.

1962년 3월 19일, 박정희는 이듬해 민정民政 이양을 하겠다고 발표했다. 10월 31일 대통령제를 골자로 한 헌법안이 최고회의를 통과했고, 11

1961년 국가재건최고회의 의장 비서실장 박태준(국가기록원).

월 17일에는 쿠데타 세력도 민정에 참여하겠다는 뜻을 밝혔다. 12월 6일 계엄령이 해제되었고, 17일 새 헌법안이 국민투표를 통과했다. 1963년 박정희는 대통령에 출마할 뜻을 밝혔지만, 최고위원들은 민정 참여에 반대했다. 그러자 박정희는 1963년 2월 18일 군의 정치적 중립과 민간 정부 지지, 5·16의 정당성 인정, 한일 문제에 대한 정부 방침에의 협력 등 9개항의 요구를 제시하고, 이 요구가 충족되면 민정에 참여하지 않겠다고 하였다(2·18선언). 27일에는 대선 출마 포기를 선언했다. 그러나 3월 15일 수도방위사령부 장교 80여 명이 최고의회 앞에서 군정 연장을 요구하는 시위를 벌이자, 이튿날 박정희는 4년간 군정연장안을 국민투표에 붙이겠다고 제안하였다.

박정희의 군정연장안 제안에 정치 세력들은 즉각 반발했고, 22일부터는 군정연장 반대를 요구하는 전국적인 시위가 있었다. 새뮤얼 버거Samuel Berger 주한미국대사와 미 국무부가 유감의 뜻을 표명했고, 케네디 대통령은 직접 항의문을 박정희에게 보냈다. 이처럼 국내외 여론이 악화되자, 박정희는 군정연장 보류와 정치 활동 허용을 허락하는 4·8성명을 발표했다.

1963년 5월 27일, 공화당이 박정희를 대통령 후보로 지명하였다. 박정희는 7월 27일 민정 이양을 발표함과 동시에 자신의 선거 참가를 천명했다. 박정희가 민정 참여를 선언하자 박태준은 최고위원직을 사임하였다. 박정희는 그에게 군에 복귀할 것을 권했지만, 그는 이미 정치권력에 발을 들여놓았으니 순수한 군인정신을 상실했다며 거절했다. 그러면서 국회의원 출마 제의도 거절했다.

1963년 10월 15일 대통령선거에서 승리한 박정희는 제5대 대통령 취임에 앞서 박태준에게 상공장관직을 제안했다. 이때 박태준은 자신이 상공장관을 맡으면 군정의 연장이라는 인상을 심어 줄 것이라며 거절하고, 1963년 12월 12일 육군소장으로 예편하였다. 이러한 상황들로 미루어 볼 때 박태준은 쿠데타 세력의 정치 참여를 회의적으로 보았을 가능성이 높다.

군인 생활을 청산한 박태준은 미국 유학을 계획했다. 그런데 당시 박정희는 부족한 경제 발전 자금을 일본의 식민통치 배상금, 즉 대일청구권으로 조달하려는 생각을 가지고 있었다. 박정희는 박태준에게 한일회담을 막후에서 지원해 달라고 요청하였다. 그는 박정희의 제안을 받아들여 1964년 1월 일본으로 건너가 자민당 부총재 오도 반보쿠大野伴睦, 전 총리 기시 노부스케佐藤信介, 자민당 의원 나카소네 야스히로中曾根康弘 등 요인들을 만나 한일회담 성공을 위한 막후 교섭을 진행하였다.

1964년 9월, 일본에서의 자신의 역할을 마친 박태준은 귀국하여 다시 미국 유학을 준비하였다. 그런데 12월 박정희는 다시 그를 불러 대한중석大韓重石 사장직을 맡겼다. 대한중석은 1934년 일제가 대구의 달성광산達城鑛山과 영월의 상동광산上東鑛山을 합병하여 설립한 고바야시광업을 1949년 10월 상공부 직할로 한 국영기업이었다.

텅스텐의 다른 말인 중석은 당시 우리나라 수출액의 30퍼센트를 차지할 정도로 중요한 자원이었다. 즉, 대한중석은 당시 우리나라의 주요 기간산업체였던 것이다. 대한중석에서 텅스텐 수출로 벌어들인 돈은 대한중석의 외화처분요강에 따라 선박·광산용 자재 및 전기 자재·기계류 등의 수입에만 사용할 수 있었다. 그런데 1952년 이승만 정부는 대한중석에서 텅

1965년 1월 대한중석 사장 부임 직후 상동광산 막장에서 채탄 과정을 살펴보는 박태준.

스텐을 수출하여 얻은 달러를 민간에 불하하여 밀가루와 비료를 수입케 하고, 그것을 전쟁 중 굶주리고 있던 농민들에게 비싼 가격에 팔아 500억 원에 달하는 부당 이익을 갈취하였다. 이 돈을 이승만은 직선제 개헌안 공작에 사용하였다(중석불불하사건 ; 중석불파동). 1961년 3월에는 대한중석을 국영에서 민영으로 불하하려는 계획 단계에 장면 총리가 연루되었다는 스캔들도 있었다. 이후에도 대한중석은 여러 차례 불미스러운 문제를 일으켰고, 그 결과 경영 부실로 적자에 허덕이고 있었다.

박태준은 박정희의 제안을 거절하지 못하고, 1965년 1월 38세의 나이로 대한중석 사장에 취임하였다. 이때 그는 박정희에게 대한중석의 경영 정상화를 약속하며 단서를 하나 내걸었는데, 바로 정부나 여당이 경영에 간섭하지 말아야 한다는 것이었다.

대한중석 사장에 취임한 박태준은 청탁 인사를 배제하고 공정한 인사 정책을 시행했다. 회사 경영이 주먹구구식으로 이루어지고 있음을 파악한 후 관리 및 회계제도를 정착시켜 매달 회계 보고가 가능하게 했다. 또, 유사 부서들을 통폐합하여 경영합리화를 도모하고 관리비용을 줄여 나갔다. 부서와 개인에게 목표를 설정하게 하고 분기별로 목표 대비 성과를 측정하는 성과급제도 등 당시로서는 최신 경영기법을 도입하였다. 그러면서도 광산 노동자들의 복지에 과감하게 투자했다. 그 결과, 대한중석은 그가 사장으로 부임한 후 1년 만에 적자에서 흑자로 돌아설 수 있었다.

하와이 구상에서 우향우 정신, 종이마패까지

일제는 군사적 목적에 따라 우리나라에 제철소를 건설하기로 결정했다. 이에 따라 미쓰비시는 1914년 황해도 송림에 겸이포제철소兼二浦製鐵所를 설립하여, 1918년부터 조업을 시작했다. 이것이 우리나라 최초의 제철소였다. 겸이포제철소는 한국전쟁으로 파괴되었지만, 1958년 복구되어 북한의 황해제철연합기업소가 되었다. 일제는 겸이포제철소 설립에 이어 1937년 청진제철소, 1943년 삼척제철소 등을 건설하였다. 중국과의 전쟁을 수행을 위해 철광석이 많이 매장되어 있는 우리나라 북쪽 지역에 제철소를 집중적으로 건설했던 것이다. 일제 패망 후 일본인 제철 기술자들이 돌아가면서 우리나라의 철강 관련 산업은 완전히 무너진 상태가 되었다. 게다가 남북이 분단되면서 그나마 있던 제철소도 모두 북한의 차지가 되었다.

이승만정권은 삼화제철 삼척공장과 조선이연금속 인천공장 보수공사에 착수했지만, 한국전쟁이 발발하면서 제철공장도 모두 불에 타거나 파괴되었다. 전쟁이 끝나고 1958년 8월 대한중공업 주도로 일관제철소를 양양에 건설한다는 '종합제철공장건설 5개년 계획'이 수립되었다. 재원은 미국의 국제협조국(ICA)의 자금 3천만 달러와 내자 3천만 달러로 충당할 계획이었다. 그러나 국제협조국은 한국의 제철산업 성공 가능성을 낮게 평가하여 투자를 포기했고, 국내 자본 역시 조달되지 않아 계획이 추진되지 못했다. 1961년 3월 제2공화국 정부도 제철소 건설을 위한 '철광종합개발계획'을 수립했으나, 대한중공업이 실수요자가 되어 서독과 차관 교섭을 진행하는 중 5·16쿠데타가 일어나 제철소 건설은 또다시 수포로 돌아갔다.

쿠데타로 집권한 박정희는 1차경제 개발5개년계획의 핵심 사업의 하나로 종합제철소 건설을 확정했다. 경제 개발을 위해서는 철이 필요했는데, 당시 철 수요의 60퍼센트를 수입에 의존하고 있어 제철소 건설이 시급했다. 1962년 4월, 박정희는 부정축재자로 구속된 대한양회의 이정림李庭林·동양시멘트의 이양구·극동해운의 남궁련南宮錬·대한산업의 설경동 등에게 한국종합제철주식회사를 설립하게 했다. 하지만 이 계획은 미국의 반대로 무산되었다.

1964년 12월, 박정희 정부는 철강공업육성 종합계획을 수립했다. 그 내용은 인천중공업의 시설을 모체로 10~20만 톤 규모의 중형강 중심의 제철공장을 짓고, 울산에 30~40만 톤 규모의 판재 및 대형강 중심의 제철공장을 건설한다는 것이었다. 그러나 이 계획 역시 실현되지는 못했다. 이 무렵 박정희는 일본에서 기업가로 성공한 신격호에게 철강산업 투자를 요청하기도 했다.

1965년 박정희는 미국을 방문했다. 이때 박정희는 비공식적으로 피츠버그의 철강공업지대를 둘러보았다. 5월 박정희는 철강 엔지니어링 업체 코퍼스Koppers의 포이Frederick C. Foy 회장을 만나 한국의 종합제철소 건설에 자금과 기술을 제공하는 국제 컨소시엄 결성 여부를 타진했고, 포이 회장은 이를 승낙하였다. 6월에는 일본 가와사키川崎제철소의 니시야마 야타로西山彌太郎 사장을 초정하여 종합제철소 건설에 대한 자문을 들었다.

1966년 7월 경제기획원은 미국·서독·일본의 8개 회사에 한국의 종합제철소 건설을 위한 국제 컨소시엄에 참가해 달라는 공문을 발송했다. 12월 미국의 코퍼스Koppers·블로녹스Blaw Knox·웨스팅하우스Westinghouse, 서독의 데마그Demag와 지멘스Siemens, 영국의 웰먼Wellman, 이탈리아의 임피안티Impianti 등의 제철회사가 대한국제제철차관단(KISA, 이하 KISA)을 구성했다. 1967년 8월, 정부는 프랑스의 엥시드Encid가 추가된 5개국 8개 회사로 조직된 KISA와 외자 8천만 달러, 내자 2천 3백만 달러로 제철소 건설 가계약을 맺었다.

1967년 9월, 대한중석 사장 자격으로 런던에서 텅스텐 판매 협상을 진행하던 박태준은 대한중석이 종합제철소 건설 사업의 책임자로 선정되었으며, 자신이 종합제철 건설추진위원회 위원장으로 내정되었다는 전문을 받았다. 박태준이 종합제철에 관여하게 된 내력에 대해서는 서로 다른 이야기가 전한다. 이때 박태준이 종합제철소 건설 사업 책임자가 되면서 그의 철강 인생이 시작되었다는 의견이 있고, 박정희가 종합제철 구상을 하면서 이미 박태준을 종합제철 건설 책임자로 내정했고 박태준 역시 계획 단계부터 제철소 건설을 준비했다는 이야기도 있다. 이와 관련해 포항제철소 1호기 용광로를 사실상 설계하는 등 포항제철 설립의 일등공신이었던 재일동포 공학자 김철우金鐵佑의 회고 등을 염두에 두면, 박태준은 대한중석 사장 재임 시절부터 포항제철 건설을 사실상 주도했다는 쪽이 더 신빙성이 있다.

박태준은 포항제철 회장직을 맡으면서 박정희에게 세 가지 조건을 제시하였다. 장비·물자·용역의 직접 조달, 인사 청탁 배제, 정치자금을 제공하지 않을 것 등이었다. 이는 포항제철이 공기업이지만 외부의 압력을 배제하고 독자적으로 운영해 나가겠다는 의지를 밝힌 것이라고 할 수 있다.

원래 제철소 건설 예정지는 울산공단 지역이었다. 하지만 애초보다 규모가 늘어나면서 울산보다 더 큰 건설지가 필요해졌다. 미국 기술진은 삼천포와 울산, 경제기획원은 삼천포를 유력 후보지로 추천했다. 최종적으로는 월포·포항·삼천포·군산·보성 등이 후보지로 선정되었다. 건설부와 한국종합기술개발공사는 각 후보지에 대한 소요 경비를 추정했고, 그 결과 포항이 건설비가 가장 낮은 것으로 조사되어 제철소 건설지로 포항이 최종 선정되었다.

1967년 10월 3일, 포항시 공설운동장에서 종합제철 기공식이 열렸지만 박태준은 참석하지 않았다. 1967년 9월 KISA와 종합제철소 건설협약을 맺었는데, KISA가 보낸 합의각서에는 자금 조달 시기, 배분율, 책임 소재 등이 명시되지 않았다. 즉, 문제가 생길 경우 KISA는 빠져나갈 구멍이 너무나 많았던 것이다. 박태준은 이러한 문제점을 제기하면서 계약서에 서명하지 않고 기공식에도 참여하지 않았던 것이다.

1967년 11월 8일 박태준은 종합제철 건설추진위원회 위원장으로 공식 임명되었다. 1968년 1월 25일, 대통령령에 의거 '종합제철공장건설사업추진위원회규정'이 공포되었다. 2월 14일 추진위원회는 대한중석에서 명동의 유네스코회관으로 사무실을 이전하였다. 3월 20일 정부 출자금 3억 원과 대한중석의 출자금 1억 원을 자본금으로 종합제철 창립주주총회가 개최되었다. 4월 1일에는 포항종합제철주식회사 창립식을 거행했다.

　박태준은 포항제철을 상법상 주식회사 형태로 설립했다. 처음 박정희는 포항제철을 특별법의 지배를 받는 국영기업으로 만들려고 했다. 국영기업은 정부의 보조금과 각종 지원을 받을 수 있기 때문이다. 하지만 박태준은 박정희와 세 차례의 토론 끝에 자신의 뜻을 관철시켰다. 그는 대한중석 사장을 지내면서 관료주의와 정부의 간섭이 국영기업에 미치는 폐해를 체험했다. 따라서 포항제철이 세계 최고의 철강회사가 되기 위해서는 경영의 자율성이 보장되어야 하며, 정치적 영향력과 간섭을 덜 받는 민간 기업 형태로 가야 한다고 생각했던 것이다. 그러나 박정희의 의견을 일부 반영하여, 상법상 민간 기업 형태로 설립하면서도 정부가 지분을 인수하여 지배주주가 되는 방식을 택했다.

　1968년 5월 1일, 포항제철 건설 현장에 2층짜리 작은 목조 가건물이 지어졌다. 이곳이 종합건설본부였는데, 낮에는 건설지휘 사령탑이었고 밤에는 잠을 자는 숙소였다. 이곳은 야전사령부와 같다고 해서 '롬멜하우스'로 불렸다. 모래바람 부는 곳에 세워진 데다 중장비들이 서 있는 모습이 제2

1967년 7월 종합제철소 부지로 결정될 당시 포항시 남구 동촌동 일대(왼쪽)와 포스코역사관 내 복원 전시 중인 '롬멜하우스'(오른쪽).

차 세계대전 당시 사막전에서 독일의 야전사령관 롬멜 장군이 이끌던 전차군단과 비슷하다고 하여 붙여진 이름이다.

　부지 공사가 한창이던 1968년 11월, 국제부흥개발은행의 한국 담당자 자페John W.P Jaffe는 '한국경제동향 보고서'에서 포항제철 건설의 경제적 타당성에 의문을 제기하면서 한국에 투자한 원리금 상환이 어려울 것이라고 전망하였다. 그러자 미국 코퍼스사의 포이 회장이 국제 차관 제공을 백지화시켰다. 미국은 한국에 대한 차관 공여 중단 압박을 가하면서, 국제부흥개발은행·유엔개발계획(UNDP)·미국국제개발처(USAID) 등을 통해 한국의 종합체철소 건설의 타당성을 부정적으로 평가하는 보고서를 발표케 했다. 그러면서 한국의 노동집약적 경공업의 국민경제적 기여도만 강조하였다. 미국은 일본을 주축으로 동아시아 국가들을 묶는 수직적 지역통합을 추진하고 있었던 만큼, 한국의 종합제철소 건설은 미국과 일본 간 협력체제를 벗어나는 것으로 이해했던 것이다.

　서독 역시 한국의 제철소 건설에 비협조적이었다. 1967년 7월 중앙정보부는 동독의 수도인 동베를린을 거점으로 음악가 윤이상尹伊桑, 화가 이응로李應魯 등 194명이 대남 적화공작을 벌이다 적발되었다고 발표했다(동베를린사건 ; 동백림사건東伯林事件). 서독 정부는 이에 대한 항의 표시로 포항제철 건설에 냉랭한 태도를 보였다.

　포항제철 건설이 물거품이 될 위기에 처한 이때, 박태준은 코퍼스의 포이 회장의 제안을 받아들여 하와이에서 머리를 식히고 있었다. 상황을 파악한 박태준은 포항제철 건설을 어떻게 성사시킬지 궁리하다가, 농림수산업 발전에 사용하도록 지정되어 있는 대일청구권 자금 1억 달러를 포항제철 건설에 사용할 생각을 해 냈다. 이것이 그 유명한 '하와이 구상'이다. 그러나 이에 대해서는 다른 견해도 있다. 대일청구권 자금을 활용하자는 것은 박태준 한 사람의 머리에서 나온 생각이 아니라는 것이다. 1969년 4월 도쿄에서 한국의 교섭팀이 일본 정부를 대상으로, 박태준은 일본 철강 업계를 대상으로 이 아이디어의 성사 여부를 타진했다는 것이다.

대일청구권 자금은 한국이 일본과 국교를 정상화하는 대가로 일본이 무상 3억 달러를 10년간 지불하고, 경제협력 명목으로 차관 2억 달러를 연리 3.5퍼센트로 제공하며, 무역차관 1억 달러를 제공한다는 내용이었다. 당시 일본은 잉여자본을 해외로 수출해야 할 단계에 있었고, 미국은 일본을 동아시아 지역통합의 중심으로 설정하고 한국·타이완·베트남·필리핀을 그 배후지로 삼으려 했다. 이러한 한·미·일의 정책목표가 일치하면서 한일회담이 적극적으로 추진되었던 것이다.

대일청구권 자금 중 무상원조는 농업개발, 유상원조는 도로·철도·항만 등 기초부문 투자에 사용하게 되어 있었다. 따라서 종합제철소 건설에 대일청구권자금을 사용하려면 일본의 동의를 얻어야만 했다. 박태준은 일본으로 건너가 일본 정·재계의 정신적 지도자인 양명학자 야스오카 마사히로安岡正篤에게 도움을 요청했다. 마사히로의 도움으로 그는 외상外相 아이치 기이치愛知揆一, 재무상 후쿠다 다케오福田赳夫, 통산상 오히라 마사요시大平正芳 등을 만나 협조를 요청했다. 또 일본철강연맹 회장인 야와타八幡제철소의 이나야마 요시히로稲山嘉寬 회장도 만났다. 요시히로 회장은 한국의 제철소 건설에 호의적이었다. 이어 후지富士제철소의 나가노 시게오永野重雄 사장과 니폰日本강관의 아카사카 다케시赤坂武 사장 등으로

부터 기술 지원 약속을 받아 냈다.

　일본의 협력을 약속받은 후 귀국했지만, 김학렬金鶴烈 부총리는 일본의 기술 협력 약속을 문서화해 오라고 요구했다. 박태준은 다시 일본으로 향했다. 이후에도 김학렬은 공문 문건의 자구 수정을 요청했고, 박태준은 또다시 일본을 방문해야만 했다. 1969년 8월 22일, 일본철강연맹은 한국제철소건설협력위원회를 구성했다. 28일 일본 정부는 포항제철 프로젝트를 지원하겠으며, 서울로 대표단을 파견하여 최종합의서를 마무리 짓겠다는 공동성명서를 발표했다. 그런데 그 이틀 전인 26일 KISA는 한국과의 계약을 무효화한다는 통보를 했다.

　1969년 12월 3일 김학렬 부총리와 가네야마 마사히데金山政英 주한 일본대사는 외자 1억 2,370만 달러 규모의 '종합제철소 건설에 관한 한일 간의 기본협정'에 조인했다. 박태준의 뜻이 이루어졌던 것이다. 한일 간 기본협정이 체결되자 박태준은 포항제철 공사에 전력투구했다. 박태준은 쇳물이 나올 때까지 금주를 선언하며 결의를 다졌고, 실제로 그는 이 약속을 지켰다. 그는 공사 현장에서 전 직원을 모아 놓고 이렇게 말했다. "우리 조상의 피맺힌 돈으로 짓는 소중한 제철소입니다. 실패하면 우리 모두 우향우해서 영일만 바다에 빠져 죽을 각오로 건설에 임해야 합니다." 이것이 박태준의 '우향우 정신'이다.

　그런데 포항제철 공사가 한창일 때 설비 공급업체로부터 상납과 리베이트를 받아 내려는 정부 관료들의 개입이 있었다. 정치인들은 정치헌금을 강요하였다. 이로 인해 공기 차질과 공사 비용 초과 우려가 커졌다. 박태준은 박정희를 찾아가 사정을 설명했고, 박정희는 정치헌금과 정부 개입을 배제해 달라는 건의서에 서명하여 권한을 위임해 주었다. 이것이 유명한 '종이마패'이다.

박태준은 포항제철을 건설하면서 이미 장기적인 계획을 수립했던 것 같다. 이는 제철소 건설 첫 사업으로 한일은행에서 20억 원을 대출하여 효자지구 20만 평을 매입하여 사원주택부터 짓기 시작한 것을 보면 알 수 있다. 이로 인해 일부 사람들로부터 부동산 투기를 한다는 비난을 들었지만, 그는 공장 건설 이후의 상황을 염두에 두었던 것이다.

자금 부족으로 포항제철 설립이 불투명한 가운데에도 박태준은 직원 연수를 시행했다. 1968년 11월 9명을 일본의 가와사키제철소, 6개월 후에는 6명을 후지세이제철소로 연수를 보냈다. 이후 일본·오스트레일리아·서독 등으로 기술연수가 계속적으로 이루어져, 1972년에는 포항제철 직원 6백여 명이 연수를 다녀왔다. 이와 함께 1968년 10월부터 짓기 시작한 연수원도 이듬해 1월 완공되었다.

1970년 4월 1일, 드디어 포항제철 착공식이 거행되었다. 박태준은 포항제철을 후방방식으로 건설했다. 제철소 건설은 원료인 철광석에서 쇳물을 뽑아내는 제선製銑, 쇳물에서 불순물을 제거하여 순수한 철을 만드는 제강製鋼, 순수한 쇳물을 슬래브Slab 형태로 뽑아내고 여기에 높은 압력을 가하는 압연壓延으로 이어지는 전방방식이 일반적

1968년 포항제철소 1기 착공식에 참석한 박태준 사장, 박정희 대통령, 김학렬 부총리(왼쪽부터).

이었다. 이와 달리 압연공장을 먼저 건설하고 마지막에 고로高爐를 건설하는 것이 후방방식이다. 후방방식은 쇳물이 나오기 전 반제품인 슬래브를 수입하여 완제품인 압연강판을 생산할 수 었있다. 슬래브를 완제품으로 가공하기 위해서는 후판공장을 건설해야 하는데, 포항제철에는 공장을 건설할 돈이 없었다. 박태준은 오스트리아의 철강업체 푀스트 알피네Voest-Alpine를 설득하여, 1970년 6월 23일 '중후판공장 건설 기본계약'을 체결하였다.

후방방식으로 제철소를 건설한 결과, 1972년 7월 4일 후판공장이 준공되었고, 7월 31일 최초로 중후판 62톤이 생산되었다. 이어 10월 3일에는 열연공장이 완공되었다. 고로에서 최초의 쇳물이 생산된 것은 1973년 6월 9일이다. 6월 19일 분괴공장과 강편공장을 준공하여 제선·제강·압연·지원 등 22개 공장과 부대설비로 구성된 종합제철 일관 공정 전부가 완성

1973년 6월 9일 포항제철 제1고로에서 첫 쇳물이 나오는 순간.

되었다. 7월 3일에는 포항제철 1기 완공을 기념하는 준공식이 열렸다. 포항제철은 조업 6개월 만에 1천 2백만 달러의 이익을 냈다. 세계 철강 역사상 가동 첫 해부터 이익을 낸 첫 제철소였다.

포항제철에서 광양제철소까지

포항제철 공사가 한창이던 1972년 6월 8일 박태준은 포항제철2기설비 추진본부를 설립했고, 1973년 12월 1일 포항제철 2기 공사 착공식을 거행하였다. 1974년부터는 조업과 2기 공사를 병행했다. 1976년 5월 31일 제2기 공사가 완공되어 포항제철의 생산능력은 260만 톤이 되었다. 8월 2일에는 3기 공사에 착공하여 1978년 12월 8일 완공하였다. 1981년 2월 18일에는 포항제철4기설비종합준공식을 거행했다. 이로써 포항제철은 세계 11위의 대단위 일관제철소로 자리매김하였다. 2월 1일에는 총생산능력을 50만 톤으로 늘리는 4기 1차 착공식을 열었고, 9월 1일에는 고로를 추가로 건설하지 않고 60만 톤을 증강하는 4기 2차 공사에 착공했다.

1973년 7월, 정부는 제2종합제철소설립추진위원회를 설치하고 제철소 건립에 나섰다. 1974년에는 정부 주도의 민간 기업 형태로 한국제철주식회사를 설립하였다. 하지만 세계 철강 수요 감소로 국제 자금 조달이 불투명해지면서 1975년 제2제철소 계획이 보류되었다. 포항제철은 제2제철소 건립을 추진 중이던 한국제철을 인수하여 제2제철소 건설 권리를 인정받았다.

석유파동으로 세계경제의 침체에도 불구하고 한국의 철강 소비량은 꾸준히 증가하여 부족한 양을 수입해야만 했다. 1978년 정부는 다시 제2제철소 건설을 추진하였다. 그런데 제2제철소 건설에 현대가 뛰어들었다. 현대그룹 내에는 건설, 자동차, 중공업 등 철강을 소비하는 계열사가 많아서 1977년에 이미 현대제철소를 설립한 상태였다.

1984년 12월 광양제철소를 방문한 전두환 대통령.

현대는 포항제철의 철강독점체제를 비판했고, 제철소 건설뿐 아니라 철도, 항만 등의 인프라도 정부 지원 없이 자체적으로 해결하겠다고 밝혔다. 재정 지원의 부담을 느끼던 경체 부처들은 현대를 지지했고, 청와대 비서관들도 제2제철소는 포항제철이 아닌 현대가 맡아야 한다고 주장했다. 처음 정부의 계획 역시 300만 톤 까지는 포항제철의 독점을 허용하고, 이후에는 제철업도 경쟁체제로 가는 것이었다. 하지만 박태준은 중복투자로 인한 국가 투자재원의 낭비 등을 이유로 박정희를 설득했다. 결국 제2제철소 건설도 포항제철이 맡게 되었다.

1981년 12월 1일, 전라남도 광양만에 포항종합제철주식회사 제2공장 건설사무소가 설치되었다. 처음 제2체철소 건설안이 나왔을 때 건설부는 제2제철소 건설 부지를 충청남도 아산만으로 선정하였다. 박태준은 광양만이 적합하다고 생각했지만, 당시는 그를 믿어 주던 박정희가 이미 세상을 떠나고 육군사관학교 후배인 전두환이 정권을 장악하고 있던 때이다. 그는 아산만이 조수간만의 차가 9미터에 달하며, 북한의 공격에 취약하다는 점 등을 들어 전두환을 설득하였다. 그 결과, 아산만이 아닌 광양만이 제철소 건설 부지로 선정되었다.

광양제철소는 일직선으로 공장을 배치했다. 이러한 공장 배치는 세계 철강업계에서 한 번도 시도된 적이 없는 것이었다. 하지만 박태준은 에너지 소비 감소, 공정 지연과 낭비를 최소화하면서도 생산성을 극대화하려면 일직선으로 배치해야 한다고 고집했다. 또, 포항제철이 다품종 소량생산을 하는 것과 차별화를 두기 위해 광양제철소는 소품종 대량생산체제로 전문화시켰다.

1992년 10월 2일 광양4기설비준공식이 열렸다. 다음 날 박태준은 동작동 국립현충원에 있는 박정희 대통령 묘소를 찾아가 종합제철소 완공 임무를 완수했음을 보고했다. 이로써 1968년 창업 이후 25년 만에 포항과 광양 양대 제철소에서 연 2,100만 톤의 철강을 생산할 수 있는 체제가 갖추어졌다. 1992년경 포항제철은 조강 생산량 2,100만 톤으로 세계 2위를 차지했고, 1998년 포항제철은 드디어 세계 1위의 철강업체로 부상하였다.

"겡제는 가라, 경제가 왔다"

박정희는 5·16 쿠데타 이후 박태준에게 정치 참여를 제안했지만, 그는 이를 거절했다. 포항제철 사장 재임 중 중앙정보부장 김형욱金炯旭이 그에게 박정희를 위해 3선개헌 지지성명서에 서명해 달라고 요청할 때에도 이를 거절하는 등 정치와는 일정한 거리를 두었다. 그런데 박정희가 사망한 후 전두환이 집권하자 정치에 발을 들여놓았다. 그 이유는 무엇일까?

박태준은 자신이 정계에 진출한 것은 포항제철에 불어닥칠 외풍을 막는 울타리가 되기 위해서였다고 말했다. 그를 전적으로 믿어 준 박정희가 정권을 잡고 있을 때에는 포항제철을 운영하는 데 거리낄 것이 없었다. 그러나 정권이 바뀌었으니 포항제철을 지키기 위해 자신이 정치에 나설 수밖에 없다고 생각했던 것이다.

박태준이 육군사관학교 교무처장 재직 시 전두환은 육사 4학년이었다. 그가 참모장으로 있을 때에는 중대장이었다. 당시 전두환의 중대원들이 장교 숙소 목재로 교육 기자재를 만들어 문제가 생겼을 때 박태준이 해결해 준 일도 있었다. 쿠데타 이후 전두환은 박태준에게 도움을 요청했고, 그는 포항제철을 계속 맡는다는 조건으로 전두환의 제안을 받아들였다.

1980년 10월 29일 박태준은 국가보위입법회의 제1경제위원장에 취임했고, 11월 22일에는 한일의원연맹 한국 측 회장에 선임되었다. 1981년 11대 국회의원선거에서 박태준은 민주정의당(민정당) 비례대표로 당선되었다. 1988년 5월에도 비례대표로 다시 국회에 진출했다. 이는 노태우정권으로 계속 이어졌다.

1990년 1월 5일, 대통령 노태우는 전국구 국회의원 박태준을 민정당 대표로 임명했다. 1월 22일 여당인 민정당과 야당인 민주당·공화당의 3당이 합당에 합의하여 민주자유당(민자당)이 탄생했는데, 박태준은 최고위원을 맡았다. 1992년 3월 14대국회의원 선거에서는 전국구 2번으로 국회의원에 당선되었다. 자신은 당선되었지만 민자당은 전체 299석 중 149석을 얻어 과반수 확보에 실패했다. 선거 결과에 책임을 지고 최고위원 김종필이 사의를 표명했다. 박태준 역시 3월 26일 최고위원 사의를 표명하며 대표최고위원 김영삼과 동반퇴진을 주장했다. 그러나 대통령 노태우는 당무 일체를 김영삼에게 일임하겠다며 김영삼에게 힘을 실어 주었다.

총선이 끝나자마자 김영삼은 민자당 대선후보 경선 출마를 선언했다. 김영삼에 대항하기 위해 박태준을 비롯해 이종찬·이한동·박철언·박준

병·심명보·양영식 등 민정계 7인 중진모임이 구성되었다. 박태준은 자신도 경선에 출마할 뜻을 밝혔다. 이에 대해서는 노태우가 박태준에게 민자당 대통령후보 경선에 나갈 것을 권했다는 이야기와, 박태준이 노태우에게 경선에 출마할 뜻을 밝혔다는 이야기가 함께 전해진다. 김영삼은 박태준의 경선 출마에 반발했다. 그러자 노태우는 다시 박태준에게 불출마를 종용했다.

민자당 대통령후보로 선출된 김영삼은 1992년 9월 박태준에게 대통령선거대책위원장직을 맡아 줄 것을 요청했다. 박태준은 내각제 개헌, 선거공영제, 중대선거구제 등을 수락 조건으로 내걸었다. 김영삼이 받아들일 수 없는 요구 조건을 제시함으로써 사실상 거절했던 것이다. 그리고 1992년 10월 5일, 포항제철 이사회에 사직서를 제출했다. 이사회는 그의 사직서를 수리하면서 명예회장으로 추대했다. 10월 9일에는 민자당에 최고위원직 사퇴서와 탈당계를 제출했고, 정주영의 통일국민당에 입당하였다. 대통령선거 하루 전인 12월 17일에는 의원직마저도 사퇴했다. 대선 결과, 997만여 표를 얻은 김영삼이 804만여 표의 김대중, 388만여 표의 정주영을 제치고 대통령에 당선되었다. 1993년 2월 13일, 아직 김영삼이 대통령에 취임하기 전이었지만 포항제철에 대한 세무조사가 시작되었다. 박태준과 가족뿐 아니라 운전사의 재산까지 샅샅이 조사되었다.

1992년 3월 10일, 박태준은 쫓겨나다시피 일본으로 떠날 수밖에 없었다. 6월 16일 대검찰청 중앙수사부는 박태준이 20개 업체로부터 39억 7백만 원을 받았다며 특정범죄가중처벌법 위반 혐의로 기소중지하였다. 9월에는 국세청에서 추징금을 납부하지 않았다는 이유로 박태준의 자택 등을

국세청, 浦鐵세무조사 결과 발표
"朴泰俊씨 56億횡령" 고발

포항제철 세무조사 결과를 실은 1993년 6월 1일자
《동아일보》 기사.

압류했다. 1993년 가을 박태준은 김영삼에게 편지를 보내 그동안의 일에 대해 해명했다. 1994년에도 김영삼에게 귀국할 수 있게 해 달라는 뜻을 전했지만 받아들여지지 않았다.

1994년 10월 9일, 박태준은 1년 7개월 만에 고국으로 돌아왔다. 어머니가 세상을 떠났기 때문이다. 21일 그는 대검찰청에 나갔다. 그가 귀국했기 때문에 기소중지가 풀려 기소되었던 것이다. 출국금지가 해제되자 11월 24일 그는 다시 한국을 떠났다.

1995년 8월 4일에야 김영삼은 박태준을 특별사면했고, 11일 그에 대한 공소가 취하되었다. 1996년 4월 11일 치러진 15대 총선에서 옥중 출마한 허화평이 포항 북구에서 국회의원에 당선되었다. 그러나 허화평은 1997년 4월 17일 12·12 군사반란과 5·18 광주민주화운동 진압 관련으로 실형을 선고받아 국회의원 자격을 박탈당했다. 1997년 7월 24일 보궐선거가 치러졌는데, 박태준은 김영삼의 경제정책 실패를 공격하며 "겡제'는 가라, '경제'가 왔다"라는 슬로건을 걸고 무소속으로 출마했다. 그는 포항 출신 민주당 대표이며 7선 의원 출신 이기택과 치열하게 경쟁한 끝에 국회의원에 당선되었다. 그로서는 명예회복을 한 것이다.

1997년 9월, 박태준은 김종필과 함께 대통령후보로 나선 김대중과 손을 잡았다. 이때 그는 "영남과 호남의 화합, 산업화 세력과 민주화 세력의 화해"를 외쳤다. 그 결과, DJP공동정권을 탄생시켰다. 그는 자유민주연합(자민련) 총재로서 또 하나의 축으로 공동정권에 참여했다. 김종필은 김대중과 연합할 때 내각제 개헌을 조건으로 걸었다. 그런데 약속이 지켜질 가능성은 점점 사라지고 있었다. 그러자 박태준은 내각제를 포기하는 대신에 한 선거구에서 3인 이상의 국회의원을 뽑는 중선거구제 실시를 주장했다. 1992년 박태준은 민자당 최고위원으로 있으면서 한 개의 도를 두 개 정도로 나누어 여러 명의 국회의원을 뽑는 대선거구제를 주장한 바 있다. 그는 대선거구제가 되면 돈 안 쓰는 선거로 유능한 인재를 뽑을 수 있다고 생각했다. 이때 그의 주장은 받아들여지지 않았는데, 다시 1개 선거구에서 복수의 국회의원을 선출하는 중선거구제를 주장한 것이다. 그는 중선거구제가 이루어지면 지역감정을 타파할 수 있다고 여겼다. 하지만 이번에도 김종필과 자민련의 국회의원들은 중선거구제를 받아들이지 않았다.

2000년 1월 13일 박태준은 국무총리직을 맡았다. 그런데 충청권에서도 지지율이 부진했던 자민련이 2월 24일 새천년민주당과의 공조 파기를 선언했다. 그리고 3월 자민련은 박태준에게 총리 철수를 요구했다. 이에 대해 그는 "총리가 초등학교 반장인 줄 아는가?"라며 자민련의 요구를 거절했다. 그러나 차명으로 부동산을 구입한 사실이 드러나, 결국 5월 19일 총리직에서 사임했다.

회사가 성공하려면 직원들부터 챙겨라

1970년 11월 5일, 재단법인 '제철장학회' 설립 이사회가 열렸다. 박태준은 보험회사로부터 리베이트 6천만 원을 받아 이 돈을 박정희에게 정치자금으로 가져다준 적이 있었다. 박정희는 그동안의 공로를 감안하여 이 돈을 돌려주었는데, 박태준이 이 돈으로 장학재단을 설립한 것이다.

1971년 9월에는 효자제철유치원을 개원했다. '제철보국'을 부르짖던 박태준은 학교를 설립하면서 '교육보국'을 기치로 내걸었다. 그는 포항제철을 경영하면서 산학협동교육을 통해 국가경제 개발을 선도할 국가 인재 양성의 필요성을 절감했다. 그는 학생들에게 포항제철소에 공장 실습 장소를 제공했다. 그리고 우수한 제철 기능인력 양성을 위해 1978년 9월 1일 공립인 포항공업고등학교를 인수하여 교명을 '포항제철공업고등학교'로 변경하여 사립화하였다. 1980년 3월 공립 지곡중학교를 포철중학교로 인수하고, 이듬해 3월에는 사립 포철고등학교를 설립하였다.

광양제철소 건설 이후 박태준은 고급 인재가 필요하다고 느꼈다. 그는 획기적인 인재 확보 방안으로 대학 설립을 구상했다. 1985년 국내 최초로 연구중심대학 설립을 추진했고, 이듬해 포항공과대학교(POSTECH)를 설립하였다. 학교를 설립하면서 메릴랜드대학교 교수로 재직중이던 김호길金浩吉을 총장으로 모셔왔다. 김호길은 대학 운용에 관한 제반 문제를 전적으로 자신에게 맡겨 달라고 요구했다. 포스코의 임원들은 김호길을 무례한 사람으로 생각했지만, 박태준은 학교는 학교를 잘 아는 사람이 운영해야 한다며 김호길의 요구를 받아들이고 이사장으로서의 모든 권한을 포기했다. 학생들에게는 전원 취업 보장, 기숙사 제공, 장학금 부여, 우수학생 박사 학위 취득까지 수학 보장 등의 파격적인 지원제도를 마련했다.

박태준은 14개의 초·중·고교와 포항공과대학교를 설립하였는데, 운영 예산은 전액 포항제철의 출연으로 이루어졌다. "기업은 사람"이라고 믿은 그의 교육관은 확실했다. "기업에서 일하는 주체는 결국 사람인데 사람이 능력과 역량이 부족하면 기업 공동체도 부실해질 수밖에 없다. 따라서 사람을 잘 키우는 것이 곧 교육이고 경영이다."

2008년 6월, 박태준은 포스코청암재단 이사장을 맡았다. 그는 자원이 빈약한 우리나라가 선진국으로 진입하려면 과학인재를 양성해야 한다고 믿었다. 청암과학펠로 사업을 통해 기초과학의 진흥을 위한 인재 양성에 힘썼다. 수학·물리학·화학·생명과학 분야 등에서 기초과학을 연구하는 박사과정생·박사후과정·신진교수 등을 선발하여 연구비를 지원했다.

박태준은 스포츠에도 지원을 아끼지 않았다. 대한중석 사장 재직 시 세계타이틀전을 앞둔 권투 선수 김기수의 사정이 어렵다는 것을 알고는 집 주변에 권투체육관을 지어 주었다. 그리고 '주먹으로 세계 일등이 되라'는 뜻에서 체육관 이름을 '권일拳一'로 지어 주면서 운동에만 전념케 했다. 1966년 6월 25일, 김기수는 장충체육관에서 이탈리아의 니노 벤베누티를 15라운드 판정승으로 누르고 세계복싱협회(WBA) 주니어미들급 세계챔피언이 되었다. 박태준의 지원으로 우리나라 최초의 권투 세계챔피언이 탄생한 것이다.

축구단을 만든 계기도 비슷하다. 박태준은 대한중석 사장 재임 시 상동 광산에서 축구 국가대표 감독과 선수들이 일하는 모습을 목격했다. 연습을 해야 할 선수들이 축구단 운영이 여의치 않아 광부로 일하다가 시합이 다가오면 훈련을 했던 것이다. 그는 대한중석 실업축구단을 만들어 선수들이 운동에 전념할 수 있도록 해 주었다. 포항제철 사장 시절엔 '포항 스틸러스'를 창단하여 프로축구 정착에 이바지했고, 1990년 국내 최초로 축구 전용구장과 클럽하우스를 건립했다. 1992년에는 광양에도 축구 전용구장을 건설했다.

박태준의 경영철학 중 하나가 '회사가 성공하려면 직원들부터 보살펴라'는 것이었다. 앞에서도 잠깐 언급했듯, 그는 포항제철 건설 초기 부족한 자금에도 불구하고 직원주택을 건설했다. 국회의원들이 공장도 짓기 전에 사원주택부터 짓는다고 비판했지만 흔들리지 않았다. 그는 주택 건설을 강행해 직원들에게 주택을, 그것도 임대가 아닌 자가주택 방식으로 제공했다. 집이 있으면 다른 생각을 하지 않고 장래를 위해 더 열심히 일할 것이라고 생각했던 것이다.

박태준은 회사는 직원의 일생뿐 아니라 가족의 생활과 자녀 교육까지 책임져야 한다고 생각했다. 즉, 포항제철이 직원들에게 일생의 유일한 직장이 되어야 한다고 여겼던 것이다. 사원주택과 학교 건설 역시 사원 복지 차원이었고, 직원 자녀들이 대학을 마칠 때까지 장학금도 지원하였다. 그랬으니 직원들의 고용보장은 당연한 일이었다.

박태준은 이를 위해 인사 청탁을 철저하게 배제하고, 내부 승진 원칙을 마련하여 직원들의 애사심을 높였다. 박정희 재임 시절, '나는 새도 떨어뜨린다'는 말이 있을 정도로 막강한 권력을 자랑하던 청와대 경호실장 박종규가 그에게 인사 청탁 편지를 보낸 일이 있었다. 박태준은 그 자리에서 편지를 찢어 버렸다. 1992년에는 정년을 55세에서 56세로 연장했고, 정년퇴직 후에도 58세까지 촉탁으로 근무할 수 있도록 하였다. 이때는 창립 초기 입사한 직원들이 정년을 앞둔 시기였다. 그는 포항제철이 직원들에게 평생직장이 되어야 한다고 생각한 것이다.

1998년 6월 10일, 포스코 주식을 공개한 박태준은 총 주식의 10퍼센트인 917만 8,914주를 1만 9,419명의 종업원에게 배당했다. 하지만 자신을 비롯해 임직원들은 한 주도 가지지 못하도록 하였다.

박태준은 제도적으로만 직원들을 챙긴 것이 아니었다. 1977년 4월 24일 크레인 운전공이 졸음운전을 하다 1백 톤의 쇳물을 공장 바닥에 쏟아 버린 사고가 발생했다. 다행히 인명 피해는 없었지만 케이블의 70퍼센트가 타 버렸고, 운전조작실 계기장치 142면 중 21면 완전소실, 81면이 부분 소실되는 등 피해가 엄청났다.

필리핀에서 사고 소식을 들은 박태준은 급히 일본으로 가서 일본인 기술자들을 포항제철로 보내어 사고를 처리토록 하였다. 귀국 후에는 사고 원인을 분석했다. 그 결과, 크레인 운전공이 대가족 부양을 위해 교대시간에도 일을 하다 수면 부족으로 사고가 발생했다는 사실을 확인했다. 그는 운전공에 이렇게 말했다. "이 일은 내가 책임진다. 대통령에게도 그렇게 보고한다. 너는 열심히 일만 하면 된다."

이루지 못한 두 가지 소원

세계 철강업계에 뚜렷한 족적을 남긴 박태준은, 2011년 12월 13일 84세의 나이로 세상을 떠났다. 그는 포항제철 건설 때 마셨던 바닷모래 먼지로 흉막섬유종을 앓았다. 2001년 7월 미국의 코넬대학교 병원에서 규사로 가득 찬 물혹 덩어리 제거 수술을 받기도 했다. 신앙이 무엇이냐고 물어보면 '철'이라고 대답했던 그는 평생을 '철'로 살다가 '철'로 인해 세상을 떠났던 것이다.

박태준의 포항제철 건설을 사람들은 '영일만 신화'로 부른다. 그가 부르 짖었던 "절대적 절망은 없다, 절대적 불가능은 없다, 절대적 사익은 없다." 를 '태준이즘Taejoonism'으로 규정하기도 한다. 물론 포항제철의 성공은 철강 육성보호법에 의해 철도·용수·전기·가스·항만 등의 사용료를 할인 받 았기 때문이다. 정부는 도로·철도·항만 등의 사회간접자본 건설을 지원 했고, 은행 대출을 주식으로 전환시켜 이자 부담을 탕감시켜 주었다. 뿐만 아니라 1982년까지 배당금을 주지 않도록 하는 등 상당한 특혜를 준 것이 사실이다. 그러나 박태준이 아니었다면 오늘날의 포스코가 탄생할 수 있 었을지는 의문이다.

중국의 덩샤오핑이 신닛폰新日本제철회사를 방문해 요시히로 회장과 환 담을 나눌 때이다. 덩샤오핑은 중국에 포항제철과 같은 제철소를 지어 줄 것을 요시히로에게 요청했다. 요시히로는 제철소는 돈으로 짓는 것이 아 니라 사람이 짓는 것인데, 중국에는 박태준 같은 인물이 없어서 포항제철 같은 제철소를 지을 수 없다고 답했다. 그러자 덩샤오핑은 박태준을 수입 하면 되겠다고 말했다는 일화가 있다.

1968년 한국에는 제철소 건설의 여력이 없다는 보고서를 섰던 자페는, 1986년 박태준을 만났다. 이때 자페는 "제가 보고서를 잘못 쓴 것이 아닙 니다. … 그때 나는 간과한 것이 하나 있습니다. … 나는 그때 한국에 당신 이 있다는 사실을 고려하지 못했던 거지요."라고 말했다.

1987년 박태준은 철강업계의 노벨상으로 불리는 베서머Bessemer 금상을 수상했다. 영국 금속학회가 수여하는 이 상은 철강산업 발전에 공헌을 하

국립현충원 국가유공자묘역 내 박태준 묘(왼쪽). 20대에 '짧은 일생을 영원 조국에'란 인생 좌표를 세우고…. 박태준 묘에 새겨진 글(오른쪽).

거나 혁신적인 철강제조법을 개발한 사람에게 수여하는 상이다. 지금까지 베세머 금상은 과학자들에게 주어졌는데, 철강업에 몸담고 있는 기업인으로서는 박태준이 처음으로 수상했다. 1988년 그는 미국 카네기멜론대학교에서 명예공학박사학위, 이듬해에는 영국 버밍햄대학교에서 명예공학박사학위를 받았다. 1990년 1월 프랑스 정부는 외국인에게 주는 최고 훈장인 레종 도뇌르 코망되르훈장을 수여했고, 1991년 3월에는 노르웨이 정부로부터 대공로훈장, 7월에는 오스트리아로부터 명예훈장을 받았다. 이 밖에도 1992년 5월 한국경영학회의 '92 한국경영자대상', 모스크바국립대학교 명예경제박사학위, 미국 철강생존전략회의의 윌리코프Willy Korf상, 칠레 정부의 '메르나도 하긴스 대십자훈장', 2009년 고려대학교 명예 경영학박사학위를 받았다.

박태준은 1948~1961년까지 14년간 군인으로 복무했으며, 1968년 4월 1일부터 1992년 11월 5일까지 25년 동안 포항제철의 최고경영자로 일했다. 그가 물러난 후의 일이지만 포항제철은 1994년 10월 뉴욕 증권시장에, 이듬해 런던 증시에 상장되었다. 한국 기업으로는 최초의 일이었다.

2005년에는 도쿄 증시에도 상장되었다. 포스코는 2003년 포스코차이나 설립, 2004년 일본, 2007년 베트남, 2009년 인도 및 인도네시아에 진출하는 등 발전을 거듭하고 있다.

박태준은 포항제철의 성공 비결로 '삼고삼무三高三無'를 꼽았다. 삼고는 최고의 생산성, 최고의 품질, 최고의 낮은 비용이며, 삼무는 무결점, 무사고, 무낭비이다. 실제로 그는 완벽주의자였다.

1972년 5월, 박태준은 포항제철 공사 현장에서 콘크리트 타설 중 강철 파일이 옆으로 기우는 것을 목격했다. 그는 현장소장과 일본인 책임자를 불러 안전모를 지휘봉이 부러질 때까지 두드리며 책임을 물었고, 결국 부실 파일을 모조리 뽑아냈다. 1977년에는 발전송풍설비의 콘크리트가 울퉁불퉁한 것을 발견했다. 이미 공사가 80퍼센트 이상 진척되어 굴뚝 높이만 해도 70미터에 이르렀다. 다음 날 그는 외국인 기술 감독과 모든 임직원을 불러 놓고 불량 공사 현장을 완전히 폭발시켜 버렸다. 시공사인 삼환기업은 부실공사의 책임을 지고 물러났고, 이후 포항제철의 공사는 맡지 못했다. 이 일은 하버드대학교·스탠퍼드대학교·매사추세츠 공과대학 등의 경영학 교재에 모범적 경영관리 사례로 실릴 정도로 유명한 사건이다.

1983년 광양만제철소 건설을 위한 호안공사 시공 상태를 보고받은 박태준은 바닷물 속도 점검토록 했다. 결국 감사팀은 바닷속에 들어가 돌 하나하나를 점검했고, 불량시공이 있는 부분은 '공사불량 재시공 지구'라는 붉은 글씨를 쓴 대형 간판을 세운 후 재시공토록 했다.

박태준의 완벽주의 기질은 군 재직 시절에도 마찬가지였다. 25사단 참모장 재임 중 병사들이 김치를 먹지 않고 버리는 것을 보았다. 확인해 보니 톱밥을 섞은 가짜 고춧가루 때문이었다. 그는 사단 군수참모와 국방부 고위 장교로부터 사건을 무마하라는 전화를 받았다. 군 고위층까지 연루되어 있을 정도로 부정부패가 만연했던 것이다. 고춧가루 납품업자도 돈봉투를 들고 그를 찾아왔다. 하지만 그는 고춧가루 납품처를 다른 곳으로 바꾸었다.

박태준은 자신이 옳다고 생각하면 절대 소신을 굽히지 않은 인물이었다. 1971년 4월 대선을 앞두고 공화당 재정위원장 김성곤이 정치자금을 모을 때의 일이다. 당시 막강한 영향력을 행사하고 있던 김성곤은 일본의 종합상사 마루베니가 정치자금을 제공하기로 했다며, 포항제철의 설비 입찰에서 마루베니를 선정해 달라고 요구했다. 하지만 박태준은 최저입찰을 고집하여 결국 마루베니를 탈락시켰다. 이 일로 그에게는 '소통령'이라는 별명이 붙었다.

박태준에게 철은 곧 국가였다. 그는 모든 산업에 반드시 필요한 철을 '산업의 쌀'로 불렀고, '산업의 쌀'을 생산하는 철강산업을 국가중흥사업의 대들보로 여겼다. 실제로 1970년대 포항제철은 선진국의 20퍼센트, 수출가격의 10퍼센트 저렴한 가격으로 국내에 철강을 공급했다. 자동차·조선·건설·전기와 전자 등의 산업이 국제경쟁력

포항공과대학교 내 박태준 동상(왼쪽)과 '미래의 한국과학자' 좌대(오른쪽).

을 확보할 수 있었던 것은 포항제철이 싼 가격으로 철강을 보급했기 때문이었다.

　박태준은 소유와 경영을 분리해 포항제철 회장 재임 중은 물론이고 퇴임 후에도 주식 보유를 철저히 거부했다. 그러나 정치적으로는 5·16쿠데타를 민주당 정부의 무기력, 극도의 혼란과 무질서로 인한 국가 위기를 구국의 일념으로 극복한 혁명으로 평가하는 등 박정희와 같은 편에 섰다. 박태준은 '제철보국'과 '교육보국'을 강조했다. '보국報國'은 만주사변을 일으킨 일제가 전시동원을 위해 사용한 용어이다. 이런 점에서 그의 보국 이념은 일본 제국주의의 영향을 일정하게 받은 것이라 할 수 있다.

　또한 "우리 세대는 다음 세대의 행복과 번영을 위해 희생하는 세대"라며 공익과 국가 발전을 위해 개인의 희생이 필요하다고 여기고, 국가의 산업화 이념에 충실해야 할 포항제철에 노조는 있을 수 없다고 생각한 부분도 그의 시대적·개인적 한계를 분명히 느끼게 한다.

　박태준에게는 이루지 못한 소원이 두 가지가 있었다. 하나는 북한에 포항제철과 같은 제철소를 건설하는 것이었고, 다른 하나는 한국인이 노벨과학상을 수상하는 것이었다. 그래서 포항공과대학교 내에는 이곳에서 공부한 학생 중 노벨상 수상자나 세계적인 과학자가 배출되면 흉상을 세울 '한국과학자상' 좌대가 설치되어 있다.

참 고 문 헌

1. 두산그룹 박승직

高承濟, 1986, 〈박승직-朴家粉 상표붙인 책임있는 경영철학〉, 《광장》 150, 세계평화교수협의회.

고승희 · 김성수 · 박광서 · 이건희 · 이승욱 · 한한수, 2002, 《매헌 박승직 연강 박두병 연구》, 修書院.

고종식, 2015, 〈박승직 상점의 창업과 두산그룹의 성장요인으로서 박승직의 경영이념〉, 《경영사학》 73, 한국경영사학회.

金東雲, 1997, 〈朴承稷商店, 1882-1925년〉, 《경제학논집》 6권 2호, 한국국민경제학회.

김동운, 2001, 《박승직상점, 1882~1951년》, 혜안.

金聖壽, 2002, 〈梅軒 朴承稷과 蓮崗 朴斗秉의 生涯와 經營理念〉, 《경영사학》 28, 한국경영사학회.

두산그룹기획조정실, 1996, 《배오개에서 세계로》, 두산동아.

민족문제연구소, 2009, 《친일인명사전》 2.

朴光緒, 2002, 〈梅軒 朴承稷과 蓮崗 朴斗秉의 社會的 責任과 社會福祉事業〉, 《경영사학》 28, 한국경영사학회.

서동원, 2010, 〈정직과 신용으로 백년 기업을 일구다〉, 《한국 경제의 거목들》, 삼우반.

서울특별시 시사편찬위원회, 2014, 《근대 서울의 경제와 개시》.

신현한 · 야나기마치 이사오 · 곽주영, 2017, 〈두산 120년-적응과 변신의 역사〉, 《경영사학》 82, 한국경영사학회.

엄광용, 2014, 《살아남은 100년 기업, 두산이야기》, 북오선.

오진석, 2015, 〈시장과 백화점〉, 《서울2천년사》 28, 서울역사편찬원.

劉元東, 1994, 〈도시상업〉, 《한국사》 24, 국사편찬위원회.

윤해동, 1993, 〈매판 상인자본가의 전형〉, 《친일파99인》 2, 돌베개.

이수광, 2009, 《巨商 박승직》, 미루북스.

李承郁, 2002, 〈두산그룹의 성장과 발전〉, 《경영사학》 28, 한국경영사학회.

이한구, 2010, 《한국재벌사》, 大明出版社.

전우용, 2001, 〈한말-일제초의 廣藏株式會社와 廣藏市場〉, 《典農史論》 7, 서울시립대학교 국사학과.

전이영 · 이경묵, 2015, 〈유교적 관점에서 본 리더십과 기업가정신: 두산그룹 창업과정을 중심으로〉, 《리더십연구》 6권 3호, 대한리더십학회.

趙璣濬, 1973, 《韓國企業家史》, 博英社.

조영준, 2017, 〈서울 군인들의 먹고사는 문제〉, 《인정사정, 군대생활사》, 한국학중앙연구원출판부.

韓漢洙, 2002, 〈두산그룹의 韓國經營史學에서의 位置〉, 《경영사학》 26, 한국경영사학회.

황명수, 1993, 〈매헌 박승직의 생애와 기업활동〉, 《한국 기업경영의 역사적 성격》, 新陽社.

2. 유한양행 류일한

高範瑞, 1983, 〈基督敎와 企業倫理―柳―韓氏의 경우〉, 《한국기독교연구논총》 1, 숭실대학교 한국기독교문화연구소.

高承禧, 1994, 〈柳韓洋行의 京營陣들〉, 《經營史學》 9, 韓國經營史學會.

김교식, 1992, 《韓國財閥과 黑幕》 1, 청화.

金光洙, 1994, 〈美國에서의 柳―韓의 經濟・政治・社會活動〉, 《經營史學》 9, 韓國經營史學會.

김기원, 2012, 〈류일한, 선각적 민족기업인 류일한〉, 《한국사시민강좌》 50, 일조각.

金禱經, 1994, 〈柳―韓의 社會事業 및 育英事業〉, 《經營史學》 9, 韓國經營史學會.

金民成, 1990, 〈柳韓洋行과 柳―韓 會長〉, 《最高經營者科程 經營硏究》 1, 京畿大學校 經營大學院.

金聖壽, 1994, 〈柳韓洋行의 成長과 發展(逝去時까지)〉, 《經營史學》 9, 韓國經營史學會.

김시우, 2017, 《민족기업인 유일한은 독립운동가였다》, 올댓스토리.

金信雄, 1994, 〈柳韓洋行과 韓國製藥事業〉, 《經營史學》 9, 韓國經營史學會.

김형석, 2016, 《유일한이 생애와 사상》, 올댓스토리.

노부호, 2010, 〈류일한의 기업가정신과 경영〉, 《경영사학》 56, 한국경영사학회.

류일한傳記편집위원회, 1995, 《나라사랑의 참企業人 柳―韓》, 유한양행.

민석기, 2015, 《유일한을 기억하다》, 중앙books.

민족문제연구소, 2009, 《친일인명사전》 2, 민족문제연구소.

朴光緖, 1994, 〈柳―韓의 經濟思想과 社會的 責任〉, 《경영사학》 9, 韓國經營史學會.

朴光緖, 2005, 〈革新經營의 創始者 柳―韓의 經營哲學〉, 《경영사학》 40, 한국경영사학회.

朴光緖, 2005, 〈施惠經營의 선구자 柳―韓의 社會的 責任觀〉, 《유라시아연구》 4, 아시아유럽미래학회.

朴東洵, 1981, 〈유한양행의 창업〉, 《한국재벌의 창업사상》, 公平出版社.

朴在錄, 1994, 〈柳―韓의 遺業과 繼承發展―柳―韓의 經營哲學을 중심으로―〉, 《經營史學》 9, 韓國經營史學會.

방선주, 1993, 〈美洲地域에서 韓國獨立運動의 特性〉, 《한국독립운동사연구》 7, 한국독립운동사연구.

서범석, 2016, 〈광고인 유일한 박사에 대한 연구―일제강점기 유한양행 광고를 중심으로〉, 《광고PR실학연구》9권 3호, 한국광고PR실학회.

서화동, 2003, 〈기업은 나라와 민족의 것, 단지 개인이 관리할 뿐〉,《한국자본주의의 개척자
    들》, 月刊朝鮮社.

아시아경제신문, 2010,《창업주 DNA서 찾는다》, FKI미디어.

安春植, 1994, 〈柳一韓의 企業活動과 經營戰略〉,《經營史學》9, 韓國經營史學會.

안형주, 2007,《박용만과 한인소년병학교》, 지식산업사.

유정정, 2014, 〈류일한의 경영이념과 윤리경영에 관한 연구〉, 전남대학교대학원 기업경영학과
    석사학위논문.

유한학원40년사편찬위원회, 1995,《유한학원40년사》, 학교법인 유한학원.

李明心, 2006, 〈柳一韓의 經營理念과 敎育事業에 관한 硏究〉, 여수대학교교육대학원 석사학위
    논문.

이정한, 1992,《버드나무 길》, 태성.

이헌창, 2002, 〈유일한柳一韓―기업가는 하느님이 위임한 기업의 관리인이다―〉,《한국사시민
    강좌》30, 일조각.

李炫熙, 1995, 〈柳一韓의 在美獨立運動 硏究〉,《韓國民族運動史硏究》, 韓國民族運動史學會.

정운현, 1997, 〈유한양행 '애국기 헌납'〉,《말》129, 월간말.

趙京植, 1996, 〈柳韓洋行 創業者 柳一韓―企業利潤의 社會還元 실천―〉,《월간경영계》103, 한
    국경영자총협회.

조성기, 2005,《류일한평전》, 작은씨앗.

조한보, 1989, 〈柳一韓의 기업윤리〉,《畿甸文化》18, 仁川敎育大學畿甸文化硏究所.

차중근, 2005, 〈주식회사 유한양행과 섬김 리더십〉,《숙명 리더십연구》2, 숙명리더십개발원.

黃明水, 1994, 〈柳一韓의 生涯와 經營理念〉,《경영사학》9, 한국경영사학회.

3. 삼양사 김연수

경방八十年편찬위원회, 1999,《경방八十年》, 주식회사 경방.

김교식, 1992,《韓國財閥과 黑幕》2, 청화.

金相廈, 1985,《秀堂 金秊洙》, 三養社.

金秊洙, 1981,《財界回顧》1, 韓國日報社出版局.

김용삼, 2015,《한강의 기적과 기업가 정신》, 프라이코노미스쿨.

김용섭, 1978, 〈韓末·日帝下의 地主制―事例4: 古阜 金氏家의 地主經營과 資本轉換―〉,《韓國
    史硏究》19, 韓國史硏究會.

김태승, 2016, 〈미군정기 노동운동과 전평의 운동노선〉,《해방전후사의 인식》3, 한길사.

민족문제연구소, 2009, 《친일인명사전》 1, 민족문제연구소.

박상하, 2015, 《경성상계史》, 푸른길.

수당 김연수 선생 전기편찬위원회, 1996, 《한국 근대기업의 선구자》, 주식회사 삼양사.

신유근, 2007, 《한국 장수기업의 성공사례》, 서울대학교출판부.

아시아경제신문, 2010, 《창업주 DNA서 찾는다》, FKI미디어.

安春植, 2001, 〈日帝時期 한국 民族企業 경영의 생성과 전개〉, 《經濟研究》 22권 1호, 한양대학
　　교경제연구소.

역사문제연구소 민중생활사 연구모임, 1989, 〈고창 삼양사 소작답양도투쟁 현장을 찾아서〉,
　　《역사비평》 7, 역사비평사.

유인호, 2004, 〈해방 후 농지개혁의 전개 과정과 성격〉, 《해방전후사의 인식》 1, 한길사.

이관순, 2003, 〈한민족의 경제 지도를 만주까지 넓혀라〉, 《한국자본주의의 개척자들》, 月刊朝
　　鮮社.

이관순, 2005, 《삼양80년사》, 삼양그룹.

이한구, 2010, 《한국재벌사》, 大明出版社.

윤해동, 1993, 〈'민족자본가'의 허상과 친일 예속자본가의 실상〉, 《친일파99인》 2, 돌베개.

정안기, 2005, 〈식민지기 경성방직의 戰時經營과 滿洲投資: 帝國의 尖兵 조선방직과 비교경영
　　의 관점에서〉, 《경제사학》 38, 경제사학회.

정안기, 2006, 〈식민지기 경성방직의 경영사적 연구〉, 《아세아연구》 49권 4호, 고려대학교 아
　　세아문제연구소.

정안기, 2009, 〈식민지기 조선인 자본의 근대성 연구－경성방직(주)과 조선방직(주)과의 비교 시
　　점에서－〉, 《지역과 역사》 25, 부경역사연구소.

주익종, 2008, 《대군의 척후》, 푸른역사.

4. 금호그룹 박인천

金湖그룹 50週年 紀念事業 推進委員會, 1996, 《金湖五十年史》.

금호아시아나그룹, 2006, 《金湖아시아나60年史》.

김정식, 2001, 〈금호 박인천의 기업가정신에 관한 연구〉, 《경영사학》 27, 한국경영사학회.

김정식, 2002, 〈금호 박인천의 경제철학에 관한 연구〉, 《경영사학》 29, 한국경영사학회.

매일경제산업부, 2010, 《경영의 神에게 배우는 1등기업의 비밀》, 매일경제신문사.

박광순 외, 2001, 〈아직 우리 곁에 남아 계십니다〉, 금호박인천선생기념사업회.

朴仁天, 1978, 〈成事는 在勤〉, 《經營思想》, 經營아카데미.

박태균, 2013, 〈8·3조치와 산업합리화 정책－유신체제의 경제적 토대 구축과정－〉, 《역사와

현실》88, 한국역사연구회.

이창동, 2008,《집념》, 책만드는집.

이한구, 2010,《한국재벌사》, 大明出版社.

전영선, 2010,《고종 캐딜락을 타다》, 인물과 사상사.

趙京植, 1986,〈韓國運輸産業의 開拓者－錦湖그룹 創業者 朴仁天회장－〉,《월간경영계》105, 한국경영자총협회.

5. 화신 박흥식

김병도 · 주영혁, 2006,《한국 백화점 역사》, 서울대학교출판부.

김봉우, 1993,〈비행기를 헌납한 친일기업인들－박흥식과 문명기－〉,《인물로 보는 친일파 역사》, 역사비평사.

김성동, 2003,〈'조선 땅 제1부자'의 흥망〉,《한국자본주의의 개척자들》, 月刊朝鮮社.

金聖壽, 1992,〈日帝時代의 市場과 商業活動에 관한 硏究〉,《經營史學》7, 韓國經營史學會.

김용삼, 2015,《한강의 기적과 기업가 정신》, 프라이코노미스쿨.

김인호, 2006,《백화점의 문화사》, 살림.

노혜경, 2017,〈일본 백화점계의 조선 진출과 경영전략〉,《경영사학》82, 한국경영사학회.

민족문제연구소, 2009,《친일인명사전》2, 민족문제연구소.

朴東洵, 1981,〈화신산업의 창업〉,《한국재벌의 창업사상》, 公平出版社.

박상하, 2015,《경성상계史》, 푸른길.

박은순, 2008,《시장의 역사》, 역사비평사.

박현채, 1993,〈반민특위에 제1호로 구속된 매판자본가〉,《친일파99인》2, 돌베개.

朴興植, 1981,《財界回顧》2, 韓國日報社出版局.

孫禎睦, 1997,〈박흥식의 남서울계획안〉(상) · (하),《국토》183 · 184, 국토연구원.

손정숙, 2006,〈일제시기 백화점과 일상소비문화〉,《東洋古典研究》25, 東洋古典學會.

안정연 · 김기호, 2014,〈'화신백화점'의 보존논의와 도시계획적 의미〉,《한국도시설계학회지》15권 6호, 한국도시설계학회.

염복규, 2011,〈민족과 욕망의 랜드마크－박흥식과 화신백화점－〉,《도시연구》6, 도시사학회.

오미일, 2004,〈수공업자에서 기업가로 : 金銀細工業界의 '帝王' 申泰和〉,《역사와 경계》51, 부산경남사학회.

오미일, 2014,《근대 한국의 자본가들》, 푸른역사.

오익환, 2004,〈반민특위의 활동과 와해〉,《해방전후사의 인식》1, 한길사.

吳鎭錫, 2002,〈일제하 朴興植의 기업가활동과 경영이념〉,《東方學志》118, 연세대학교 국학연구원.

오진석, 2015, 〈시장과 백화점〉, 《서울2천년사》 28, 서울역사편찬원.

이한구, 2010, 《한국재벌사》, 大明出版社.

정안기, 2015, 〈1940년대 박흥식의 기업가 활동과 '조선비행기공업(주)'〉, 《경영사학》 76, 한국 경영사학회.

하야시 히로시게, 〈2005, 〈경성의 5대백화점의 융성과 그것을 지탱한 대중소비사회의 검증― 주로 昭和 초기부터 소화 15년 전후까지―〉, 《한일역사공동연구보고서》 5, 한일역사공동 연구위원회.

한종해, 2015, 〈친일로 얼룩진 민족 최초의 백화점〉, 《망해도 잘사는 부자들》, 생각비행.

6. 효성그룹 조홍제

김병하, 1993, 〈조홍제의 생애와 경영이념〉, 《한국 기업경영의 역사적 성격》, 新陽社.

김영래, 2005, 〈효성그룹 창업자 만우 조홍제 선생의 경영이념과 기업가 정신〉, 《경영사학》 39, 한국경영사학회.

만우 조홍제회장 탄신 100주년 기념사업회, 2006, 《늦되고 어리석을지라도》, 에이지21.

매일경제산업부, 2010, 《경영의 神에게 배우는 1등기업의 비밀》, 매일경제신문사.

박광서, 2005, 〈한국경제의 성장 발전상에서의 효성그룹의 역할과 위상〉, 《경영사학》 39, 한국 경영사학회.

박영렬, 2005, 〈효성그룹의 경영전략〉, 《경영사학》 39, 한국경영사학회.

서인덕, 2005, 〈만우 조홍제 회장과 효성의 기업문화〉, 《경영사학》 39, 한국경영사학회.

아시아경제신문, 2010, 《창업주 DNA서 찾는다》, FKI미디어.

李光周·姜太勳, 2005, 〈晚愚 趙洪濟 선생의 사회적 책임 활동〉, 《경영사학》 39, 한국경영사 학회.

李秉喆, 2014, 《湖巖自傳》, 나남.

이한구, 2005, 〈효성그룹의 성장과 발전〉, 《경영사학》 39, 한국경영사학회.

이한구, 2010, 《한국재벌사》, 大明出版社.

趙京植, 1987, 〈不敗의 哲理, 信義―貫의 經營名人 曉星그룹 創業者 晚愚 趙洪濟회장〉, 《월간 경영계》 108, 한국경영자총협회.

趙洪濟, 1981, 《財界回顧》 5, 韓國日報社出版局.

효성그룹 창업주 만우 조홍제 회장 추모위원회, 2003, 《여보게, 조금 늦으면 어떤가》, 북21.

7. 럭키그룹 구인회

김교식, 1992, 《韓國財閥과 黑幕》5, 청화.

김동운, 2015, 〈재벌 오너 일가의 경영지배 : GS그룹과 LS그룹의 사례〉, 《전문경영연구》44, 한국전문경영인학회.

金聖壽, 2000, 〈蓮庵 具仁會와 上南 具滋暻의 生涯와 經營理念〉, 《경영사학》22, 한국경영사학회.

김영태, 2012, 《비전을 이루려면》1, (주)LG.

김응식, 1993, 〈연암 구인회의 기업활동〉, 《한국 기업경영의 역사적 성격》, 新陽社.

럭키금성, 1994, 《한번 믿으면 모두 맡겨라》.

柳炳昌, 2000, 〈LG그룹의 韓國經營史學에서의 位置〉, 《경영사학》22, 한국경영사학회.

매일경제산업부, 2010, 《경영의 神에게 배우는 1등기업의 비밀》, 매일경제신문사.

朴東洵, 1981, 〈럭키의 창업〉, 《한국재벌의 창업사상》, 公平出版社.

박유영·이우영, 2002, 〈韓國 創業CEO의 企業家 精神에 관한 硏究－이병철, 정주영, 구인회, 신용호의 사례연구를 중심으로－〉, 《專門經營人硏究》8, 한국전문경영인학회.

박유영, 2005, 《한국형 기업가 정신의 사례연구》, 숭실대학교 출판부.

손형석, 2010, 〈"할 수 있다, 하면 반드시 된다."〉, 《한국 경제의 거목들》, 삼우반.

아시아경제신문, 2010, 《창업주 DNA서 찾는다》, FKI미디어.

蓮庵記念事業會, 1979, 《蓮庵 具仁會》.

오미일, 2014, 《근대 한국의 자본가들》, 푸른역사.

이관순, 2003, 〈사업은 경쟁하면서 함께 성장하는 것〉, 《한국자본주의의 개척자들》, 月刊朝鮮社.

이한구, 2010, 《한국재벌사》, 大明出版社.

전경일, 2010, 《구씨이야기 허씨이야기》, 다빈치북스.

정혁준, 2013, 《경영의 신》1, 다산북스.

崔鍾泰, 2000, 〈燕巖 具仁會와 上南 具滋暻의 社會的 責任과 社會福祉事業〉, 《경영사학》22, 한국경영사학회.

LG광고 반세기 편찬위원회, 2012, 《LG광고 반세기》, 주식회사GIIr.

LG50년사편찬위원회, 1997, 《LG50년사》, LG.

8. 삼성그룹 이병철

高承禧, 1997, 〈湖巖의 文化精神〉, 《經營史學》15, 韓國經營史學會.

구종서, 2012, 〈이병철, 한국을 정보사회 첨단기술국가로 만든 선도경영인〉, 《한국사시민강》

50, 일조각.

權敬子, 2008, 〈儒學으로 分析한 三星經營哲學 研究〉, 성균관대학교대학원 박사학위논문.

김교식, 1992, 《韓國財閥과 黑幕》8, 청화.

金光洙, 1997, 〈湖巖의 經營觀을 통해 본 企業의 社會的 責任－人材育成과 社會事業을 中心으로－〉, 《經營史學》15, 韓國經營史學會.

金柄夏 · 崔明奎, 1989, 〈湖巖의 多角的 經營과 韓國肥料〉, 《經營史學》4, 韓國經營史學會.

金聖壽, 1997, 〈韓國經濟發展에 있어서 湖巖의 産業的 寄與에 관한 考察〉, 《經營史學》15, 韓國經營史學會.

김영래, 2011, 〈삼성그룹 창업자 이병철 경영(학)의 연구〉, 《經營史學》57, 韓國經營史學會.

김영욱, 2010, 〈이병철의 일본 모방과 추월에 관한 시론〉, 《일본비평》3, 서울대학교 일본연구소.

김용삼, 2003, 〈난 똑같은 일 하라 하면 대단히 싫어〉, 《한국 자본주의의 개척자들》, 月刊朝鮮社.

金鎭弘, 2006, 《湖巖 李秉喆의 人才觀 硏究》, 高麗大學校大學院 博士學位論文.

김찬웅, 2010, 《이병철, 거대한 신하를 꿈꾸다》, 세종미디어.

김태형, 2010, 《기업가의 탄생》, 위즈덤하우스.

매일경제산업부, 2010, 《경영의 神에게 배우는 1등기업의 비밀》, 매일경제신문사.

민석기, 2012, 《호암 이병철 義》, 리더스북.

민석기, 2012, 《호암 이병철과 독일 기업에서 배우는 경영의 정도》, 리더스북.

박상하, 2009, 《이기는 정주영 지지 않는 이병철》, 무한.

박세록 · 심명기 · 이유경, 1996, 《이병철회장을 추모한다》, 미네르바기획.

박유영 · 이우영, 2002, 〈韓國 創業CEO의 企業家 精神에 관한 研究－이병철, 정주영, 구인회, 신용호의 사례연구를 중심으로－〉, 《專門經營人研究》8, 한국전문경영인학회.

박유영, 2005, 《한국형 기업가 정신의 사례연구》, 숭실대학교 출판부.

박재용, 2010, 〈'인재제일'과 '합리추구'로 사업보국을 꿈꾸다〉, 《한국 경제의 거목들》, 삼우반.

박지민 · 박나리 · 문휘창, 2012, 〈다이아몬드 모델의 접근법을 활용한 경영인의 리더십 원천에 대한 고찰: 현대그룹 정주영 회장과 삼성그룹의 이병철 회장에 대한 사례 연구〉, 《전문경영인연구》31, 한국전문경영인학회.

삼성60년사편찬팀, 1998, 《삼성60년사》.

아시아경제신문, 2010, 《창업주 DNA서 찾는다》, FKI미디어.

安春植, 1989, 〈湖巖과 三星電子의 事業展開－特히 半導體事業을 中心으로－〉, 《經營史學》4, 韓國經營史學會.

劉元東, 1989, 〈湖巖의 育英 · 文化事業觀과 事蹟－龍仁自然農園을 中心으로－〉, 《經營史學》4, 韓國經營史學會.

李建憲, 1997, 〈湖巖의 韓國經營史學에서의 位置〉, 《經營史學》15, 韓國經營史學會.

이병철, 1981,《財界回顧》1, 韓國日報社出版局.

李秉喆, 2014,《湖巖自傳》, 나남.

이완배, 2015,《한국재벌 흑역사》상, 민중의 소리.

이용우, 2013,《삼성家의 사도세자 이맹희》, 평민사.

이종구·김호원, 2012,〈삼성의 인재경영 변천과정과 시대별 특성 비교분석에 관한 연구-호암
　　이병철의 경영이념 중심으로-〉,《경영사학》62, 한국경영사학회.

이한구, 2010,《한국재벌사》, 大明出版社.

정규웅, 2012,《삼성家의 불편한 진실》, 머니플러스.

정혁준, 2013,《경영의 신》1, 다산북스.

趙璣濬, 1989,〈湖巖과 第一毛織〉,《經營史學》4, 韓國經營史學會.

趙璣濬, 1997,〈湖巖의 삶의 哲學과 企業의 歷程〉,《經營史學》15, 韓國經營史學會.

황명수, 1988,〈湖巖 李秉喆 生涯와 經營 理念〉,《經院論叢》8, 檀國大學校 經營大學院.

黃明水, 1989,〈三星物產의 成立과 湖巖의 企業家活動〉,《經營史學》4, 韓國經營史學會.

황명수, 1993,〈호암 이병철의 기업활동〉,《한국 기업경영의 역사적 성격》, 新陽社.

黃明水, 1997,〈湖巖의 經營理念 再照明〉,《經營史學》15, 韓國經營史學會.

황명수, 2005,〈삼성그룹과 李秉喆 회장의 기업활동〉,《經營史學》40, 韓國經營史學會.

홍하상, 2004,《이병철vs정주영》, 한국경제신문.

CJ50년사편찬위원회, 2003,《CJ50년사》, CJ(주).

9. 현대그룹 정주영

김교식, 1992,《韓國財閥과 黑幕》2, 청화.

김병희, 2015,〈창의적 인물의 창조정신 구조분석-정주영 창조정신의 구성 요인과 중요도를
　　중심으로〉,《한국광고홍보》17권 2호, 한국광고홍보학회.

김선태, 2015,《巨人의 길》, Human & Books.

金聖壽, 1999,〈峨山 鄭周泳의 生涯와 經營理念〉,《經營史學》19, 韓國經營史學會.

金聖壽, 2005,〈전후 한국경제성장을 이끌어온 현대그룹의 창업자 정주영 회장 연구-경영이
　　념과 사상, 경영전략을 중심으로-〉,《경영사학》40, 한국경영사학회.

김성훈·차소정, 2011,〈전략적 사회 공헌: 故정주영회장과 울산지역의 사례〉,《전문경영인연
　　구》28, 한국전문경영인학회.

金新, 1999,〈峨山 鄭周泳의 社會的 責任精神과 社會福祉事業〉,《經營史學》19, 韓國經營史
　　學會.

김용삼, 2015,《한강의 기적과 기업가 정신》, 프라이코노미스쿨.

김화영 · 안연식, 2014, 〈'위대한 기업'을 추구한 창업가 정주영의 특성 및 역량 : 현대중공업을
　　　중심으로〉, 《경영사학》 72, 한국경영사학회.
매일경제산업부, 2010, 《경영의 神에게 배우는 1등기업의 비밀》, 매일경제신문사
박상하, 2009, 《이기는 정주영 지지 않는 이병철》, 무한.
박유영 · 이우영, 2002, 〈韓國 創業CEO의 企業家 精神에 관한 硏究－이병철, 정주영, 구인회,
　　　신용호의 사례연구를 중심으로－〉, 《專門經營人硏究》 8, 한국전문경영인학회.
박유영, 2005, 《한국형 기업가 정신의 사례여구》, 숭실대학교 출판부.
박정웅, 2015, 《이봐, 해봤어?》, 프리이코노미북스.
박지민 · 박나리 · 문휘창, 2012, 〈다이아몬드 모델의 접근법을 활용한 경영인의 리더십 원천에
　　　대한 고찰: 현대그룹 정주영 회장과 삼성그룹의 이병철 회장에 대한 사례 연구〉, 《전문경영
　　　인연구》 31, 한국전문경영인학회.
박철언, 2005, 《바른 역사를 위한 증언》 2, (주)랜덤하우스중앙.
박해남, 2016, 〈88서울올림픽과 시선의 사회정치〉, 《한국현대생활문화사》 1980년대, 창비.
(사)신산업전략연구원, 2010, 《대한민국 기업사》, 주영사.
아시아경제신문, 2010, 《창업주 DNA서 찾는다》, FKI미디어.
양길현, 1993, 〈14대 대통령선거의 대결구도와 정주영의 패인〉, 《한국 정치사회의 새흐름》, 경
　　　남대학교 극동문제연구소.
울산대학교 아산리더십연구원, 2015, 《아산, 그 새로운 울림: 미래를 위한 성찰》, 푸른숲.
유광호 · 류석춘, 2015, 〈정주영의 기능공 양성과 중산층 사회의 등장: 현대중공업 사례를 중심
　　　으로〉, 《東西硏究》 27권 3호, 연세대학교 동서문제연구원.
兪炳辰, 1997, 〈현대그룹의 성장과정에 관한 연구〉, 《經濟論叢》 15, 明知大學校經濟硏究所.
이광종, 1999, 〈現代그룹이 韓國經濟發展에 미친 影響〉, 《經營史學》 19, 韓國經營史學會.
이대희, 2015, 〈열정(熱情)의 리더십 특성에 관한 사례 연구: 정주영과 박태준〉, 《지방정부연구》
　　　19권 1호, 한국지방정부학회.
이동기, 2102, 〈정주영, 일자리 창출을 선도한 도전적 기업가〉, 《한국사시민강좌》 50, 일조각.
이병도, 2003, 《영원한 승부사》 1 · 2, 찬섬.
이완배, 2015, 《한국재벌 흑역사》 상, 민중의 소리.
이한구, 2010, 《한국재벌사》, 大明出版社.
임형록, 2010, 〈블루오션에 기초한 신속한 추진력〉, 《한국 경제의 거목들》, 삼우반.
전영선, 2010, 《고종 캐딜락을 타다》, 인물과 사상사.
정규백, 1993, 〈아산 정주영의 창업과 기업활동 · 기업가 이념〉, 《한국 기업경영의 역사적 성
　　　격》, 新陽社.
정대영, 2003, 〈길이 없으면 길을 찾고, 찾아도 없으면 길을 닦아라〉, 《한국자본주의의 개척자

들》, 月刊朝鮮社.

鄭周永, 1991,《시련은 있어도 실패는 없다》, 제삼기획.

정주영, 1998,《이 땅에 태어나서》, 솔.

정진석, 2015,〈정주영의 언론관과 언론인 후원〉,《관훈저널》136, 관훈클럽.

정태헌, 2013,〈1980년대 정주영의 탈이념적 남북경협과 북방경제권 구상〉,《민족문화연구》
    59, 고려대학교 민족문화연구원.

정혁준, 2013,《경영의 신》1, 다산북스.

조상행, 2012,《정주영 희망을 경영하다》, 바이북스.

조재호, 2013,〈아산 정주영, FDI 그리고 창조경제〉,《경영사학》66, 한국경영사학회.

좌승희, 2015,〈신제도경제학으로 보는 한국의 대기업: 아산 정주영(牙山 鄭周泳)의 경우,《제도
    와 경제》9권 3호, 한국제도경제학회.

허영섭, 2015,《영원한 도전자 정주영》, 나남.

現代重工業株式會社, 1992,《現代重工業史》.

홍하상, 2004,《이병철vs정주영》, 한국경제신문.

10. 교보생명 신용호

高承禧, 1996,〈敎保生命保險의 經營陣들〉,《經營史學》12, 韓國經營史學會.

高承禧, 2003,〈敎保生命保險의 創業精神과 企業文化〉,《企業倫理硏究》6, 한국기업윤리학회.

교보생명보험주식회사, 2000,《敎保生命四十年》, 교보생명주식회사.

교보생명주식회사, 2004,《내가 만난 대산》, 교보생명주식회사.

金光洙, 1996,〈大山 愼鏞虎의 社會的 責任과 公益財團 設立運營〉,《經營史學》12, 韓國經營史
    學會.

金聖壽, 1996,〈敎保生命保險의 成長과 發展－敎保生命의 經營史的 硏究－〉,《經營史學》12,
    韓國經營史學會.

朴光緖, 1996,〈敎保生命保險과 韓國生命保險 事業〉,《經營史學》12, 韓國經營史學會.

朴光緖, 2000,〈大山思想의 獨創性과 世界化 追究〉,《經營史學》23, 한국경영사학회.

박유영·이우영, 2002,〈韓國 創業CEO의 企業家 精神에 관한 硏究－이병철, 정주영, 구인회,
    신용호의 사례연구를 중심으로－〉,《專門經營人硏究》8, 한국전문경영인학회.

박유영, 2005,《한국형 기업가 정신의 사례연구》, 숭실대학교출판부.

아시아경제신문, 2010,《창업주 DNA서 찾는다》, FKI미디어.

李建憙, 1996,〈敎保生命의 創立初期 企業活動과 經營戰略〉,《經營史學》12, 韓國經營史學會.

이규태, 2004,《대산 신용호》, 교보문고.

이한구, 2010,《한국재벌사》, 大明出版社.

정인영, 2006,《길이 없으면 길을 만들며 간다》, 알에이치코리아.

黃明水, 1996,〈大山 愼鏞虎의 生涯와 經營理念〉,《經營史學》12, 韓國經營史學會.

한국보험학회, 2013,《교육의 미래를 보험에서 찾다》, 교보문고.

11. 한진그룹 조중훈

김교식, 1992,《韓國財閥과 黑幕》11, 청화.

김모란 · 박정숙, 2013,〈대한항공 정석 조중훈 회장의 기업 활동과 경영철학〉,《경영사학》67,
    한국경영사학회.

김백순, 2003,〈하늘에도, 땅에도 바다에도 큰 길이 있다〉,《한국자본주의의 개척자들》, 月刊朝
    鮮社.

金聖壽, 1995,〈靜石의 生涯와 經營理念에 관한 연구〉,《經營史學》11, 韓國經營史學會.

김진원, 1992,〈항공발달사〉,《韓國航空宇宙學會誌》20권 3호, 韓國航空宇宙學會.

매일경제산업부, 2010,《경영의 神에게 배우는 1등기업의 비밀》, 매일경제신문사.

社史編纂委員會, 1979,《大韓航空十年史》, 株式會社 大韓航空.

서울特別市史編纂委員會, 2000,《서울交通史》.

아시아경제신문, 2010,《창업주 DNA서 찾는다》, FKI미디어.

윤충로, 2008,〈베트남전쟁 시기 ''월남재벌'의 형성과 파월(派越)기술자의 저항－한진그룹의
    사례를 중심으로－〉,《사회와 역사》79, 한국사회사학회.

이임광, 2015,《사업은 예술이다》, 청사록.

李漢九, 1995,〈韓進그룹 形成過程 硏究〉,《經營史學》11, 韓國經營史學會.

이한구, 2010,《한국재벌사》, 大明出版社.

趙重勳, 1996,《내가 걸어온 길》, 나남출판.

趙重勳, 1997,〈항공운송산업의 역할과 발전〉,《군사논단》9, 한국군사학회.

주식회사 한진해운, 1997,《韓進海運二十年史》.

한국해사문제연구소, 2002 · 2003,〈고 조중훈 한진그룹 회장〉,《해양한국》2002년 12
    호 · 2003년 1호.

12. 한화그룹 김종희

고정일, 2017,〈다이너마이트 국산화 이뤄낸 한화 김종희〉,《위대한 창업자들》, 조선뉴스프레스.

김성수, 2009,〈현암 김종희 회장의 생애와 경영이념 연구〉,《경영사학》52, 한국경영사학회.

매일경제산업부, 2010,《경영의 神에게 배우는 1등기업의 비밀》, 매일경제신문사.

민병만, 2009,《한국의 화약역사》, 아이워크북.

박영렬 · 김상현, 2010, 〈한화그룹의 전략적 선택〉,《경영사학》 53 , 한국경영사학회.

서문석, 2009, 〈현암 김종희의 창업과 한화그룹의 형성〉,《경영사학》 52, 한국경영사학회.

아시아경제신문, 2010,《창업주 DNA서 찾는다》, FKI미디어.

유홍준, 1993,《나의 문화유산답사기》, 창작과 비평사.

이광주 · 최상오, 2009, 〈한화그룹의 경제적 기여와 사회공헌활동〉,《경영사학》 52, 한국경영
　　사학회.

이한구, 2010,《한국재벌사》, 大明出版社.

전범성, 2010,《김종희의 기업가 정신》, W미디어.

최익근, 2005,《한화인천공장50년》, (주)한화.

한국경영사학회, 2009,《한화그룹 김종희 · 김승연 회장 연구》, 한화그룹 경영기획실 홍보팀.

한국경제60년사편찬위원회, 2011,《한국경제60년사》, 한국개발연구원.

한화그룹50년사편찬위원회, 2002,《希望으로의 旅程 한화 50년》, 한화그룹.

13. 선경그룹 최종건

고승희, 2012, 〈담연 최종건의 기업문화관과 선경문화〉,《경영사학》 61, 한국경영사학회.

김성수 · 김신, 2012, 〈SK창업과 성장과정의 경영사적 연구−최종건 창업회장의 시대를 중심으
　　로−〉,《경영사학》 61, 한국경영사학회.

김한원, 2011, 〈담연 최종건 회장의 생애와 기업가정신〉,《경영사학》 60, 한국경영사학회.

김한원, 2010, 〈꿈을 향한 열정과 신념의 개척자 정신〉,《한국 경제의 거목들》, 삼우반.

김한원 엮음, 2009,《SK그룹 최종건 창업회장의 창업이념과 기업가정신》, 삼우반.

김한원 · 정진영, 2008, 〈SK그룹 담연 최종건 창업회장의 생애와 경영이념〉,《한국무역학회국
　　제학술대회》, 한국무역학회.

남명수, 2011, 〈SK의 성장과 한국경제발전의 기여도에 관한 연구−담연 최종건 창업회장 중심
　　으로−〉,《경영사학》 60, 한국경영사학회.

박영렬, 2012, 〈SK그룹의 기업 활동과 경영전략−담연 최종건 창업회장을 중심으로−〉,《경영
　　사학》 61, 한국경영사학회.

鮮京四十年史編纂委員會, 1993,《鮮京四十年史》, 鮮京그룹弘報室.

선경최종건재단, 2014,《재단법인 선경최종건재단 10년사》.

신용대 · 김대순, 2008, 〈SK그룹 담연 최종건 창업회장의 창업과 기업성장〉,《한국무역학회국
　　제학술대회》, 한국무역학회.

신용대 · 이창순, 2008, 〈SK그룹 담연 최종건 창업회장의 기업가 정신과 경영전략〉, 《한국무역학회국제학술대회》, 한국무역학회.

최종건평전간행위원회, 《공격경영으로 정면승부 하라》, 넥서스BOOKS.

최종태, 2012, 〈담연 최종건 회장의 리더십과 사회적 책임경영〉, 《경영사학》 61, 한국경영사학회.

14. 포항제철 박태준

김명언 외, 2012, 《박태준의 경영철학》 1, 아시아.

김영헌 · 장영철, 2013, 〈청암 박태준의 리더십 연구: 포항공과대학교의 사례〉, 《경영사학》 68, 한국경영사학회.

동아일보특별취재팀, 1999, 《잃어버린 5년 칼국수에서 IMF까지》 1, 東亞日報社.

매일경제산업부, 2010, 《경영의 神에게 배우는 1등기업의 비밀》, 매일경제신문사.

박철언, 2005, 《바른 역사를 위한 증언》 2, 랜덤하우스 중앙.

박태준, 1992, 〈新주도세력이 필요하다〉, 《한국논단》 31, 한국논단.

배종태 외, 2012, 《박태준의 경영철학》 2, 아시아.

백기복 외, 2012, 《박태준의 리더십》, 아시아.

서갑경 지음 / 윤동진 옮김, 2012, 《철강왕 박태준 경영이야기》, 한언.

송복 · 최진덕 · 전상인 · 김왕배 · 백기복, 2012, 《박태준 사상, 미래를 열다》, 아시아.

송성수, 2002, 〈한국 종합제철사업계획의 변천과정, 1958~1969〉, 《한국과학사회학회지》 24권 1호, 한국과학사회학회.

신중선, 2013, 《강철왕 박태준》, 문이당.

이대환, 2004, 《세계 최고의 철강인 朴泰俊》, 현암사.

이대환 외, 2012, 《청암 박태준》, 아시아.

이대환, 2015, 《대한민국의 위대한 만남 박정희와 박태준》, 아시아.

이대희, 2015, 〈열정(熱情)의 리더십 특성에 관한 사례 연구: 정주영과 박태준〉, 《지방정부연구》 19권 1호, 한국지방정부학회.

이상오, 2011, 〈사립대학의 설립 이념과 실천에 대한 '교육학적' 고찰－포스텍(POSTECH)의 설립자 박태준의 사례에서－〉, 《교육의 이론과 실천》, 한독교육회.

임경순, 2010, 〈박태준과 과학기술〉, 《과학기술연구》 10권 2호, 한국과학기술학회.

장세훈, 2013, 〈포항제철 설립의 정치사회학－'스케일의 정치'를 통해 본 사회세력 간 역학관계를 중심으로〉, 《공간과 사회》 44, 한국공간환경학회.

정인재, 2011, 〈양명학 관점에서 본 청암의 유상(儒商) 정신〉, 《儒敎文化硏究》 18, 성균관대학교 유교문화연구소.

최동주, 2011, 〈내용분석을 통한 청암(靑岩) 박태준의 가치체계 연구: 허만의 리더십 특성연구방
　　법을 중심으로〉, 《韓國政治外交史論叢》 33집 1호, 한국정치외교사학회.

허남정, 2014, 《박태준이 답이다》, 씽크스마트.

황태경, 2003, 〈헌신이란 기대치 이상을 하는 것〉, 《한국자본주의의 개척자들》, 月刊朝鮮社.

K. K. Seo 지음, 윤동진 옮김, 《최고 기준을 고집하라》, 한언.

한국역사 속의 기업가

2018년 9월 25일 초판 1쇄 발행
2021년 3월 15일   2쇄 발행

지은이 | 방기철
펴낸이 | 노경인 · 김주영

펴낸곳 | 도서출판 앨피
출판등록 | 2004년 11월 23일 제2011-000087호
주소 | 우)07275 서울시 영등포구 영등포로 5길 19(37-1 동아프라임밸리) 1202-1호
전화 | 02-336-2776 팩스 | 0505-115-0525
전자우편 | lpbook12@naver.com

ISBN 979-11-87430-32-2